古典文獻研究輯刊

二一編

潘美月・杜潔祥 主編

第 4 冊

《文選》陸善經注研究

尹曙光 著

國家圖書館出版品預行編目資料

《文選》陸善經注研究／尹曙光 著 -- 初版 -- 新北市：花木蘭
文化出版社，2015〔民104〕
目 2+280 面：19×26 公分
（古典文獻研究輯刊 二一編：第 4 冊）
ISBN 978-986-404-342-2（精裝）
1. 文選 2. 研究考訂
011.08   104014539

ISBN- 978-986-404-342-2

9 789864 043422

古典文獻研究輯刊
二一編 第 四 冊   ISBN：978-986-404-342-2

《文選》陸善經注研究

作　　者	尹曙光
主　　編	潘美月　杜潔祥
總 編 輯	杜潔祥
副總編輯	楊嘉樂
編　　輯	許郁翎
企劃出版	北京大學文化資源研究中心
出　　版	花木蘭文化出版社
社　　長	高小娟
聯絡地址	235 新北市中和區中安街七二號十三樓
	電話：02-2923-1455／傳眞：02-2923-1452
網　　址	http://www.huamulan.tw 信箱 hml 810518@gmail.com
印　　刷	普羅文化出版廣告事業
初　　版	2015 年 9 月
全書字數	161648 字
定　　價	二一編 16 冊（精裝）新台幣 30,000 元

《文選》陸善經注研究

尹曙光　著

作者簡介

尹曙光，忽忽年逾不惑，惑者益夥。自四川岳池負笈武漢，工科四年轉而好書。再三考研，入四川大學羅國威先生門下，研習古典文獻。爲生計故，做夜班編輯至今。間復歸先生，取博士虛名。徘徊於學術，心嚮往之，終淺嘗輒止而不能至，更遑論窺堂奧悟妙諦。

浮游《選》學，琳琅眩目。根柢無壞，欲借奇談怪論新闢境界，得當頭棒喝，遂潛心陸善經注。逐字辨析，追本溯源，勘比校正。值網絡遍佈時代，享數字影像佳惠。蝸居陋室以成《〈文選〉陸善經注研究》。不敏之人唯餘一誠，稍補往佚足矣。

提　　要

隨《文選集注》而重現的陸善經注，是李善、五臣之外一大較爲完備的《文選》注釋。本文根據《唐鈔文選集注彙存》，輯錄、梳理出其中所有的陸善經注，在箋證陸注的基礎上，詳盡分析注釋文本，與其他注家進行比較，並研究了陸注的引書情況，對其所用《文選》版本也作了初步探究。是迄今爲止對陸善經注最爲完整的整理和研究。

現輯錄出陸善經注 1167 條，19159 字。從作品解題、語詞訓釋、釋句、引典、注明典制、講解文法、辨誤、注音等方面分析、歸納出陸注的一些典型特徵和闡釋方式。通過現存陸善經注與李善注、《文選鈔》、五臣注、《文選》舊注的對比，發現陸注並非如有的早期研究者所說「實未見佳處」。而是與其他注家各有勝負之處。總體而言，陸注大致平衡在學術研究和普及閱讀之間，不及李善注精深，但也不在五臣之下。

綜合陸善經散見於各種書目及相關文獻中的零星資料，以及其所引的 92 種書籍，探討了陸善經的學術背景和其注書時的學術風氣。

在《文選集注》眾本中，陸善經本與五家本最爲相近，相同之處頗多。現存的朝鮮五臣本與陸本亦極爲相似。一些陸本獨有之處，在胡刻本、叢刊本中也有所見。說明後世的刻本不僅吸收了本系統的優點，也直接或間接地採納了陸本的精華。

目次

前　言

　　陸善經注《文選》主要見於《文選集注》。自羅振玉 1918 年影印其中 16 卷，陸注《文選》始於千載之後漸惠海內外學林。可對陸善經，特別是對其注釋的研究，多散見於各種論文和專著的零星點滴之中。專門的研究論文不過寥寥數篇，專著更是一片空白。陸善經注雖爲殘卷，然體例完備，作爲李善、五臣外的唐代一大注家，其文至今無人系統整理、研究。不能不說是陸注重現近百年來之憾事。

　　前人對陸善經注《文選》的研究大致可分爲三類：

　　一、陸善經其人的研究。前有上世紀三四十年代日人新美寬《陸善經の事迹に就いて》〔註1〕、向宗魯《書陸善經事》〔註2〕開陸善經研究之先河，勾勒出陸善經生平的大致脈絡。新美寬用陸注中的地理名稱，結合《舊唐書·地理志》考訂出了陸善經注《文選》的大致時段。後有虞萬里更加翔實的《唐陸善經行歷索隱》〔註3〕。虞文最後出，在其論文《〈唐寫文選集注殘本〉中陸善經行事考略》〔註4〕基礎上，又新增許多資料，且補充了前兩者的主要內容，是目前對陸善經生平研究最爲豐富的一篇。該文根據中日文獻，較爲詳盡地考釋出陸善經零散見諸各書中的參與編纂書籍、議禮、著作、詩文及家世的情形。

　　二、陸善經注的專文研究。日文論文有藤井守的《文選集注に見える陸

〔註1〕　據《唐鈔文選集注彙存》所附橫山宏編制的《〈文選集注〉研究論著目錄（1856 ～1999）》，文載《支那學》九卷一號
〔註2〕　見俞紹初、許逸民編《中外學者文選學論集（上）》，中華書局，1998 年。
〔註3〕　載虞萬里《榆枋齋學術論集》，江蘇古籍出版社，2001 年。
〔註4〕　載《文獻》1994 年第 1 期。

善經注について》（1977）、森野繁夫的《陸善經〈文選注〉について》（1991）、富永一登的《〈文選〉陸善經注考》（1997）〔註5〕和佐藤利行《〈文選集注本〉離騷經一首所引陸善經注について》（1999）〔註6〕。森野繁夫在《關於〈文選〉李善注——集注本李善注和刊本李善注的關係》一文中指出，刊本李善注的徵引有同於陸善經注的地方〔註7〕。國內則僅有王書才的《從〈唐鈔文選集注彙存〉論陸善經〈文選〉注的特色與得失》〔註8〕（2005）。王文認爲，陸善經的《文選注》有 26529 字，「性質上屬於對李善注的補注，其注文簡潔而失於淺陋。猜短而嫌於零碎，雖有切當之處而闕誤也頗多。雖有其價值，更有甚多的弱點和闕失謬誤，故而在當時已經不受人們重視關注」。鄭州大學劉紀華 2011 年的碩士論文《〈文選集注〉陸善經注研究》，初步探討了陸注的性質、特點及價值。

　　三、陸善經注的零散研究。斯波六郎在《文選諸本研究》中提到了《唐鈔文選集注彙存》之外的一些陸善經注。他認爲日本元德二年（1330 年）書寫的東寺觀智院藏舊鈔本《文選》卷二十六旁記所引陸善經注，及書陵部藏舊鈔《文選》斷簡紙背中所記陸注等，皆採自《文選集注》〔註9〕。屈守元在《文選導讀・導語》中比較了《奏彈劉整》一文的李善、鈔、陸善經注。認爲陸注是李善注以外，值得注意的一個注本，遠非五臣注之比，甚至有時超過《文選》鈔。汪習波《隋唐文選學研究》一書中列舉《文選集注》卷八 33 條陸注，大略分析了陸注的成績與問題。認爲其體例上無所變化，故未能「後出轉精」。范志新《俄藏敦煌寫本 φ.242〈文選注〉与李善五臣陸善經諸家注的關係——兼論寫本的成書年代》〔註10〕一文總結陸善經注的用語規律，發現寫本與其體例多有符合。其他則多如楊明《讀〈文選集注〉札記二則》〔註11〕之類，引一二陸善經注以說明一些問題。

〔註5〕據《〈文選集注〉研究論著目錄》，藤井守之文載《廣島大學文學部紀要》第三十七卷，森野繁夫之文載《中國中世文學研究》二十一，富永一登之文載《古田教授頌壽記念中國學論集》。

〔註6〕據広島大学文学部紀要（http://ir.lib.hiroshima-u.ac.jp/portal/bulletin/AN002137 01.html），文載《廣島大學文學部紀要》第五十九卷。

〔註7〕王立群《現代〈文選〉學史》，中國社會科學出版社，2003 年，第 410～413 頁。

〔註8〕載《殷都學刊》，2005 年第 2 期。

〔註9〕見斯波六郎編著《文選索引》，李慶譯，上海古籍出版社，1997 年，第 115 頁。

〔註10〕見中國文選學研究會編《〈文選〉與「文選學」》，學苑出版社，2003 年。

〔註11〕同上。

　　有限的研究論文涉及的陸善經注研究範圍，自然也比較有限，許多未及研究及研究不足的地方都尚待深度開掘。

　　本書主要運用文獻學的方法，循前人開拓的路徑，充分利用傳統文獻和網絡資源，對陸善經及其文選注進行研究。

　　在輯存、箋證出《文選》陸善經注的基礎上，再從考訂陸善經其人其事，分析陸善經注的卷次分布情況及其主要內容的訓詁體例，分別與李善注、《文選》鈔、五臣注和《文選》舊注進行對比，再進一步剖析陸善經注的引書情況，力圖全面描繪出陸善經注的特徵和學術價值。最後通過《文選集注》中的校語和現存幾個刻本的對勘，再一探陸善經本《文選》的初步面貌。

　　首先從《唐鈔文選集注彙存》中逐錄出陸善經注的白文和相應的《文選》正文。然後盡力排出漫漶、重複、錯訛的干擾，校訂出一個比較可靠的陸善經注文版本。再對陸善經的注文進行箋注，爲後文的分析做好充分的準備。整理箋證的過程中，以呈現陸善經注及《文選集注》的原貌爲準的，儘量不改動其本來面目。正文漫漶不清之處用將據他本《文選》補出的文字用（　）括住，注文模糊處則用□代替，并通過《文選集注》的抄寫體式斷定出□的個數，錯漏之處皆在校語中說明。所有注釋都言必有徵，力求找到最早或最符合原文的出處或解釋。本簡單者不注、不知者不注的原則，實事求是地進行注釋。所有篇目的標題，均一依《文選集注》。

　　知人論世，研究陸善經注也需瞭解陸善經其人其事。結合《元和姓纂》、《晉書》、《三國志・吳書》的資料，指出陸善經爲江東名門陸氏一族。根據白居易《唐贈尚書工部侍郎吳郡張公神道碑銘并序》，斷定陸善經大概生於武則天天授二年（691年）至大足元年（701年）之間。利用清代《平江縣志》記載當地有陸善經墓的說法，存有善經終老平江之說，則其在「安史之亂」後尚在人間，大概活到了65～75歲以上。再從《舊唐書》、《新唐書》、《玉海》、《會稽掇英總集》、《日本訪書記》等書考訂出陸善經參修《開元禮》、史書、《六典》，注釋《禮記・月令》，議禘祫禮，寫作《和唐玄宗〈送賀知章歸四明〉詩》、《代李良上〈蒙求〉表》的準確年份或時間段。鉤沉出陸善經生平的大致輪廓。陸善經注《孟子》七卷是我國書目中記載的其獨自完成的唯一一書，然今已亡佚。論文從四庫全書收錄的幾部書中，搜羅出數條陸善經對《孟子》的注釋，并指出其中 3 條已被混同爲趙岐注。陸善經還有補續梁元帝《同姓名錄》之書及《新字林》一書。《宋本廣韻》引《新字林》的多種名

稱，黃奭疑「該」爲陸善經之名。據《日本國見在書目》，陸善經還注有《周易》八卷、《古文尚書》十卷、《周詩》十卷、《三禮》卅卷、《春秋三傳》卅卷、《論語》六卷、《列子》八卷。此外他還注釋過《史記》。說明陸善經是一位遍注九經、《論語》及子史，兼通小學的學者，具備了注釋《文選》的學術基礎。據《玉海》引《集賢注記》，陸善經在開元二十年（732 年）與王智明、李玄成專注《文選》，但事不就。其後，他并未完全放棄。循新美寬之考證路徑，據陸注中「武昌屬江夏」及「雩都，今屬南康也」二條，參照《舊唐書‧地理志》的沿革，陸善經當在天寶元年（742 年）至乾元元年（758 年）之間最終完成了《文選》注。

據《唐鈔文選集注彙存》統計，有陸注 1167 條，19159 字，漫漶 217 字，衍文 172 字。23 卷陸注 120 篇詩文中，117 篇皆有陸注，足以推斷陸善經完成了整部《文選》的注釋。陸善經對解題的注釋可分爲解釋類名、解釋篇題、介紹作者、徵引舊注共 4 類。對正文的注釋則包括訓釋語詞、釋句、引典、注明典制、講解文法、辨誤校勘、注音等內容。訓釋語詞則有解釋普通詞彙、人名、地名、動物、植物等 5 類。釋普通詞的形式，分所釋之詞在前或在後兩種。前者是最主要的形式，可分爲「A，B（也）」、「A，即 B」、「A，亦 B」、「A，與 B 同」、「A，盖 B」、「A，言 B」、「A，謂 B」、「A，猶 B」、「A，喻（比、興）B」、「A，B 皃」、「A，今 B」、「A，詞（辭）」、引字書釋詞、引古籍舊註釋詞等；後者的數量較少，大致有「B，（故）曰 A」、「B，爲 A」這兩種形式。釋句的句式或徑直釋句，或用「……，故……」，或用「謂……」，或用「言……」，或用「喻……」。釋句的方式則或沿字面涵義而釋，或不拘詞義而言其大意，或聯繫上下文進行串講，或結合典故疏通文意，或引申而出指明言外之意。引典大致分徑直釋典、標明出處、釋事三類。注明的典制包括禮制、宮室、輿服、律曆、天文、官制、軍制、稱謂等。講解文法的句式多「皆……」、「言……」、「興……」之類，亦有徑言其意者。後世評點《文選》之屬，當可於此尋出些許端倪。陸注還對文選正文和李善注進行辨誤，其說雖有失當之處，但可取之處亦不少。另外，陸注還有校勘正文之語和 4 條注音。

陸注與李善注通過陸注善注皆引出處、陸注善注皆釋詞、陸注釋詞善注亦釋詞且引出處、陸注善注皆釋句、陸注釋句善引出處、陸注對善注疏解、有陸注而無善注等 7 方面的比較。其在徵引的廣泛性上，明顯不及善注。在

注釋質量上，二者也是各有千秋、互有勝負。善注重在學術研究，陸注則兼顧及普通閱讀。在通俗性上，則善不如陸。與《文選鈔》從陸注鈔皆引出處、陸注鈔皆釋詞、陸注鈔皆釋句、陸注對鈔疏解、有陸注而無鈔 5 個方面進行對比，表明陸注與鈔各有優劣，內容上實不相上下。陸注重《文選》的普及，故不少簡易之處亦注之。鈔個別內容所注極詳，略有繁瑣之嫌。與五臣注從陸注五臣注皆釋詞、陸注釋詞五臣注釋句、陸注五臣注皆釋句、陸注對五臣注疏解、有陸注而無五臣注 5 方面的比較看，陸注雖有穿鑿之處，但在質量上總體優於五臣，徵引亦多於五臣。對於學術研究和普及閱讀，陸注均比五臣更有價值。對待《文選》舊注上，陸善經一是據他本核之，一是化繁為簡，有簡化、取代《文選》中原有舊注的趨勢。

　　徵引書籍的情況，很能見出陸善經注的學術價值。23 卷陸注中，22 卷均有徵引，共引書 92 種，經史子集四部皆有涉獵。其中，經部 23 種、史部 38 種、子部 21 種、集部 10 種。論文依《舊唐書·經籍志》分類之例，分經部 8 類（易類、尚書類、詩類、禮類、春秋類、論語類、讖緯類、小學類）、史部 8 類（正史類、偽史類、雜史類、故事類、職官類、雜傳類、譜牒類、地理類）、子部 8 類（儒家、道家、法家、雜家、小說、曆算類、兵家）、集部進行了分析、辨別。陸善經所引經部之書的書名與李善注有明顯的不同，如非善經率意而為，則可能隱含了五經隨時代沉浮的變遷。作為唐代的經學大師，陸善經并不排斥諸子之書，亦足見其學問之廣博。

　　論文最後還結合「諸本作某」、「陸善經本作某」及陸注中的文字粗略地探究了陸善經本《文選》的面貌。《文選集注》眾本中，陸善經本與五家本最為相進，相同之處頗多。鈔本、音決本也分別與陸本有相同的地方。個別地方則僅為陸本所有。現存的 3 種刻本中，朝鮮五臣本與陸本最為相似。說明五臣本的刻本與鈔本的確有傳承因襲關係。一些唯陸本所有之處，在胡刻、叢刊、朝鮮五臣本中也有所見。表明後世的刻本不僅吸收本系統的優點，也直接或間接地採納了陸本的精華。

　　論文輯存箋證出了一個目前最為完備的《文選》陸善經注本。考訂了陸善經的生平事蹟，分析、歸納出陸注的基本特徵，在對比中呈現出陸注學術價值的高低，探明了陸善經本《文選》的基本概況。

1 《文選》陸善經注文本輯存及箋證

1.1 凡　例

一、規範俗字，一依《文選集注》，不改。如「盖」不改作「蓋」，「与」不改作「與」；「吳」不改作「吳」。不規範俗體（如缺筆、上下或左右結構倒置等）則徑改，不出校。

二、重文照錄，出校。

三、《文選》正文的異文，與陸注無關者，皆依《文選集注》均不校改。

四、《文選》正文的缺文，據胡克家刻本（簡稱「胡刻本」）、四部叢刊本（簡稱「叢刊本」）補之，以（　）括出，出校。如「(隆周)之卜既永」。

五、校箋所引文選正、注文，《文選集注》本有者，從《文選集注》。

六、注文中的衍文以（　）括之以別，出校。如「故言(客遊厭)歸華委露，別葉辭風」。

七、漫漶不清、無從識別之字，以「□」補之。

1.2 輯存及箋證正文

卷 八

1・《三都賦》序

陸善經曰：舊有綦毋邃注。

【校箋】《三都賦》序中有五條綦毋邃注。據羅國威《左思〈三都賦〉綦毋邃注發覆》，綦毋邃為東晉人，著有《列女傳》、《孟子注》、《二京賦音》、《三都賦注》等。

2・盖詩有六義焉，其二曰賦。

陸善經曰：《周官》文也。

【校箋】《周禮・春官・大師》：「教六詩，曰風，曰賦，曰比，曰興，曰雅，曰頌。」

《漢書・藝文志・六藝略》：「《周官經》六篇。王莽時劉歆置博士。」顏師古曰：「卽今之《周官禮》也，亡其《冬官》，以《考工記》充之。」《周官》，卽劉歆所置博士，顏師古謂之《周官禮》，今稱《周禮》也。

3・故能居然而辯八方。

陸善經曰：居然，猶安然也。

4・而論者莫不詆訐其研精，作者大底舉為憲章。

陸善經曰：論者莫有詆毀攻訐其事，遂共許為研精。作者便取為法式也。

5・且夫任土作貢，虞書所著。

陸善經曰：《尚書・禹貢》古文為《夏書》，今文為《虞書》也。

【校箋】任土作貢，見《尚書・禹貢》。今《禹貢》屬《夏書》，為古文《尚書》。

《蜀都賦》一首

6・劉淵林注

陸善經曰：臧榮緒《晉書》云：劉逵注《吳》、《蜀》，張載注《魏都》。

綦毋邃序注本及《集》題云：張載注《蜀都》，劉逵注《吳》、《魏》。今雖列其異同且依臧爲定。劉逵自尚書郎爲陽翟令，与傅威、陸機、杜育同時。

【校箋】「傅威」當作「傅咸」，筆誤耳。《晉書》無「傅威」，卷四十七有《傅咸傳》，其人恰與陸機、杜育同時。

7・盖聞天以日月爲綱，地以四海爲紀。九土星分，萬國錯跱。崤函有帝皇之宅，河洛爲王者之里。

陸善經曰：非日月無以紀天文，非四海無以著地理。將言建國，故本其所由也。

【校箋】劉逵曰：「非日月無以觀天文，非四海無以著地理。故聖人仰觀俯察、窮神盡微者，必須綱紀也。」

8・請爲左右揚摧而陳之。

陸善經曰：揚，舉。摧，校量也。

9・於前則跨躡犍牂，枕輢交趾。經途所亘，五千餘里。

陸善經曰：輢，依，「倚」字也。

【校箋】叢刊本注：五臣作「倚」。朝鮮五臣本作「之」，旁注一小字「倚」。

10・龍池濛瀑漬其隈，漏江伏流潰其阿。

陸善經曰：劉逵曰：「龍池在朱提南。建寧有水，伏流數里復出，故曰漏江。」蜀以朱提爲郡，今在越嶲東蠻中，改益州郡曰建寧。

【校箋】陸善經所見劉逵注，與現存《文選》諸本中所引皆不同，或其從《文選》之外的文本引入。

《晉書・地理志上》：「（蜀章武元年），以犍爲屬國爲朱提郡。劉禪建興二年，改益州郡爲建寧郡。」越嶲，即越雟郡。

11・於是乎邛竹緣嶺，菌桂臨崖。旁挺龍目，側生荔支。布綠葉之萋萋，結朱實之離離。迎隆冬而不凋，常曅曅以猗猗。

陸善經曰：《南裔志》云：「荔支常以夏至，其實變赤，肉白，味甘美。」蜀分建寧、牂牁，立興古郡也。

【校箋】《晉書・地理志上》：「（劉禪建興二年），分建寧牂柯立興古郡。」《三

國志・蜀書・後主禪傳》略有不同，作：「(建興三年)，改益州郡爲建寧郡，分建寧、永昌郡爲雲南郡，又分建寧、牂牁爲興古郡。」

12・於東則左綿巴中，百濮所充。

陸善經曰：綿，猶經歷也。

13・潛龍蟠於沮澤，應鳴皷而興雨。

陸善經曰：沮，沮洳也。

14・神農是嘗，盧附是料。

陸善經曰：盧附，蓋俞附也。盧、俞聲相近也。

【校箋】《史記・扁鵲倉公列傳》：「臣聞上古之時，醫有俞跗。」《史記索隱》、《史記正義》俞跗，皆音「與附」。後者且引應劭云：「黃帝時將也。」

15・棟宇相望，桑梓接連。

陸善經曰：《詩》云：「惟桑与梓。」

【校箋】見《毛詩・小雅・小弁》，今作「維桑與梓。」

16・朱櫻春就，素柰夏成。

陸善經曰：朱櫻，今呼爲櫻桃，江東猶名朱櫻也。

17・若乃大火流，涼風屬。白露凝，微霜結。

陸善經曰：《礼・月令》：「孟秋，白露降。」凝，謂結爲霜也。

【校箋】見《禮記・月令》作「孟秋之月……涼風至，白露降。」陸注不引「涼風至」，乃引劉逵注已引。但劉逵、李善、五臣均未標出「白露」之出處。鈔雖標明，但與此不同，作「《毛詩》曰：白露爲霜」。

18・紫梨津潤，樼栗罅發。

陸善經曰：榛，似栗而小也。

【校箋】榛，當作「榛」，形近而誤。李善曰：「榛，與『樼』同。」

19・其園則有蒟蒻茱萸，瓜疇芋區。甘蔗辛薑，陽蒩陰敷。

陸善經曰：蒟蒻，根似芋，大者如斗。碎之，以灰汁煮，凝成。然後調以五味。疇，田也。陽蒩陰敷，言陽氣蒩煦生万物，得陰而敷布。

20 · 日往菲薇，月来扶疎。任土所麗，眾獻而儲。

陸善經曰：菲薇、扶疎，自小之大也。麗，著也。

【校箋】《周易·離》：「象曰：離，麗也。日月麗乎天，百穀草木麗乎土。」
王弼注：「麗，猶著也。」

21 · 其沃瀛則有攢蔣叢蒲，綠菱紅蓮。

陸善經曰：攢，亦「叢」也。

22 · 總莖枙枙，褒葉蓁蓁蕡實時味，王公羞焉。

陸善經曰：蕡，實兒。

【校箋】《毛詩·周南·桃夭》：「桃之夭夭，有蕡其實。」毛傳：「蕡，實貌。」

23 · 鱣鮪鱒魴，鯑鱧鮂鱨。

陸善經曰：鱣与鮪，並今之黃魚。方俗異名耳。鱒，魚，目赤而體圓，
一名鯇。鯑，鮎也。

24 · 匪葛匪姜，疇能是恤。

陸善經曰：恤，存恤也。

25 · 邛杖傳節於大夏之邑，蒟醬流味於番禺之鄉。

陸善經曰：蒟，緣樹而生，其子如桑椹，欲熟時，正青，長二三寸。以
蜜藏而食之，辛香，溫，調五藏。

【校箋】完全襲用前文「其園則有蒟蒻茱萸」下之劉逵注。

26 · 累轂疊跡，叛衍相傾。

陸善經曰：衍，雜也。

27 · 貝錦斐成，濯色江波。

陸善經曰：貝錦，錦文如貝也。

【校箋】《毛詩·小雅·巷伯》：「萋兮斐兮，成是貝錦。」毛傳：「貝錦，錦
文也。」鄭玄箋云：「錦文者，文如餘泉餘蚳之貝文也。」

28 · 藏鏹巨万，鈲捆兼呈。

陸善經曰：兼呈者，帝課之外，更兼倍之。

【校箋】劉逵注曰：「兼呈者，皆有常課，至擬於王者。」疑「帝」當作「常」。

29．劇談戲論，扼腕抵掌。

陸善經曰：抵，擊也。即今之撫掌也。

30．置酒高堂，以御嘉賓。

陸善經曰：《韓詩》云：「以御嘉賓。」薛君曰：「御，享也。」

【校箋】李善注引《毛詩》曰：「以御賓客，且以酌醴。」見《毛詩．小雅．吉日》。

31．起西音於促柱，歌江上之飉厲。

陸善經曰：《字指》：「飉，不調風也。」言風不調而厲急，以至於溺。故促柱以哀其聲也。

32．樂飲今夕，一醉累月。

陸善經曰：《詩》云：「樂酒今夕。」

【校箋】見《毛詩．小雅．頍弁》。

33．翕響揮霍，中冈林薄。

陸善經曰：已皆中纲在於林薄。

【校箋】正文「冈」、注文「纲」皆爲胡刻、叢刊本「網」之俗字。

34．屠麖麋，翦旄麈。

陸善經曰：麖，似鹿而小。麋，似鹿而大。旄，旄牛也。

35．畠貜氓於葽草，彈言鳥於森木。

陸善經曰：畠，顯也，明也。言明顯其在葽草之中也。

【校箋】鈔引《漢書音義》曰：「畠者，徒搏之類也。」

36．罨翡翠，釣鰋鮋。

陸善經曰：罨，以網掩取之。《字指》云：「鮋，魚，出漢中也。」

卷　九

37．《吳都賦》一首

陸善經曰：劉逵舊注今所存者損益亦多也。

38・東吳王孫輣然而哈。

　　陸善經曰：哈，大笑也。

39・夫上圖景宿，辯於天文者也。下料物土，析於地理者也。

　　陸善經曰：圖設景宿，以辨天文。料度物土，以入地理。其意言蜀土偏
　　僻，於天文地理皆無霸王之徵也。

40・壹六合而光宅，翔集遐宇。

　　陸善經曰：翔集遐宇，巡省遠方也。

41・鳥笯篆素，玉牒石記。烏聞梁岷有陟方之館、行宮之基歟？

　　陸善經曰：八體有大篆書、鳥書。舜陟方於蒼梧，秦皇漢武皆浮江湘、
　　遊會稽，並在吳之境內，故以此夸之也。

　　【校箋】《漢書・藝文志》韋昭注曰：「八體，一曰大篆，二曰小篆，三曰刻
　　符，四曰蟲書，五曰摹印，六曰署書，七曰殳書，八曰隸書。」《尚書・舜
　　典》：「五十載陟方，乃死。」偽孔傳：「方，道也。舜即位五十年升道。南
　　方巡守，死於蒼梧之野而葬焉。」

42・矜巴漢之阻，則以爲襲險之右。

　　陸善經曰：巴郡、漢中爲蜀之阻阨。襲，謂回其事。

43・握齷而箏，顧亦曲士之所嘆也。

　　陸善經曰：握齷，狹促之皃，言曲士猶嫌其小。《莊子》云：「曲士不可
　　以語於道者，束於數也。」

　　【校箋】見《莊子・秋水》。

44・旁魄而論，抑非大人之所壯觀也。

　　陸善經曰：言渾同天下論之，則崎嶇山阻，又非大人之壯觀。抑，語詞
　　也。

45・公孫國之而破，諸葛家之而滅。

　　陸善經曰：公孫述稱帝，光武使吳漢等破平之。諸葛亮相蜀，至子瞻与
　　鄧艾戰，死之而家滅也。

　　【校箋】《後漢書・光武帝紀》：「公孫述稱王巴蜀。……（建武元年）夏四月，
　　公孫述自稱天子。」又「（建武十二年）冬十一月戊寅，吳漢、臧宮與公孫

述戰於成都，大破之。述被創，夜死。辛巳，吳漢屠成都，夷述宗族及延岑等。」《三國志‧蜀書‧諸葛亮傳附諸葛瞻傳》：「瞻怒，斬艾使。遂戰，大敗，臨陳死，時年三十七。眾皆離散，艾長驅至成都。瞻長子尚，與瞻俱沒。次子京及攀子顯等，咸熙元年內移河東。」

46‧安可以麗王公而著風烈也？

陸善經曰：麗，附著也。

47‧獨未聞大吳之巨麗乎？且有吳之開國也，造於泰伯，宣於延陵。

陸善經曰：麗，美也。造於太伯，太伯避季歷於吳。宣於延陵，季札聘上國，始宣通也。

【校箋】《史記‧吳太伯世家》：「吳太伯，太伯弟仲雍，皆周太王之子，而王季歷之兄也。季歷賢，而有聖子昌，太王欲立季歷以及昌，於是太伯、仲雍二人乃犇荊蠻，文身斷髮，示不可用，以避季歷。……太伯之犇荊蠻，自號句吳……立為吳太伯。」又「季札封於延陵，故號曰延陵季子。……（餘祭）四年，吳使季札聘於魯，請觀周樂。」

48‧若率土而論都，則非列國之所觝望也。

陸善經曰：率天下土而論其都也。列國，諸侯國。

【校箋】《毛詩‧小雅‧北山》：「率土之濱，莫非王臣。」

49‧祏土畫彊，卓犖兼并。

陸善經曰：祏土畫彊，謂初建國也。

【校箋】祏，當從胡刻本、叢刊本作「拓」。彊，當作「疆」。

50‧尔其山澤，則嵬嶷巍岏，嶸溟鬱岪。

陸善經曰：嵬嶷巍岏，高峻皃。嶸溟鬱岪，氣色皃。

51‧或涌川而開瀆，或吞江而納漢。魂魂魂魂，滮滮汘汘。

陸善經曰：涌川開瀆謂山，吞江納漢謂澤。今彭蠡、洞庭皆然。《書》云：「岷山導江，東匯澤為彭蠡。」又云：「導漾水，東流為漢，南入于江。」

【校箋】《尚書‧禹貢》：「嶓冢導漾，東流為漢。又東，為滄浪之水。過三澨，至于大別。南入于江。東匯澤為彭蠡。……岷山導江，東別為沱。」

52・礛礚乎數州之間，灌注乎天下之半。

陸善經曰：魂魂磈磈礛砅乎數州之間謂山，滮滮沜沜灌注乎天下之半謂澤。

53・出乎大荒之中，行乎東極之外。

陸善經曰：《山海經》有海外、大荒經。東極，東方極遠之所也。

【校箋】《山海經》有《海外南經》、《海外西經》、《海外北經》、《海外東經》和《大荒東經》、《大荒南經》、《大荒西經》、《大荒北經》。《山海經・海外東經》：「帝命豎亥步，自東極至于西極，五億十選九千八百步。」

54・泓澄奫潫，潰溶沆瀁。莫測其深，莫究其廣。澶湉漠而無涯，摠有流而爲長。

陸善經曰：泓澄奫潫，深湛皃。潰溶沆瀁，廣大皃也。澶湉，安靜皃。

55・於是乎長鯨吞杭，脩鯢吐浪。

陸善經曰：鯢，亦鯨之類。

【校箋】鈔引《異物志》曰：「雄曰鯨，雌曰鯢。」（胡刻本、叢刊本在劉逵注，《文選集注》劉逵曰無此語，此卽陸善經所謂「劉逵舊注今所存者損益亦多也」之證乎？）

56・王鮪侯鮐，鮣龜鱕鯞，烏賊擁劒，句臚鯖鰐。

陸善經曰：侯鮐，其肝有毒。烏賊，魚，似筭袋，體有一骨。鯖，魚，似鯔，色青而大。然此等多出東海、南海中。鯔鯖，江湖中亦有之。侯鮐皆出於江中也。

57・鷗鸏鶂鴯，鶂鵠鷺鴻。鶢鶋避風，候鴈造江。

陸善經曰：鷗鸏，大如鶴而五采，荊楚有之。《國語》云：「海鳥曰爰居，止於魯東門之外。展禽曰：今茲海其交乎廣川，鳥獸皆知避其災。是歲，海多大風也。」

【校箋】《國語・魯語上》：「海鳥曰『爰居』，止於魯東門之外三日，臧文仲使國人祭之。……（展禽曰：）『今海鳥至，己不知而祀之，以爲國典，難以爲仁且智矣。……今茲海其有災乎？夫廣川之鳥獸，恆知避其災也。』是歲也，海多大風，冬煖。」劉逵注引作《左傳》，十三經注疏本無此內容。

58 · 溪鵜鸕鶇，鶥鶴鴛鶬。鸛鷗鶖鸘，氾濫乎其上。

陸善經曰：青，小鳥也。好群飛，栖於山巔高樹。出南海、桂陽諸郡也。

【校箋】正文「溪」，叢刊本同，胡刻本作「鸂」。

青，當爲「鶄」之訛。鈔曰：「青鶴，似白鶴，青色而大，出南海、桂林諸郡也。」

59 · 湛淡羽儀，隨波參差。

陸善經曰：湛淡，汎浮之兒。羽儀，羽翮容儀也。

60 · 彫啄蔓藻，刷盪漪瀾。

陸善經曰：蔓藻，藻生蔓延。彫啄，謂啄之而彫缺。刷盪漪瀾，洒滌毛羽於波瀾也。

61 · 魚鳥聲耴，萬物蠢生。芒芒黕黕，慌罔奄欻，神化翕忽，函幽育明。窮性極形，盈虛自然。蜯蛤珠胎，與月虧全。

陸善經曰：聲耴，眾聲雜亂兒。芒芒，不分別兒。慌罔奄欻、神化翕忽，言變化速疾也。函幽育明，言變化之類函藏於幽，長育於明。窮性極形，盡物之形性也。盈虛自然，言或盈虛皆稟於自然。蚌蛤函珠，故言珠胎也。

62 · 巨鼇贔屭，首冠靈山。大鵬繽翻，翼若垂天。振盪汪流，雷抃重淵。

陸善經曰：振盪汪流，謂大鵬。雷抃重淵，謂臣鼇也。

63 · 殷動宇宙，胡可勝原。

陸善經曰：殷，聲之遠聞也。宇宙，天地之間也。

64 · 島嶼綿邈，洲渚霽隆。

陸善經曰：綿邈，遠兒。霽隆，乍上乍下之兒也。

【校箋】李善注引後漢《黎陽山碑》曰：「山河霽隆，有精英兮。」

65 · 增罡重阻，列眞之宇。

陸善經曰：言列仙所在。阻，深也。

66 · 江斐於是往来，海童於是宴語。

陸善經曰:《神異經》云:「河伯使者乘白馬朱鬣行四海水上,從十二童,斯即海童。」

67 · 尔乃地勢块扎,卉木肰蔓。

陸善經曰:《字林》之肰,卒長也。

【校箋】李善注引《廣雅》:「肰,長也。」見《釋詁四》。鈔注引《尚書》注:「少長曰肰。」《尚書‧禹貢》:「厥草惟夭。」僞孔傳:「少長曰夭。」

68 · 異荂蓲蘛,夏曄冬蒨。

陸善經曰:蓲蘛,亦榮茂也。

69 · 綸組紫絳,食葛香茅。

陸善經曰:食葛,其根可食也。

70 · 布護罩澤,蟬聯陵丘。

陸善經曰:布護以下皆草所在蔓生之形。

【校箋】《漢書‧司馬相如傳》載《封禪文》:「匪唯偏我,氾布護之。」顏師古曰:「布護,言遍布也。」

71 · 夤緣山嶽之岊,幂歷江海之流。

陸善經曰:岊,山之高隅也。

【校箋】劉逵注引許氏《記字》曰:「岊,陬隅而山之節也。」

72 · 扤白蔕,銜朱蕤。

陸善經曰:扤,搖也。果實動搖也。朱蕤,謂朱華葳蕤也。

73 · 職貢納其苞匭,離騷詠其宿莽。

陸善經曰:《書‧禹貢》云:「其包橘柚,匭菁茅也。」

【校箋】《尚書‧禹貢》作:「包匭菁茅。」僞孔傳:「匭,匣也。菁以爲菹,茅以縮酒。」

74 · 綿杭枏櫨,文欀楨橿。平仲君遷,松梓古度。楠榴之木,相思之樹。

陸善經曰:櫨,木,有文采。文,木,今名曰烏文木,与柿心相類。南留(南留),南木之有瘤瘻者。此諸木皆出南中也。

【校箋】後「南留」二字衍。

75・宗生高堁，挨茂幽阜。擢本千尋，垂蔭萬畝。攢柯挐莖，重葩殗葉。

陸善經曰：言其盛大也。

76・與風飂飀

陸善經曰：飂飀，隨風皃。

77・其上則猨父哀吟，獋子長嘯。

陸善經曰：猨，似獼猴，臂通肩。父，謂其孝者。獋音渾。

【校箋】《山海經・北山經》：「獄法之山……有獸焉，其狀如犬而人面，善投，見人則笑，其名山獋，其行如風，見則天下大風。」李善、鈔注引文與此略有不同。

78・驚透沸亂，牢落翬散。

陸善經曰：牢落，分散意。

【校箋】《文選・上林賦》曰：「牢落陸離。」

79・其竹則篔簹林於，桂箭射筒。

陸善經曰：桂，竹所在有之，始興者尤大，圍三尺也。

【校箋】此注當有脫誤，可據劉逵注參考之。劉逵曰：「桂竹，生於始興小桂縣，大者圍二尺，長四五丈。」

80・苞筍抽節，往往縈結。綠葉翠莖，冒霜停雪。櫹矗森萃，菺茸蕭瑟。

陸善經曰：顧徵《廣州記》曰：「平鄉有包竹，堪作布也。」櫹矗，□長皃。

【校箋】顧徵，同卷亦有鈔所引顧徵《廣州記》，《藝文類聚》有「顧徵」、「顧徽」、「顧微」三名，皆形近字。北魏賈思勰《齊民要術》所引皆作「顧微」，姑從該書，以此爲是。

81・檀欒蟬蜎，玉潤碧鮮。

陸善經曰：檀欒，遍布也。蟬蜎，好皃也。

【校箋】《藝文類聚》卷六十五引枚乘《梁王兔園賦》曰：「脩竹檀欒，夾池水旋，兔園並馳。」

82 · 梢雲无以踰，解谷弗能連。

　　陸善經曰：解谷，昆侖北谷。

　　【校箋】《漢書·律曆志上》：「黃帝使泠綸，自大夏之西，昆侖之陰，取竹之解谷生，其竅厚均者，斷兩節間而吹之，以爲黃鐘之宮。」孟康注曰：「解，脫也。谷，竹溝也。取竹之脫無溝節者也。一說昆侖之北谷名也。」

83 · 檳榔無柯，椰葉無蔭。

　　陸善經曰：無陰，謂葉無陰陽文也。今烏蓮葉亦然也。

84 · 鷓鴣南翥而中留，孔爵絟羽以翱翔。

　　陸善經曰：鷓鴣如雞而小。南翥中留，初飛皆向南，中路而之東西，及北也。

85 · 火齊之寶，駭雞之珍。

　　陸善經曰：《抱朴子》云：「通天犀有一白理如綖者，此角盛米，置群雞中。雞往啄，未至數寸，輒驚駭，故曰駭雞。」

　　【校箋】此，當作「以」。《抱朴子內篇·登涉》：「又通天犀角有一赤理如綖，有自本徹末，以角盛米置羣雞中，雞欲啄之，未至數寸，卽驚却退。故南人或名通天犀爲駭雞犀。」據陸注，「有自」中的「有」當作「者」，宜上屬，作「……如綖者，自本徹末」。

86 · 頹丹明璣，金華銀朴。

　　陸善經曰：金華，麩金也。

　　【校箋】李善注引劉欣期《交州記》曰：「金華出珠崖。」

87 · 精曜潛穎，硌㟼山谷。

　　陸善經曰：硌㟼山谷，言珠玉在谷，人取之則硌擿而㟼落也。

　　【校箋】《說文解字·石部》：「硌，上擿山巖空青，珊瑚㟼之。」

88 · 碕岸爲之不枯，林木爲之潤黷。

　　陸善經曰：碕岸，頭也。

　　【校箋】或當作「碕岸，岸頭也」。

　　《淮南子·本經》：「積牒旋石，以純脩碕。」高誘注：「以玉石致之水邊爲脩碕。以牒累流水邊爲，脩碕。脩碕，曲中水所當處也。」

89・雙則比目，片則王餘。

陸善經曰：王餘，魚，俗云越王膾。魚未盡，因以其半身爲魚，長數寸。爲鮓其美。今江東呼爲吳王膾殘也。

【校箋】「其美」，誤，當作「甚美」。李善曰：王餘，見《博物志》。《藝文類聚》卷九十九引晉郭璞《比目魚贊》曰：「比目之鱗，別號王餘。雖有二片，其實一魚。協不能密，離不爲疏。」

90・開北戶以向日，坐南冥於幽都。

陸善經曰：日既處中，則南冥去日遠近，与幽都同也。

【校箋】《尚書・堯典》：「宅朔方，曰幽都。」僞孔傳：「北稱幽，則南稱明。」《莊子・逍遙遊》：「是鳥也，海運則將徙於南冥。南冥者，天池也。」

91・象耕鳥耘，此之自興。

陸善經曰：自與，言自爲之。

【校箋】《文選集注》有「今案，諸本『興』爲『與』」。

92・霸王之所根柢，開國之所基趾。

陸善經曰：霸王根柢，謂太伯也。

93・郛郭周迊，重城結隅。通門二八，水道陸衢。

陸善經曰：《越絕》云：「吳都周市六十八里，大城卅七里，水門八，陸門八。其二有樓，一名閶門，一名盤門，車船並入。」

【校箋】《越絕書》卷二：「吳大城，周四十七里二百一十步二尺，陸門八，其二有樓。水門八。」

94・憲紫宮以營室，廓廣庭之漫漫。

陸善經曰：紫宮，中宮。營室，離宮也。

【校箋】《史記・天官書》：「中宮天極星，其一明者，太一常居也；旁三星三公，或曰子屬。後句四星，末大星正妃，餘三星後宮之屬也。環之匡衛十二星，藩臣。皆曰紫宮。」又「營室爲清廟，曰離宮、閣道。」

95・造姑蘇之高臺，臨四遠而特建，帶朝夕之濬池，佩長洲之茂苑。窺東山之府，則瓌寶溢目；觀海陵之倉，則紅粟流衍。

陸善經曰：《越絕》曰：「吳王起姑蘇之臺，因山爲之。」今在吳縣西南

卅里也。長洲苑，吳王遊獵處。今以爲縣名。海陵倉，今崑山縣東北，長岡上有吳時屯田及太倉，即其所也。東山，藏貨之府名也。

【校箋】今《越絕書》無此語，當其佚文。

96‧起寢廟於武昌，作離宮於建業。

陸善經曰：武昌屬江夏，建業今江寧。

97‧房櫳對櫺，連閣相經。閣闥讋詭，異出奇名。左稱彎崎，右號臨硎。

陸善經曰：櫺，謂窻牖有光明也。闥，閨門也。讋詭，言形制異。硎即坑也。

【校箋】硎，乃「硎」之訛，涉上「形」字而誤。李善注：「臨硎、閣闥，門名也。」引《丹楊記》曰：「元皇初，吳宮皆爲煨燼，彎崎、臨硎之門无遺構矣。」

98‧彫欒鏤楶，青瑣丹楹。圖以雲氣，畫以仙靈。雖茲宅之夸麗，曾未足以少寧。

陸善經曰：欒，拱也。楶，梁上楶也。未足少寧，未足以少案居。

【校箋】案，當作「寧」。

《爾雅‧釋宮》：「桴，謂之楶。」

99‧樹以青槐，亘以綠水。玄蔭眈眈，清流亹亹。

陸善經曰：亘以綠水，謂秦淮也。亹亹，流皃。

【校箋】《廣雅‧釋訓》：「亹亹，進也。」

100‧列寺七里，俠棟陽路。屯營櫛比，解署碁布。

陸善經曰：今曰棟宇俠連以當陽。

101‧其居則高門鼎貴，魁岸豪傑。虞魏之昆，顧陸之裔。

陸善經曰：魁，大。岸，高也。虞魏，今在會稽。顧陸，在吳。陳琳《檄》云：「聞魏周榮虞文繡各紹堂構，能負荷。及吳諸顧陸舊族也。」

【校箋】《漢書‧江充傳》：「充爲人魁岸，容貌甚壯。」顏師古曰：「魁，大也。岸者，有廉棱如崖岸之形。」陳琳《檄》，即《檄吳將校部曲文》。胡刻本、叢刊本作：「聞魏周榮虞仲翔各紹堂構，能負析薪。及吳諸顧陸舊族長者，世有高位，當報漢德，顯祖揚名。」且前有「魏叔英秀出高崎，著

名海內。虞文繡砥礪清節，恥學好占」，張銑注：「魏周榮，叔艾子也。虞仲翔，文繡子也。」《三國志·吳書·虞翻傳》：「虞翻，字仲翔，會稽餘姚人也。」

102· 於是樂只衎而歡飫無遺，都輦殷而四奧來暨。水浮陸行，方舟結駟。

陸善經曰：輦，王者所乘。故京邑之地通曰輦。方舟結駟，言水陸俱至也。

103· 開市朝而普納，橫闤闠而流溢。

陸善經曰：市朝，市之朝時。《周官》：「市有三期。」吳市早朝畢集也。

【校箋】《周禮·地官·司市》：「大市日昃而市，百族為主。朝市朝時而市，商賈為主。夕市夕時而市，販夫販婦為主。」《禮記·郊特牲》：「孔子曰：『繹之於庫門內，祊之於東方，朝市之於西方，失之矣。』」鄭玄注引《周禮》「大市」前有「市有三期」。

104· 紵衣絺服，雜沓從萃。

陸善經曰：紵、絺，中土所貴者。潀者，傱傱眾多兒。

【校箋】從，胡刻本作「傱」、叢刊本作「潀」。

105· 金溢磊砢，珠琲蘭干。桃笙象簟，韜於筒中；蕉葛升越，弱於羅紈。

陸善經曰：闌干，長兒也。升越，越布升數之多，言其細也。紈，粟文綾。或以「升」為「斗」，云斗，亦布名。

【校箋】正文「蘭」字，陸注作「闌」，胡刻本、叢刊本同。

106· 儴囏桀獷，交貿相競。讙譁喧呷，芬葩蔭暎。揮袖風飄而紅塵晝昏；流汗霡脈霖沐而中逵泥濘。

陸善經曰：儴囏，爭言兒。喧呷，大聲也。芬葩蔭暎，言眾物多相隱暎也。

【校箋】《說文解字·口部》：「吸，呷也。」

107· 藏鏹於人，去戲自閣。

陸善經曰：去，亦藏，變文耳。

108・戎車盈於石城，戈船掩乎江湖。

陸善經曰：掩，蔽也。

109・驫駥麤麤，鞎霅警捷，先驅前塗。

陸善經曰：驫駥麤麤，驚走之皃。鞎霅警捷，急疾之皃。言校獵以此諸蠻夷爲前駈，而驚走急疾也。

【校箋】《玉篇・馬部》：「駈」同「驅」。

卷四十七

《贈徐幹》一首　五言

110・圓景光未滿，眾星粲以繁。志士營世業，小人亦不閑。

陸善經曰：言日纔沒月光未滿，而星已繁。更迭用事興人之不可閑也矣。

111・文昌鬱雲興，迎風高中天。

陸善經曰：文昌殿、迎風觀並在鄴。中天，言高如雲起，過在天中。

【校箋】《藝文類聚》卷八十八引魏文帝《槐賦》曰：「文昌殿中槐樹。盛暑之時，余數遊其下，美而賦之。」《文選・魏都賦》：「造文昌之廣殿。」劉逵注：「文昌，正殿名也。」《藝文類聚》卷六十三引《漢宮殿名》曰：「長安有迎風觀。」或鄴亦仿之。《列子・周穆王篇》：「穆王乃爲之改築。土木之功，赭堊之色，無遺巧焉。五府爲虛，而臺始成。其高千仞，臨終南之上，號曰中天之臺。」

112・春鳩鳴飛棟，流焱激櫺軒。

陸善經曰：飛棟，言高也。

113・顧念蓬室士，貧賤誠足憐。

陸善經曰：因覩貴盛，而思賤貧。言可愛憐皃，激之令仕也。

114・薇藿弗充虛，皮褐猶不全。

陸善經曰：薇，似小豆，野生。藿，豆也。皮，謂裘。褐，衣之弊者，染爲褐色也。

【校箋】《毛詩・小雅・采薇》：「采薇采薇，薇亦作止。」毛傳：「薇，菜。」《儀禮・公食大夫禮》：「鉶芼牛藿羊，苦豕薇皆有滑。」鄭玄注：「藿，豆

葉也。」

115・忼慨有悲心，興文自成篇。

陸善經曰：悲心，愁念之也矣。

116・寶弃怨何人？和氏有其愆。

陸善經曰：寶弃，喻幹有才而未見用，過在和氏，自責。

117・彈冠俟知己，知己誰不然。

陸善經曰：知己誰不然，誰不知因知交而見用之。

118・良田無晚歲，膏澤多豐年。

陸善經曰：良田無晚歲，喻才高不憚仕之遲。膏澤多豐年，喻有道之時，則仕者易遇也，無以晚歲爲志也矣。

《贈丁儀》一首　五言

119・初秋涼氣發，庭樹微銷落。凝霜依玉除，清風飄飛閣。朝雲不歸山，霖雨成川澤。黍稷委疇隴，農夫安所獲？

陸善經曰：皆即事而言也。夫何所得也矣。

卷四十八

《答賈長淵》一首　四言

120・伊昔有皇，肇濟黎蒸。先天創物，景命是膺。降及群后，迭毀迭興。邈矣終古，崇替有徵。　其一

陸善經曰：謂上皇以濟□□也，故能當大命。後王不能，然興毀崇替皆有徵也。敍興亡之由也。

【校箋】□□，據上文，或當作「黎蒸」。

121・在漢之季，皇綱幅裂。

陸善經曰：幅裂，言如布帛之幅有度量而毀裂也。

【校箋】《三國志・魏書・崔琰傳》：「琰對（太祖）曰：『今天下分崩，九州幅裂。』」

122・火辰匿輝，金虎曜質。

陸善經曰：匿暉，不明。曜質，言盛也矣（也矣矣）。

【校箋】「也矣矣」三字乃抄寫者故意填滿空缺處所衍。輝，陸注作「暉」，叢刊本同。

123・如彼墜景，曾不可振。

陸善經曰：言天下皆乱也，如日西落，不可復振起也矣（也矣）。

【校箋】「也矣」二字衍，同上。

124・啓土綏難，改物承天。　其三

陸善經曰：物，謂服色。承天，順天心也。

125・爰茲有魏，即宮天邑。

陸善經曰：魏因漢都，故曰宮天邑也。

【校箋】《尚書・多士》：「肆予敢求爾於天邑商。」《後漢書・班彪傳》：「革滅天邑。」李賢注：「天邑，天子所都也。」

126・干戈載揚，俎豆載戢。

陸善經曰：言天下三分，則干戈用而俎豆藏也。

【校箋】李善注引《毛詩》曰：「載戢干戈。毛萇曰：戢，聚也。」引《論語》孔子曰：「俎豆之事，則嘗聞之矣。」分別見《毛詩・周頌・時邁》、《論語・衛靈公》。孔安國注：「俎豆，禮器。」

127・民勞師興，國玩凱入。

陸善經曰：玩，好也。

128・天厭霸德，黃祚告釁。

陸善經曰：不能統壹天下皆爲霸也矣。

129・陳留歸蕃，我皇登禪。

陸善經曰：《魏志》：陳留王即位，七禪于晉嗣王矣。

【校箋】《三國志・魏書・陳留王奐紀》：「陳留王諱奐，字景明，武帝孫，燕王宇子也。……六月甲寅，入于洛陽，見皇太后，是日即皇帝位于太極前殿。……咸熙二年十二月壬戌，禪位于晉嗣王。」

130・庸岷稽顙，三江改獻。

　　陸善經曰：稽顙、改獻，謂劉禪、孫皓降。

　　【校箋】《儀禮・士喪禮》：「主人哭拜，稽顙成踊。」鄭玄注：「稽顙，頭觸
　　地。」

131・對楊天人，有秩斯祜。

　　陸善經曰：言皆秩次祭之，与之同福也。

132・惟公太宰，光翼二祖。

　　陸善經曰：《晉書》云：「賈充爲文帝右長史。武帝受禪，封魯公，歷尚
　　書令也。」

　　【校箋】《晉書・賈充傳》：「後爲文帝大將軍司馬，轉右長史。……後代裴
　　秀爲尚書令，常侍、車騎將軍如故。」又《武帝紀》：「（泰始元年十二月丁
　　卯），封將軍賈充爲車騎將軍、魯公。」

133・魯公戾止，袞服委蛇。

　　陸善經曰：莅，来。止，至也。

134・及子棲遲，同林異條。

　　陸善經曰：棲遲，遊集也（集也）矣。

　　【校箋】「集也」，此二字衍。《毛詩・陳風・衡門》：「衡門之下，可以棲遲。」
　　毛傳：「棲遲，遊息也。」又《小雅・北山》有「或棲遲偃仰」。

135・遊跨春三，情固二秋。　　其八

　　陸善經曰：三春二秋，在官所經。

　　【校箋】《文選》正文「春三」，當從陸注及胡刻本、叢刊本作「三春」。

136・孰云匪懼？仰肅明威。

　　陸善經曰：言仰敬天之威而懼也。

137・公之云感，貽此音翰。蔚彼高藻，如玉之闌。　　其十

　　陸善經曰：謂謐感昔之遊集，而貽詩言其文之美。

　　【校箋】此注係於「如玉之闌」下，而「貽此音翰」下無注。是抄寫者誤將
　　前句之注，抄之於後也。

138 · 惟漢有木，曾不踰境。惟南有金，万邦作詠。

陸善經曰：機以木踰境而變質，故自比於金，万邦所共貴也矣。

139 · 民之胥好，狷狂厲聖。

陸善經曰：言民之好德者，雖狂狷亦主於聖。胥，月辭也。

【校箋】李善注引《爾雅》曰：「胥，相也。」見《釋詁下》。

140 · 儀形在昔，予聞子命。　其十一

陸善經曰：儀形在昔，不變其初也。

【校箋】《毛詩·大雅·文王》：「儀刑文王，萬邦作孚。」鄭玄箋：「儀法文王之事，則天下咸信而順之。」

141 · 《於承明作與士龍》一首　五言

陸善經曰：此亭今在崑山懸南百五十里，与華亭相延也。

【校箋】懸，當作「縣」。

142 · 牽世嬰時網，駕言遠徂征。

陸善經曰：言爲世所牽羈，遠征入洛也。

143 · 婉孌居人思，紆鬱遊子情。

陸善經曰：婉孌，眷戀之意也。

【校箋】《漢書·敘傳》：「婉孌董公。」顏師古曰：「婉孌，美貌。」

144 · 明發遣安寐，寤言涕交纓。

陸善經曰：感別，故不能安寢而涕流也。

145 · 分塗長林側，揮袂萬始亭。

陸善經曰：萬始亭，皆在承明東南也。

【校箋】「萬始亭」前當脫「長林」二字。

146 · 永安有昨軌，承明子弃予。

陸善經曰：昨軌，謂来時軌也。今到承明，子棄我去矣。

147 · 俯仰悲林薄，慷慨含辛楚。

陸善經曰：悲林薄，都林薄而悲也。

148 · 懷徃歡（端）絕端，悼來夏成緒。

陸善經曰：言懷於往日遊之歡，今已絕无端際；悼於今別，思来憂生成緒也。

【校箋】《文選》正文前「端」字衍。

149 · 感別慘舒翮，思歸樂遵渚。

陸善經曰：慘，傷也。心既感別，見鳥舒翮遠飛，則傷思歸，情多願如鴻之脩渚，不去爲樂也。

《贈尚書郎顧彥先》二首　五言

150 · 大火貞朱光，積陽熙自南。

陸善經曰：謂六月大星昏正時（星昏正時）。積陽，夏積陽氣。熙，感也。

【校箋】後之「星昏正時」四字衍。《淮南子·天文》曰：「積陽之熱氣生火，火氣之精者爲日。」

151 · 淒風迕時序，苦雨遂成霖。

陸善經曰：詩意言夏積炎旱，則成秋霖也矣。

152 · 與子隔蕭牆，蕭牆隔且深。

陸善經曰：隔蕭牆，言相隣接也。

【校箋】《論語·季氏》：「子曰：『吾恐季孫之憂，不在顓臾，而在蕭牆之內也。』」鄭曰：「蕭之言肅也。牆，謂屏也。君臣相見之禮，至屏而加肅敬焉。是以謂之蕭牆。」

153 · 音聲日夜闊，何用慰吾心？

陸善經曰：日夜闊，言音聲之隔。

154 · 朝遊遊曾城，夕息旋直廬。

陸善經曰：旋直廬（廬），言周旋直宿之廬。

【校箋】第二個「廬」字衍。《漢書·嚴助傳》張晏注：「直宿所止曰廬。」

《贈顧交阯公眞》一首　五言

155 · 伐皷五嶺表，楊旍万里外。

陸善經曰：裴淵《廣州記》云：「五嶺，桂陽、畸田、九眞、都厖、臨
駕也。」

【校箋】臨駕，當作「臨賀」。

李善注亦引裴淵《廣州記》，但五嶺所指不同，乃「大庾、始安、臨賀、桂
陽、揭陽」。唯其同於《史記正義》所引。《史記正義》又引《輿地志》云：
「一曰臺嶺，亦名塞上，今名大庾；二曰騎田；三曰都龐；四曰萌諸；五
曰越嶺。」鈔曰：「五嶺者，南野城縣有大庾嶺，桂陽縣有疇田嶺，九眞縣
有都龐嶺，臨賀縣有萌序嶺，始安郡有越城嶺。」

156・遠績不辭小，立德不在大。

陸善經曰：言勿以交阯遠小，而憚之也。

157・惆悵瞻飛駕，引領望歸斾。

陸善經曰：惆悵，惜別也矣。

【校箋】《楚辭・九辯》：「惆悵兮而私自憐。」

《爲顧彥先贈婦》二首　五言

158・飜飛游江汜。

陸善經曰：虞喜《志林》云：「錢唐有山居江中，湖水觸山迴，故曰浙
江。」

【校箋】據眾家注，正文「游」當作「浙」。

《晉書・儒林・虞喜傳》：「爲《志林》三十篇。」今亡佚。

159・借問歎何爲？佳人眇天末！

陸善經曰：眇，遠。

【校箋】《文選・東京賦》：「眇天末以遠期。」

160・形影參商乖，音息曠不達。

陸善經曰：商，心星也矣。

161・《贈馮文羆》一首　五言

陸善經曰：詳詩意，馮時在斥丘也矣。

【校箋】胡刻作《贈馮文羆遷斥丘令》。李善注引《晉百官名》曰：「外兵郎
馮文羆。」引《集》云：「文羆爲太子洗馬，遷斥丘令，贈以此詩。」引闕

駉《十三州記》曰:「斥丘縣在魏郡東八十里。」

今本《陸機集》無李善注所引。《晉書‧馮紞傳》:「(紞)二子:播、熊。播,大長秋。熊,字文羆,中書郎。」

162‧苟無凌風翮,徘徊守故林。

陸善經曰:謂同仕東宮,馮遷官,而己留也。(陸善經曰謂同也)

【校箋】「陸善經曰謂同也」七字衍。

163‧悲情臨川結,苦言隨風吟。

陸善經曰:言思而命駕,至彼河陰,佇立想望,悲吟成篇也矣。

164‧愧無雜珮贈,良訊代兼金。

陸善經曰:良訊,即此詩也。

165‧夫子茂遠猷,款誠寄惠音。

陸善經曰:寄惠音,令其報也。

《贈弟士龍》一首　五言

166‧行矣怨路長,惄焉傷別促。

陸善經曰:惄,憂痛意也。

【校箋】《毛詩‧小雅‧小弁》:「我心憂傷,惄焉如擣。」毛傳:「惄,思也。」

167‧指途悲有餘,臨觴歡不足。

陸善經曰:怨路長,故悲有餘。傷別促,則歡不足。(惄憂痛意也)

【校箋】「惄憂痛意也」五字衍。與上一條注釋重複。

168‧我若西流水,子為東跱岳。

陸善經曰:士衡赴洛,故若西流。士龍留吳,故為東峙。

【校箋】峙,正文作「跱」。叢刊本注「五臣作『峙』」。李周翰曰:「峙,止也。」《廣雅‧釋詁》:「跱,止也。」

169‧慷慨逝言感,徘徊居情育。

陸善經曰:慷慨,行者詞。徘徊,居者戀。育,生也。言常生此情也。

170 · 安得攜手俱，契闊成騑服。

（陸）善經曰：雖契闊猶願成騑服，意歎不相離也。

【校箋】《毛詩·邶風·擊鼓》：「死生契闊，與子成說。」毛傳：「契闊，勤苦也。」《說文解字·馬部》：「騑，驂也。旁馬也。」《毛詩·鄭風·大叔于田》：「兩服上襄。」鄭玄箋云：「兩服，中央夾轅者。」

《爲賈謐作贈陸機》一首　四言

171 · 肇自初創，二儀烟熅。

陸善經曰：欲言晉之德，故歷敍自古皇王也矣。

172 · 奧有生民，伏羲始君。

陸善經曰：《易》本於伏羲，故以伏羲爲始也。

【校箋】《尚書·序》：「古者伏犧氏之王天下也，始畫八卦，造書契，以代結繩之政，由是文籍生焉。」

173 · 畫野離壇，爰封眾子。

陸善經曰：《漢書》云：「昔在黃帝，作舟車，旁行天下，方制萬里，盡野分州，得百里之國万區也。」

【校箋】《漢書·地理志上》：「昔在黃帝，作舟車以濟不通，旁行天下，方制萬里，畫壄分州，得百里之國萬區。」

174 · 夏殷既襲，宗周繼祀。

陸善經曰：夏殷已降，皆黃帝之後，故言既襲繼祀也矣。

175 · 綿綿瓜瓞，六國互峙。　其二

陸善經曰：瓞，亦瓜也。

176 · 僞孫銜璧，奉土歸壇。

陸善經曰：《左傳》云：「許男面縛銜璧也。」

【校箋】見《左傳》僖公六年。

177 · 婉婉長離，凌江而翔。

陸善經曰：長，或音丁丈反。羽鳥，鳳爲長也。

178‧鶴鳴九皋，猶載厥聲。況迺海隅，播名上京。

陸善經曰：言鶴鳴皋澤，猶載聲於詩人。況乃海隅之立，能播名於上京，則其聲問自然高遠也。

【校箋】《毛詩‧小雅‧鶴鳴》：「鶴鳴于九皋，聲聞于天。」

179‧爰應旌招，撫翼宰庭。　其五

陸善經曰：《晉書》云：機入洛，張華薦之諸公，太傅楊駿辟祭酒也。

【校箋】《晉書‧陸機傳》：「至太康末，（機）與弟雲俱入洛，造太常張華。……張華薦之諸公。後太傅楊駿辟爲祭酒。」

180‧英英朱鸞，來自南崗。

陸善經曰：南崗，喻吳也。

181‧曜藻崇正，玄冕丹裳。

陸善經曰：《洛陽記》：「東宮有崇正殿、崇正門。」

【校箋】《隋書》、《舊唐書》之《經籍志》及《新唐書‧藝文志》均有陸機《洛陽記》一卷。《晉書‧潘岳傳附潘尼傳》：「元康元年冬十二月，上以皇太子富於春秋，而人道之始莫先於孝悌，初命講孝經于崇正殿。」

182‧或云國官，清塗攸失。

陸善經曰：國官，王官也。

183‧齊轡群龍，光讚納言。

陸善經曰：羣龍，喻朝彥。楊雄《尚書箴》云：「龍惟納言，是曰機密也。」

【校箋】《文選‧（盧諶）答魏子悌詩》：「遇蒙時來會，聊齊朝彥跡？」《藝文類聚》卷四引漢楊雄《尚書箴》曰：「龍惟納言，是機是密。」班孟堅《兩都賦序》「日不暇給」句下注引《史記》曰：「雖受命，而日有不暇給也。」高氏（步瀛）按：「唐人引書，往往于最後句末加『也』字，不泥原書有無。此注『給』下『也』字即其例。」〔註1〕此亦同也。

184‧優遊省闥，珥筆華軒。　其八

陸善經曰：《古今注》云：「白筆者，珥筆之貴象也。」

〔註1〕高步瀛著《文選李注義疏》，曹道衡、沈玉成點校，中華書局，1985年，第5頁。

【校箋】《隋書・經籍志》史部有伏無忌撰《古今注》八卷，子部有崔豹撰《古今注》三卷。從此條內容上判斷，當屬後者。且卷九一王元長《三月三日曲水詩序》「書笏珥彤」陸善經注有：「崔豹《古今注》云：白筆，古珥筆之遺象。」遺，當「貴」之訛。李善注引崔駰《奏記》：「竇憲曰：『珥筆持牘，拜謁曹下。』」《古今注・輿服》：「白筆，古珥筆。示君子有文物之備焉。」

《贈陸機出爲吳王郎中令》一首　四言

185・玉以瑜潤，隨以光融。

陸善經曰：光融，謂夜光融明也。

186・崐山何有？有瑶有珉。

陸善經曰：崐山，喻王朝。瑶，玉之美者，喻機。珉，石之次玉者，以自比也（比也）矣。

【校箋】後「比也」二字衍。

187・祁祁大邦，惟桑惟梓。

陸善經曰：祁祁，安和皃也。

【校箋】《毛詩・召南・采蘩》：「被之祁祁，薄言還歸。」毛傳：「祁祁，舒遲也。」《毛詩・豳風・七月》：「春日遲遲，采蘩祁祁。」毛傳：「祁祁，眾多也。」《爾雅・釋訓》：「祁祁、遲遲，徐也。」郭璞注：「皆安徐。」

188・穆穆伊人，南國之紀。

陸善經曰：機爲南國紀綱。故帝令爲吳王郎中令也。

【校箋】《毛詩・小雅・四月》：「滔滔江、漢，南國之紀。」毛傳：「滔滔，大水貌。其神足以綱紀一方。」

189・帝曰尒和，惟王卿士。

陸善經曰：郎中令，王國之卿，故云卿士也。

190・我車既巾，我馬既秣。

陸善經曰：謂將首路也。

【校箋】《文選・顏延年北使洛》李善注引謝承《後漢書・序》曰：「徐俶戎車首路。」

191・婉孌二宮，徘徊殿闈。

陸善經曰：婉孌，眷戀之意也。

【校箋】《毛詩・曹風・候人》：「婉兮孌兮。」毛傳：「婉，少貌。孌，好貌。」

192・醪澄莫饗，孰慰飢渴？ 其五

陸善經曰：言酒已清，而陸生今去，誰与慰飢渴之情也。（陸善經曰言酒已清而陸生今去誰与慰飢渴之情也陸善經曰言酒已清之懷也）

【校箋】「陸善經曰言酒已清而陸生今去誰与慰飢渴之情也陸善經曰言酒已清之懷也」三十二字，皆衍文。

193・昔予乔私，貽我蕙蘭。

陸善經曰：士衡《集》有正叔免官贈詩也。

【校箋】今《陸機集》有《贈潘尼詩》。題中無免官字，詳其詩意則似之。

《贈侍御史王元貺》一首　五言

194・崐山積瓊玉，廣夏構□眾林。

陸善經曰：喻多士盈朝，材爲時頃也。

【校箋】《文選》正文「林」字誤，當從陸注及胡刻、叢刊作「材」。

195・王侯厭崇禮，迴迹清憲臺。

陸善經曰：崇礼門在聽政殿前，升賢門東，尚書臺在其中也。

【校箋】張孟陽《魏都賦》注曰：「聽政殿聽政殿門，聽政門前升賢門，升賢門左崇禮門，崇禮門右順德門，三門並南向。」

卷五十六

樂府八首　五言　鮑明遠

《東武吟》

196・密塗亘萬里，寧歲猶七奔。

陸善經曰：行於近塗，猶涉万里。寧靜之歲，尚七奔命，言恒勞苦也。反

【校箋】文末批一「反」字，以塡補空白。與《夢溪筆談》所載相類。《新校正夢溪筆談》之《補筆談》卷三《雜誌》：「前世風俗，卑者致書于所尊，尊者但批紙尾答之曰『反』，故人謂之『批反』，如官司批狀、詔書批答之類。」《文選集注》中多處所有注文末皆着一「反」字，故當爲《文選集注》抄寫者所爲。

《出自薊北門行》

197 · 蕭皷流漢思，旌甲被胡霜。

陸善經曰：漢思，鄉思也。

《結客少年場》

198 · 去鄉三十載，復得還舊丘。

陸善經曰：得還，遇赦令也。

199 · 扶宮羅將相，夾道列王侯。

陸善經曰：言扶翊王宮羅列將相之宅也。

200 · 今我獨何爲，埳壈懷百憂。

陸善經曰：言游俠失計，故晚節自悔也。

《東門行》

201 · 傷禽惡弦驚，倦客惡離聲。

陸善經曰：喻離人易感也。

202 · 野風吹秋木，行子心傷斷。

陸善經曰：言行者勤勞也。

203 · 長歌欲自慰，弥起長恨端。

陸善經曰：言容情無懂，恒懷辛苦之。

《苦熱行》

204 · 赤阪橫西阻，火山赫南威。

陸善經曰：阻，險也。言火山炎赫，爲南方之威也。

205 · 含沙射流影，吹蠱病行暉。

陸善經曰：行暉，謂行者之容暉也。

206・戈舩榮既薄，伏波賞亦微。

陸善經曰：《漢書》：「南越王相呂嘉反，遣伏波將軍路博德出桂陽，下湟水也。」

【校箋】見《漢書・武帝紀》，作「夏四月，南越王相呂嘉反。……遣伏波將軍路博德出桂陽，下湟水；樓船將軍楊僕出豫章，下湞水；歸義越侯嚴為戈船將軍，出零陵，下離水。」亦見《史記・漢興以來將相名臣年表》及《南越列傳》，文句略有不同。

207・君輕君尚惜，士重安可希。

陸善經曰：《韓詩外傳》曰：「宋燕相齊。」（說苑為宋燕相齊）《說苑》為「宋衛」也。

【校箋】「說苑為宋燕相齊」七字衍。正文「君輕」，胡刻本、叢刊本作「財輕」，叢刊本在「財」下注「五臣作『爵』」。據《韓詩外傳》，當作「財輕」。

李善注引《韓詩外傳》曰：「宋燕相齊，還逐罷歸舍，召門尉田饒等問曰：『大夫誰与我赴諸侯乎？』皆伏不對。宋燕曰：『何士易得而難用也。』田饒對曰：『君紈素錦繡從風，而襖士曾不得緣衣。夫財者君所輕，死者士所重，君不能用輕，欲使致重乎？』」今本《韓詩外傳》卷七作：「宋燕相齊，見逐罷歸之舍。召門尉陳饒等二十六人曰……陳饒曰：『……且夫財者，君之所輕也；死者，士之所重也。君不能行君之所輕，而欲使士致其所重，猶譬鉛刀畜之，而干將用之，不亦難乎？』」《說苑・尊賢》作「宗衛相齊」，所引小有出入。

《白頭吟》

208・直如朱絲繩，清如玉壺冰。何慙宿昔意，猜恨坐相仍。

陸善經曰：自言志節清直無媿舊日，而苦君意疑恨。坐相仍，言意變也。反

209・豪髮一為瑕，丘山不可勝。

陸善經曰：謂薄俗也矣。

210・食苗實碩鼠，點白信蒼蠅。

陸善經曰：《詩》云：「碩鼠碩鼠，無食我苗。逝將去汝，適彼樂郊。」
意言不見收恤，欲自絕也。反

【校箋】見《毛詩·魏風·碩鼠》，作「碩鼠碩鼠，無食我苗。三歲貫女，
莫我肯勞。逝將去女，適彼樂郊。」

211· 梟鵁遠成美，薪芻前見陵。

陸善經曰：「梟」之与「芻」足成文耳。

212· 申黜褒女進，班去趙姬昇。

陸善經曰：《漢書》云：「孝成班婕妤，初，大幸。其後，趙飛燕姊弟浸
盛。婕妤失寵，退處東宮也。」反

【校箋】見《漢書·外戚傳下》，文字不同，陸注乃概略而引。不過「婕妤」
作「倢伃」。

213· 心賞猶難恃，兒恭豈易憑。

陸善經曰：兒恭，謂情不相親也。（古来共如也）

【校箋】「古来共如也」五字涉下正文「古来共如此」而衍。

214·《放歌行》

陸善經曰：謂見放弃也。

215· 小人自握齪，安知曠士懷。

陸善經曰：喻放逐之臣不解去國也。

216· 日中安能止，鍾鳴猶未歸。

陸善經曰：日中，市所聚也。安能止，言未止息。

217· 明慮自天斷，不受外嫌猜。

陸善經曰：自天斷，出於天性也。

218· 一言分珪爵，片善辭草莱。

陸善經曰：《漢書》云：「田千秋一言寤意，旬日取宰相封侯。」草莱，
農夫之事也。反

【校箋】《漢書·車千秋傳》：「千秋爲高寢郎。會衛太子爲江充所譖敗，久
之，千秋上急變訟太子冤，曰：『子弄父兵，罪當笞；天子之子過誤殺人，

當何罪哉！臣嘗夢見一白頭翁教臣言。』是時，上頗知太子惶恐無他意，乃大感寤，召見千秋。至前，千秋長八尺餘，體貌甚麗，武帝見而說之，謂曰：『父子之間，人所難言也，公獨明其不然。此高廟神靈使公教我，公當遂爲吾輔佐。』立拜千秋爲大鴻臚。數月，遂代劉屈氂爲丞相，封富民侯。千秋無他材能術學，又無伐閱功勞，特以一言寤意，旬月取宰相封侯，世未嘗有也。」又「車千秋，本姓田氏，其先齊諸田徙長陵」，故陸善經徑引作「田千秋」。《莊子・徐无鬼》：「農夫无草萊之事則不比。」

219・今君有何疾，臨路獨遲迴。

　　陸善經曰：照生於宋之季而仕不遇，亦以自興也。

《升天行》

220・家世宅關輔，勝帶官王城。

　　陸善經曰：勝帶，謂初冠帶也。王城，謂洛陽也。

221・冠霞登綵閣，解玉飲椒庭。

　　陸善經曰：綵閣、椒庭，謂仙居也。事則未詳也。

222・何時与爾曹，啄腐共吞腥。

　　陸善經曰：腐腥，謂俗之（之）所嗜好也。

　　【校箋】後「之」字衍。

《鼓吹曲》一首　五言

223・逶池帶綠水，迢遰起朱樓。

　　陸善經曰：綠水，謂秦淮也。

　　【校箋】李善注引《吳都賦》曰：「亘以綠水。」

挽　歌

224・繆熙伯《挽歌詩》一首　五言

　　陸善經曰：《左傳》云：「公孫夏命其徒歌虞殯。」注曰：「葬歌曲也。」則古已有其事，非起田橫也。

　　【校箋】見《左傳》哀公十一年，作「將戰，公孫夏命其徒歌虞殯。」杜預注：「虞殯，送葬歌曲，示必死。」

225・陸士衡《挽歌詩》三首　五言

　　陸善經曰：《集》曰：「王侯挽歌。」

　　【校箋】《北堂書鈔》卷九十二引《挽歌詩》第一首部分詞句，作《王侯挽歌辭》。

226・歎息重櫬側，念我疇昔時。

　　陸善經曰：送者言思念疇昔遊從之時。

227・三秋猶足收，万世安可思？

　　陸善經曰：一日不見，如三秋兮。猶足收，言雖經久時會收盡猶可相見，死則無相見期。万世永絕，安可思也。

　　【校箋】「一日不見」前當脫「《詩》曰」二字。

　　「一日不見，如三秋兮」見《毛詩・王風・采葛》。

228・殉沒身易亡，救子非所能。

　　陸善經曰：言殞歿從子身則易亡，以此救子，終非所能也。

229・旁薄立四極，穹隆放倉天。

　　陸善經曰：四極，四角也。

230・側聽陰溝涌，臥觀天井懸。

　　陸善經曰：皆壙中所有也。此已下並爲亡者之意也。

231・廣宵何寥廓，大暮安可晨？

　　陸善經曰：廣宵、大暮，皆謂泉壤之中也。

232・金玉素所佩，鴻毛今不振。

　　陸善經曰：言昔能佩金与玉，今不能振舉鴻毛也。

233・壽堂延螭魅，虛無自相賓。

　　陸善經曰：壽堂，祠神堂也。虛無，空寂自相爲賓，言無象也。

234・螻蟻尒何怨，螭魅我何親。

　　陸善經曰：怨，謂見食。親，謂延之也。反

235・俖物象平生，長旅誰爲旆？

陸善經曰：誰爲旆，言爲誰設也。

【校箋】《爾雅·釋天》：「繼旐曰旆。」郭璞注：「帛續旐末爲燕尾者。」

236·悲風皷行軌，傾雲結流藹。

陸善經曰：言風雲助悲慘也。傾，謂雲傾側也。

237·陶淵明《挽歌詩》一首　五言

陸善經曰：此詩自送。

雜歌詩

荊軻《歌》一首　七言并序

238·燕太子丹使荊軻剌秦王。

陸善經曰：《史記》云：「燕太子丹，故嘗質於趙，而秦王政生於趙，少時与丹驩。及政立爲秦王，而丹質於秦。秦王遇之不善，丹怨而亡歸，求爲報秦者，於是令荊軻西剌秦王也。」

【校箋】見《史記·荊軻列傳》，作「燕太子丹者，故嘗質於趙，而秦王政生於趙，其少時與丹驩。及政立爲秦王，而丹質於秦。秦王之遇燕太子丹不善，故丹怨而亡歸。歸而求爲報秦王者，國小，力不能。」剌，「剚」俗字，同「刺」。《論衡·量知》：「儒生佟有經傳之學，猶女工織錦剚繡之奇也。」

239·高漸離擊筑，荊軻歌，宋意和之

陸善經曰：《燕丹子》云：「宋臆和之，爲壯聲，則士髮皆衝冠。」臆、意同也。

【校箋】《隋書·經籍志》、《新唐書·藝文志》皆有《燕丹子》一卷。《舊唐書·經籍志》、《宋史·藝文志》作三卷。今亡佚。

240·風蕭蕭兮易水寒，壯士一去不復還！

陸善經曰：言必死於秦也。

漢高祖《歌》一首　七言并序

241·悉召故人父老子弟佐酒。

陸善經曰：佐酒，助行酒也。

【校箋】《漢書・高帝紀》應劭注：「助行酒也。」

242 · 大風起兮雲飛揚，威加海內兮歸故鄉，安得猛士兮守四方！

陸善經曰：風起，喻初越事時。雲飛揚，喻從臣。守四方，思鎮安之也。

【校箋】越，當作「起」，形近而誤。

243 ·《扶風歌》一首　五言

陸善經曰：盖古有此曲也。《集》云：《扶風歌》九首，以兩韻爲一首，今撰者併爲一篇也。

【校箋】《樂府詩集》卷八十四作《扶風歌》九首。

244 · 朝發廣莫門，莫宿丹水山。

陸善經曰：意欲平乱也。丹水山，即太行山。丹水所經也。

【校箋】《水經注・沁水》注引《上黨記》曰：「丹水出長平北山，南流。秦坑趙眾，流血丹川，由是俗名爲丹水。……又東南流注于丹谷，即劉越石《扶風歌》所謂丹水者也。」

245 · 據鞌長歎息，淚下如流泉。

陸善經曰：覩時流離而歎惜也。反

【校箋】惜，當作「息」，音近而誤。

246 · 繫馬長松下，發鞌高岳頭。

陸善經曰：發鞌，憩馬。

【校箋】《後漢書・袁紹傳》：「紹在後十數里，聞瓚已破，發鞌息馬。」

247 · 資糧既乏盡，薇蕨安可食？

陸善經曰：興時哀乱。

248 · 君子道微矣，夫子故有窮。

陸善經曰：言孔子故有陳蔡之窮，引此以自慰也。

【校箋】《論語・衛靈公》：「（夫子）在陳絕糧，從者病，莫能興。子路慍見曰：『君子亦有窮乎？』子曰：『君子固窮，小人窮，斯濫矣。』」

249 ·《中山王孺子妾歌》一首　五言

陸善經曰：幼少稱猶礼孺人也。反也

【校箋】此文錯訛甚多，當作「孺子，幼少稱也，猶礼人也。反」。

李善注引《漢書》曰：「《詔賜中山靖王噲及孺子妾氷未央材人歌詩》四篇。」如淳曰：「孺子，幼少稱也。孺子，宮人也。」見《漢書・藝文志》作：「《詔賜中山靖王子噲及孺子妾冰未央材人歌詩》四篇。」顏師古曰：「孺子，王妾之有品號者也。」

250・如姬寢臥內，班婕坐同車。

　　陸善經曰：皆謂承恩寵時。

　　【校箋】李善注引《史記》：「侯嬴謂魏公子毋忌曰：『嬴聞晉鄙之兵符，常在魏王臥內，而如姬出入王臥內，力能竊之。』」引《漢書》曰：「成帝遊於後庭，嘗欲与班婕妤同輦載。」分別見《史記・魏公子列傳》、《漢書・外戚・孝成班倢伃傳》，文字皆略有不同。

251・賤妾終已矣，君子定焉如！

　　陸善經曰：自言衰賤，終絕望於寵愛矣。君子之於久要之義，定何如哉！

卷五十九

252・《時興》一首　五言

　　陸善經曰：覩時物凋傷而興屬。

253・亹亹圓象運，悠悠方儀廓。

　　陸善經曰：亹亹，漸進皃也。

　　【校箋】《楚辭・九辯》：「時亹亹而過中兮。」王逸注：「亹亹，進貌。」

254・形變隨時化，神感因物作。

　　陸善經曰：言形體變改，亦隨時而化也。神感，心神感會也。

陶淵明《雜詩》二首　五言

255・問君何能尔？心遠地自偏。

　　陸善經曰：言心尚幽遠，故与俗隔。

256・此還有真意，欲辯已忘言。

陸善經曰：欲辨其意即与理會，故忘言也。

257・日入群動息，歸鳥趨林鳴。

陸善經曰：（李善曰）群動，謂鱗羽等眾物也。

【校箋】「李善曰」三字衍。諸本李善注均僅引杜育《詩》曰：「臨下覽群動。」並無進一步注解，當屬陸善經注無疑。

《詠貧士》一首　五言

258・万族各有託，孤雲獨無依。曖曖虛中滅，何時見餘輝。

陸善經曰：興微賤也。

259・朝霞開宿霧，眾鳥相與飛。

陸善經曰：朝霞開宿霧，興宗室初建。眾鳥相與飛，興佐命之人。

260・遲遲出林翮，未夕復来歸。

陸善經曰：遲遲翮，自喻纔爲彭澤，未老退歸。

261・知音苟不存，已矣何所悲！

陸善經曰：亦恨時無知己。

262・《讀山海經》一首　五言

陸善經曰：《集》有十首，此第一。序其讀之意也。

【校箋】今《陶淵明集》作《讀山海經》十三首。

《七月七日夜詠牛女》一首　五言

263・遐川阻昵愛，脩渚曠清容。

陸善經曰：織女牽牛隔河，故云遐川、脩渚。

264・弄杼不成藻，聳轡騖前蹤。

陸善經曰：前蹤，往會時也。

265・沃若靈駕旋，寂寥雲幄空。

陸善經曰：沃若，光澤兒也。

【校箋】《毛詩・衛風・氓》：「桑之未落，其葉沃若。」毛傳：「沃若，猶沃沃然。」

266 · 留情顧華寢，遙心逐弃龍。

　　陸善經曰：顧華寢，牽牛之情。逐弃龍，織女之思。皆謂別後相思也。

267 · 沈吟爲尔感，情深意弥重。

　　陸善經曰：爲尔感，感詩人之意。

《搗衣詩》一首　五言

268 · 衡紀無淹度，晷運儵如催。

　　陸善經曰：言時運之速也。《漢書》云：「日月初躔，星之紀也。」

　　【校箋】引《漢書》見《律曆志上》。孟康曰：「躔，舍也。二十八舍列在四方，日月行焉，起於星紀，而又周之，猶四聲爲宮紀也。」晉灼曰：「下言斗綱之端連貫營室，織女之紀指牽牛之初，以紀日月，故曰星紀。五星起其初，日月起其中。是謂天之綱紀也。」顏師古曰：「躔，踐也，音直連反。」

269 · 簪玉出北房，鳴金步南階。

　　陸善經曰：簪玉、鳴金，即端飾也。

　　【校箋】端飾，見上文「美人戒裳服，端飾相招攜」。

270 · 腰帶准疇昔，不知今是非。

　　陸善經曰：不知今是非，言久別形體成異也。

《南樓中望所遲客》一首　五言

271 · 圓景早已滿，佳人猶未適。

　　陸善經曰：適，至也。

272 · 瑤華未堪折，蘭苕已屢摘。

　　陸善經曰：瑤華，猶言瓊華也。

《田南樹園激流植援》一首　五言

273 · 群木既羅戶，眾山亦對窗。

　　陸善經曰：皆目所見事也。

274 · 寡欲不期勞，即事罕人功

　　陸善經曰：言寡欲者不期於煩勞，所以即事希用人功，皆因自然之勢。

275・賞心不可忘，妙善冀能同。

　　陸善經曰：《新論》云：「賢聖之材不世，妙善之技不傳也。」

　　【校箋】《文選・王元長三月三日曲水詩序》：「妙善居質。」李善注引桓子《新論》曰：「聖賢之材不世，而妙善之技不傳。」朱謙之校輯《新輯本桓譚新論》，將此條歸屬於卷七《啟寤篇》。《後漢書・桓譚傳》：「初，譚著書言當世行事二十九篇，號曰《新論》，上書獻之，世祖善焉。」《隋書・經籍志》：「桓子《新論》十七卷。後漢六安丞桓譚撰。」

《齋中讀書》一首　五言

276・万事難並歡，達生幸可託。

　　陸善經曰：言隱与仕俱未得中，惟達生之理幸可託寄。

　　【校箋】《莊子・達生》曰：「達生之情者，不務生之所无以爲。」郭象注：「生之所无以爲者，分外物也。」王先謙云：「情，實也。」

《石門新營所住四面高山迴溪石瀨脩竹茂林》一首　五言

277・苔滑誰能步，葛弱豈可捫？

　　陸善經曰：言登陟之難也。

278・美人遊不還，佳期何由敦？芳塵凝瑤席，清酌滿金樽。

　　陸善經曰：良友今既在遠，何由敦其宿好？所以瑤席生塵，金樽不酌。

279・洞庭空波瀾，桂枝徒攀翻。

　　陸善經曰：言遊洞庭者，空覩波瀾。留桂枝者，徒然攀翻。不知旋此以相賞慰。

280・早聞夕飈急，晚見朝日暾。

　　陸善經曰：早聞、晚見，皆謂日蔽於高山。

281・崖傾光難留，林深響易奔。

　　陸善經曰：傾，斜也。故日光難留也。言此之美，勝於洞庭桂枝。

282・感往慮有復，理来情無存。

　　陸善經曰：言感念往彼者，思慮則有迴復。至理若来此情，亦无所存。

王景玄《雜詩》一首　五言

283・日闇牛羊下，野雀滿空園。

陸善經曰：言覩物增思也矣。

《數詩》一首　五言

284・一身仕關西，家族滿山東。

陸善經曰：太行、成皋已東爲山東。

285・十載學無就，善宦一朝通。

陸善經曰：摯虞《三輔決錄》注曰：古者耕且學，三年通一經，十五年而大成。今詣大學，專學不耕，二年通一經，十年而成。

【校箋】《晉書・摯虞傳》：「（虞）注解《三輔決錄》。」《隋書・經籍志》：「《三輔決錄》七卷漢太僕趙岐撰，摯虞注。」

《翫月城西門解中》一首　五言

286・始見西南樓，纖纖如玉鉤。

陸善經曰：始見西南，謂初月。

287・未映東北墀，娟娟似蛾眉。

陸善經曰：未映東北，謂盡月，此謂秋時。

288・夜移衡漢落，徘徊惟戶中。

陸善經曰：夜移漢落，月則亭午，故徘徊惟戶中。

【校箋】《藝文類聚》卷一引《說文》曰：「日在午曰亭午。」此言月當空也。

289・歸華先委露，別葉早辭風。

陸善經曰：露沾華，風吹葉，月則收光，風露猶在。故言（客遊厭）歸華委露，別葉辭風。

【校箋】「客遊厭」三字涉下正文「客遊厭苦辛」衍。

290・休澣自公日，宴慰及私辰。

陸善經曰：言因月之清景而賞慰也。

291 · 肴乾酒未缺，金壺啓夕淪。

陸善經曰：肴雖乾，而酒未止，興方洽也。金壺之漏，以啓夕淪，淪没也，論天明。

《始出尚書省》一首　五言

292 · 既通金閨籍，復酌瓊筵醴。

陸善經曰：瓊筵醴，謂爲王官也。

【校箋】李善注引袁宏《夜酣賦》曰：「開金扉，坐瓊筵。」

293 · 中區咸已泰，輕生諒昭灑。

陸善經曰：已泰，言廢昏立明也。

《觀朝雨》一首　五言

294 · 戢翼希驥首，乘流畏曝鰓。

陸善經曰：戢翼未遇者，則希驥首而奮翼。乘流得便者，又畏曝鰓而失勢。

【校箋】李善注引成公綏《慰情賦》曰：「惟潛龍之勿用，戢鱗翼以匿影。」引鄒陽《上書》曰：「交龍驤首奮翼，則浮雲出流。」引《鵩鳥賦》曰：「乘流則逝。」引《三秦記》曰：「河津，一名龍門。去長安九百里，兩傍有山，水陸不通，龜魚莫能上。江海大魚，薄集龍門下，上則爲龍，不得上，曝鰓水次也。」

295 · 方同戰勝者，去翦北山萊。

陸善經曰：萊，木名也。

【校箋】《毛詩·小雅·南山有臺》曰：「南山有臺，北山有萊。」毛傳：「萊，草也。」

《郡內登望》一首　五言

296 · 寒城一以眺，平楚正蒼然。

陸善經曰：楚，木名。

【校箋】《毛詩·周南·漢廣》：「翹翹錯薪，言刈其楚。」《說文解字·林部》：「楚，叢木。一名荊也。」

297 · 山積陵陽阻，溪流春穀泉。

陸善經曰：陵陽子明得仙於廣陽縣山，今在涇縣西也矣焉哉。

【校箋】《漢書·司馬相如傳》載《大人賦》：「反大壹而從陵陽。」張揖注：「陵陽，仙人陵陽子明也。」《後漢書·郡國志》「陵陽」條李賢注：「陵陽子明得仙於此縣山，故以爲名。」

298 · 威紆距遙甸，巉嵒帶遠天。

陸善經曰：威紆，水流屈曲皃。甸，郊甸也。

【校箋】《西京賦》：「郊甸之內，鄉邑殷賑。」薛綜注：「五十里爲之郊，百里爲甸師。」《尙書·禹貢》：「五百里甸服。」

《和伏武昌登孫權故城》一首　五言

299 · 炎靈遺劍璽，當塗駮龍戰。

陸善經曰：《西京雜記》云：「漢帝相傳以秦王子嬰所奉玉璽、高祖蚍劍也。」

【校箋】《西京雜記》，葛洪撰。《舊唐書·經籍志》注錄爲一卷，《新唐書·藝文志》爲二卷。

300 · 舞館識餘基，歌梁想遺轉。

陸善經曰：轉，歌聲。

【校箋】《淮南子·脩務》：「故秦、楚、燕、趙之謳也，異轉而皆樂。」高誘注：「轉，音聲也。」

《和王著作八公山詩》一首　五言

301 · 二別阻漢坻，雙崤望河澳。

陸善經曰：吳破楚於二別，晉敗秦於雙崤，今八公山謝玄破苻堅之所。故引之雙崤。崤有二陵。

【校箋】《左傳》定公四年：「冬，蔡侯、吳子、唐侯伐楚。……（子常）乃濟漢而陳，自小別至于大別。……子常之卒奔，楚師亂。吳師大敗之。」《左傳》僖公三十二年：「殽有二陵焉。」《左傳》、《穀梁傳》僖公三十二年皆有：「（晉人）敗秦師于殽。」《晉書·苻堅載記》：「堅與苻融登城而望王師，見部陣齊整，將士精銳，又北望八公山上草木，皆類人形，顧謂融曰：『此

亦勍敵也，何謂少乎！』憮然有懼色。……軍敗。堅爲流矢所中，單騎遁還於淮北。」

302・東限琅邪臺，西距孟諸陸。

陸善經曰：《周官》：「青州其藪曰孟諸。」然孟諸澤与八公山相去遼闊，但張具形勢也。

【校箋】《周禮・夏官・職方氏》：「正東曰青州，其山鎮曰沂山，其澤藪曰望諸。」十三經注疏本校勘記曰：「《說文》作『孟諸』。」見《說文解字・艸部》「藪」字條。

303・平生仰令圖，吁嗟命不淑。

陸善經曰：不淑，言玄之早世也。

【校箋】《毛詩・鄘風・君子偕老》：「子之不淑。」《晉書・謝玄傳》：「玄既興疾之郡，（太元）十三年，卒于官，時年四十六。」

304・浩蕩別親知，連翩戒征軸。

陸善經曰：浩蕩，無所依也。連翩，行兒。

【校箋】《楚辭・哀時命》：「處卓卓而日遠兮，志浩蕩而傷懷。」《文選・思玄賦》：「繽連翩兮紛暗曖。」

305・再遠館娃宮，兩去河陽谷。

陸善經曰：再遠、兩去，皆言離之，並舊所居止也。河陽谷，在洛陽，今則指建業。

【校箋】李善注：河陽谷，即金谷也。引石崇《思歸引序》曰：「肥遯於河陽別業。」

306・春秀良已凋，秋場庶能築。

陸善經曰：春秀已凋，言少北之志盡也。

《和徐都曹》一首　五言

307・東都已俶載，言歸望綠疇。

陸善經曰：皆言物色之美也。《國語》云：田疇荒蕪。

【校箋】引《國語》見《周語下・單穆公諫景王鑄大錢》，李善注引賈逵《國語》注曰：「一井爲疇。」

《和王主簿怨情詩》一首　五言

308・掖庭聘絕國，長門失歡宴。相逢詠蘼蕪，辭寵悲團扇。

陸善經曰：皆言怨也。

309・故人心尚爾，故心人不見。

陸善經曰：故人心，失寵者自謂。尚爾，言猶恃千金之顧也。已之故心，前人則不見，所以怨（怨）深。

【校箋】後「怨」字衍。

《和謝宣城》一首　五言

310・從官非宦侶，避世非避喧。

陸善經曰：言高世之人從仕亦異，意欲慕之也。

311・將隨渤澥去，刷羽汎清源。

陸善經曰：去，謂□江海逍遙自得也。

【校箋】□，或當作「汎」。

《冬節後至丞相第詣世子車中》一首　五言

312・貴賤猶如此，況乃曲池平。

陸善經曰：曲池平，謂死也。

【校箋】《說苑・善說》：「雍門子周（說孟嘗君）曰：『千秋萬歲後，廟堂必不血食矣。高臺既以壞，曲池既以塹，墳墓既以平，而青廷矣。』」

卷六一

《效曹子建樂府白馬篇》一首　五言

313・荊魏多壯士，宛洛富少年。

陸善經曰：《史記》：李陵曰：臣所將屯邊者，皆荊楚□□奇材劍客也。

【校箋】「□□」當作「勇士」，據《漢書・李廣蘇建傳附李陵傳》補。今本《史記》無。

314・交歡池陽下，留宴汾陰西。

陸善經曰：池陽，省并涇陽。汾陰，今爲寶鼎。交歡、留宴，其事未聞。

【校箋】「涇陽」，或當作「雲陽」。

《新唐書·地理志》：「（武德）八年省雲陽，更池陽曰雲陽。」《新唐書·地理志》：「寶鼎，次畿。本汾陰。義寧元年以汾陰、龍門置汾陰郡，武德元年曰泰州，州廢來屬。開元十年獲寶鼎，更名。」《舊唐書·地理志》作：「開元十一年，玄宗祀后土，獲寶鼎，因改爲寶鼎。」

315 · 影節去函谷，投珮出甘泉。

陸善經曰：影，与「飄」同。節有旄，故言飄。漢祭□於甘泉，群臣皆從，使容亦在其中也。

【校箋】「□」，當作「天」。據《漢書》補。《漢書·武帝紀》臣瓚注：「此年初祭太畤於甘泉，此祭天於文禮也。」

316 · 但營身意遂，豈校耳目前？

陸善經曰：言不計耳目前之利害也。

317 · 俠烈良有聞，古来共知然。

陸善經曰：《史記》、《漢書》皆有游俠傳。

袁陽源《效古》一首　五言

318 · 訊此倦遊士，本家自遼東。

陸善經曰：未詳其人，盖假言耳也。

319 · 寒燠豈如節，霜雨多異同。

陸善經曰：言塞外土風与中華異也。

320 · 夕寐北河陰，夢還甘泉宮。

陸善經曰：言身居邊塞，心在朝廷。

【校箋】《史記·秦本紀》：「（惠文）王游至北河。」《史記集解》引徐廣注：「戎地，在河上。」

《和琅邪王依古》一首　五言

321 · 少年好馳俠，旅官遊關源。既踐終古跡，聊訊興亡言。

陸善經曰：函關控帶河渭，故曰關源。

【校箋】正文「官」，當作「宦」，形近而訛。

322‧久沒離宮地，安識壽陵園？

陸善經曰：言西京昔日全盛，今並消歇。離宮之地，久已蕪沒，壽陵山園焉識其所？漢仲帝皆預作陵。初未有名，謂之壽陵。

【校箋】「仲帝」當作「眾帝」。

《漢書‧景帝紀》張晏注：「景帝作壽陵。」《後漢書‧光武紀》：「初作壽陵。」李賢注：「初作陵未有名，故號壽陵，蓋取久長之義也。漢自文帝以後皆預作陵，今循舊制也。」

323‧顯軌莫殊轍，幽塗豈異魂？

陸善經曰：顯明之軌，轍跡無殊。幽冥之塗，魂魄豈異也？

324‧聖賢良已矣，抱命復何怨！

陸善經曰：言逢□亂今昔同。聖賢盡以如此，但抱任命復何而所（所）怨。

【校箋】後「所」字衍。

鮑明遠《擬古》　三首

325‧魯客事楚王，懷金襲丹素。

陸善經曰：此詩言從仕，以誚當時隱者。魯客、楚王，假設而言。《漢書》云：「懷黃金之印也。」

【校箋】漢書，誤，當作「史記」，見《史記‧范睢蔡澤列傳》，《漢書》無此傳。

326‧南國有儒生，迷方獨淪誤。

陸善經曰：淪誤，言淪沒於誤計。

327‧伐木青江湄，設罝守毚兔。

陸善經曰：伐木、設罝，山林之事，隱者所為，無豫軒冕，此即誤訐。

《詩》云：坎坎伐檀兮，寘之河之干。南國故以江湄易之也。

【校箋】正文「免」當作「兔」。

《毛詩·周南·兔罝》:「肅肅兔罝。」《爾雅·釋器》:「兔罟，謂之罝。」
「子」當作「兮」。《毛詩·魏風·伐檀》:「坎坎伐檀兮，寘之河之干兮。」

328·弱冠參多士，飛步遊秦宮。

　　陸善經曰：飛步，言速疾也。

　　【校箋】李善注引《華嶠與薛瑩詩》曰：「存者今惟三，飛步有匹特。」

329·晚節從世務，乘障遠和戎。

　　陸善經曰：障，過塞之城，爲中國蔽障也。

330·始願力不及，安知今所終？

　　陸善經曰：始願以詩書見知也。

《學劉公幹體》一首　五言

331·胡風吹朔雪，千里度龍山。

　　陸善經曰：以興士自遠而至，在君側得盡才用。

332·豔陽桃李節，皎潔不成妍。

　　陸善經曰：艷陽，以興諂媚之人。皎潔，以比貞素之士。桃李節，春之
　　暮。

333·《代君子有所思》一首　五言

　　陸善經曰：《集》云：《代陸平原君子有所思》。《君子有所思》本古題，
　　今將此以代之，言君子之人見微如着物，禁太盛，思自減損也。

　　【校箋】《鮑參軍集》卷三作《代陸平原君子有所思行》。錢仲聯補注引王
　　僧虔《技錄》曰：「《君子有所思行》，相和歌瑟調三十八曲之一。」

334·層閣肅天居，馳道直如髮。

　　陸善經曰：天居，言高也。

　　【校箋】李善注引蔡雍《述征賦》曰：「皇家赫而天居。」

335·繡甍結飛霞，琁題納行月。

　　陸善經曰：盡爲綺繡之文，高遠若連結飛霞也。以琁土飾懷橡之頭，光
　　明如納行月。

336・選色遍齊代，徵聲币邛越。

陸善經曰：言求之及遠也。

337・年皃不可還，身意會盈歇。

陸善經曰：言全盛必衰，榮華難恃也。

338・蟻壞漏山河，絲淚毀金骨。

陸善經曰：《淮南子》云：千里之隄，以螻蟻之穴漏。

【校箋】《淮南子・人間》：「千里之隄，以螻螘之穴漏。」《韓非子・喻老》：「千丈之隄以螻蟻之穴潰。」鈔亦引作《韓子》，惟文字略有不同，作「百丈之堤，螻蟻敗之。積漸之致也」。

339・智哉眾□多士，服理辨昭昧。

陸善經曰：言能服行義理，必辨於明闇。

范彥龍《效古》一首　五言

340・所賴今天子，漢道日休明。

陸善經曰：言從戎者，或逼留失道，有損軍容，但天子之德，而漢道日盛。

《雜體詩》卅首　五言

341・夫楚謠漢風，既非一骨。魏制晉造，固亦二體。

陸善經曰：詩賦本於風謠也。骨體文之梗槩。屈原、宋玉，楚人，好詞賦，為文章唱始。歷漢魏晉，體制皆殊。

342・譬猶藍朱成彩，雜錯之變無窮。宮商為音，靡曼之態不極。

陸善經曰：言變體多也。

343・故蛾眉詎同貌，而俱動於魂。芳草寧共氣，而皆悅於魄。不其然歟！

陸善經曰：言皆然，喻文體雖殊，其感於人□也。《左傳》云：「心之精爽，是謂魂魄也。」

【校箋】所引《左傳》見昭公二十五年。

344・至於世之諸賢，各滯所迷，莫不論甘則忌辛，好丹則非素。豈所謂通方廣恕好遠兼愛者哉？

陸善經曰：言偏滯者，則非通方之士。江生自以兼能，故託此以見意。

345・及至公幹、仲宣之論，家有曲直。安仁、士衡之評，人立矯抗。況復殊於此者乎？

陸善經曰：言評論文體好尚各殊，情有偏黨。劉王潘陸爲絕倫，猶被譏評。況異於此者則紛競弥甚。曲直，猶是非也。矯抗，矯辭以相抗拒。

【校箋】劉王潘陸，即劉楨（公幹）、王粲（仲宣）、潘岳（安仁）、陸機（士衡）。

346・又貴遠賤近，人之常情。重耳輕目，俗之恒蔽。是以邯鄲託曲於李奇，士季假論於嗣宗，此其效也。

陸善經曰：《淮南子》云：「邯鄲樂師有出新曲者，託之李奇，人爭學之。後知其非人，皆弃其學。」《語林》云：「鍾士季嘗向人道：『吾年少賤，一紙書語人道，是阮步兵書，皆字字生義。既知非是，便復不通也。』」

【校箋】《淮南子・脩務》云：「邯鄲師有出新曲者，託之李奇，諸人皆爭學之。後知其非也，而皆棄其曲。此未始知音者也。」《隋書・經籍志》：「《語林》十卷，東晉處士裴啟撰。亡。」《文選・祭屈原文》李善注亦引有《語林》，或《語林》在唐代又曾重現。

347・然五言之興，諒非夐古。關西鄴下，既已罕同。河外江南，頗爲異法。

陸善經曰：諒，信。夐，遠也。五言起於李陵。漢都長安在關之西。魏氏居鄴，後漢都洛陽，在河之南，水南爲外。晉、宋、齊、梁皆居建業，在江之南。

【校箋】《舊唐書・白居易傳》：「《與元稹書》云：『國風變爲騷，五言始於蘇、李。』」是唐人多以五言起於李陵，今已被證僞。

348・故玄黃經緯之辨，金碧沉浮之殊，僕以爲亦各其美，兼善而已。

陸善經曰：玄黃，以彩飾爲喻。經緯，以組織爲喻。金碧，以珍寶爲喻。沉浮，以輕重爲喻。總而論之，皆兼善。

349 · 今作卅首詩，效其文體，雖不足品藻淵流，亦無乖於商攉云尔。

陸善經曰：言所作之詩，雖不足品藻源流，但商略眾體，庶於義無乖也。

古離別

350 · 不惜蕙草晚，所悲道里寒。

陸善經曰：蕙草晚，興盛年將過。道里寒，恐傷於遊子。

351 · 君行在天崖，妾身長別離。願一見顏色，不異瓊樹枝。

陸善經曰：言心相珎厚也。

352 · 菟絲及水荇，所寄終不移。

陸善經曰：菟絲附草，浮荇隨水，猶婦人依於夫，故寄之以表志。

353 · 李都尉 從軍　陵

陸善經曰：尋詩之意，盖擬在匈奴中作。

354 · 罇酒送征人，踟蹰在親宴。

陸善經曰：親宴，親与宴別。

355 · 日暮浮雲滋，握手淚如霰。

陸善經曰：滋，繁也。別離之時，視繁雲而慘惻。

356 · 悠悠清川水，嘉魴得所薦。

陸善經曰：魚□水爲薦藉。

【校箋】□，或當爲「得」。

李善注引《釋名》曰：「薦，藉也。」《釋名疏證補·釋床帳》：「薦，所以自薦藉也。」

魏文帝 遊宴　曹丕

357 · 眾賓還城邑，何以慰吾心？

陸善經曰：上云「月出照園中」，則燕遊繼夜。此眾賓還城邑，乃未及黃昏，則非一日矣。

陳思王 贈友　曹植

358・雙闕指馳道，朱宮羅第宅。

陸善經曰：羅第宅，以延賢俊也。

359・朝與佳人期，日夕望青閣。

陸善經曰：佳人，即良友也。青閣，相期之所。

360・眷我二三子，辭義麗金觴。

陸善經曰：麗金觴，言可尚也。《書》云：若作杍材，既勤樸斲，惟其斁丹觴。

【校箋】正文「觴」字，彙存各家注皆作「艧」。叢刊作「觴」，胡刻作「觴」。《尚書・梓材》：「若作梓材，既勤樸斲，惟其塗丹雘。」《說文解字・丹部》：「艧，善丹也。」

361・延陵輕寶劒，季布重然諾。

陸善經曰：言貴信義也。

362・處富不忘貧，有道在葵藿。

陸善經曰：葵藿，喻微賤也。

363・王侍中 懷德　粲

陸善經曰：《魏志》曰：魏國建，拜粲侍中也。

【校箋】《三國志・魏書・王粲傳》：「魏國既建，拜侍中。」

364・既傷蔓草別，方知杕杜情。

陸善經曰：蔓草別，《詩》序云：人困於兵革也。杕杜情，言兄弟之親也。《詩》云：「有杕之杜，其葉濟濟，獨行踽踽。豈無他人？不如我同父。」

【校箋】兩「杕」字，均當作「杕」。

《毛詩・鄭風・野有蔓草》序：「野有蔓草，思遇時也。君之澤不下流，民窮於兵革，男女失時，思不期而會焉。」《毛詩・唐風・杕杜》：「有杕之杜，其葉湑湑，獨行踽踽。豈無他人？不如我同父。」

365・崤函復丘墟，冀闕緬縱橫。

陸善經曰：《史記》云：商君為秦筑冀闕宮廷於咸陽。縱橫，言頹毀也。

【校箋】《史記·商君列傳》：「作為築冀闕宮庭於咸陽，秦自雍徙都之。」

嵇中散 言志 康

366·曰余不師訓，潛志去世塵。

陸善經曰：潛志，猶深思也。

367·遠想出宏域，高步超常倫。靈鳳振羽儀，戢景西海濱。朝食琅玕實，夕飲玉池津。

陸善經曰：常倫，流俗也。不与俗羣，思比於鳳。《衡山記》云：空青罜有天津玉池。

【校箋】胡刻、叢刊李善注有「《衡山記》曰：空青崗有天津玉池」。《南齊書·高逸·宗測傳》：著衡山、廬山記。《隋書·經籍志》地理類，有《衡山記》一卷，宗居士撰。

368·曠哉宇宙惠，雲羅更四陳。

陸善經曰：雲羅、四陳，為俗所牽羈也。

【校箋】《文選·鸚鵡賦》：「冠雲霓而張羅。」

張司空 離情 華

369·願垂湛露惠，信我皎日期。

陸善經曰：湛露，喻恩也。言微恩若及，恩竭誠心指日為期，以願見信。

潘黃門 悼亡 岳

370·俯仰未能弭，尋念非但一。

陸善經曰：弭，止也。俯仰之間，衰情未止，尋念平生罪但一事。

371·明月入綺窓，髣髴想蕙質。

陸善經曰：惠質，柔惠之質。

372·駕言出遠山，徘徊泣松銘。

陸善經曰：松銘，銘誌在松栢間，喻逝者不返。

373 · 陸平原 羈官 機

陸善經曰：《晉書》云：成都王表機起爲平原內史。

【校箋】《晉書・陸機傳》：「（成都王）穎以機參大將軍軍事，表爲平原內史。」

374 · 服義追上烈，矯迹廁宮臣。

陸善經曰：上烈，先業也。

375 · 徂沒多拱木，宿草凌寒烟。

陸善經曰：徂歿者年已深遠，墳多拱抱之木，宿草森竦，上凌寒烟。

【校箋】《左傳》僖公三十二年：（秦穆）公使謂之（蹇叔）曰：「爾何知？中壽，爾墓之木拱矣。」《公羊傳》僖公三十三年：秦伯怒曰：「若爾之年者，宰上之木拱矣。」《穀梁傳》僖公三十三年：秦伯曰：「子之冢，木已拱矣。」

《禮記・檀弓》：曾子曰：「朋友之墓，有宿草而不哭焉。」鄭玄注：「宿草，謂陳根也。」

376 · 左記室 詠史 思

陸善經曰：《晉書》云：齊王冏命爲記室，辭疾，不就也。

【校箋】《晉書・文苑・左思傳》：「齊王冏命爲記室督，辭疾，不就。」

377 · 當學衛霍將，建功在河源。珪組賢君眄，青紫明主恩。

陸善經曰：衛青、霍去病建功絕域，君錫珪服，以荅勳勞，言當慕之也。

378 · 王侯貴片義，公卿重一言。太平多懽娛，飛盖盖東都門。

陸善經曰：片善一言，以見進達，皆獲富貴，得接歡娛。守道窮居，徒苦心術，不如趣勢，以樂當時也。

379 · 張黃門 苦雨 協

陸善經曰：《晉書》云：永嘉初，徵爲黃門郎。託疾不就。

【校箋】《晉書・張載傳附弟協傳》：「永嘉初，復徵爲黃門侍郎，託疾不就，終於家。」

380 · 水鸛巢層甍，山雲潤柱礎。

陸善經曰：鸛巢層甍，天將大水，今江東以此爲候也。

381・戀戀涼葉奪，戾戾颷風舉。

　　陸善經曰：「奪」當爲「脫」，因借晉而誤也。

　　【校箋】因借晉，當作「音接進」，音進而誤。

卷六二

劉太尉 傷亂 琨

382・皇晉邁陽九，天下橫氣霧。

　　陸善經曰：陽九，災厄之運也。

　　【校箋】《漢書・律曆志上》：「《易》九戹曰：『初入元，百六，陽九。』」孟康注：「《易傳》也。所謂陽九之戹，百六之會者也。」鈔引《易无妄占》云：「一元之中有九厄。有陰厄四，陽厄五。陽厄主旱，陰厄主水。若不爾，即廢置君王。故曰百六之會，陽九之厄也。」

383・秦趙值薄蝕，幽并逢虎據。

　　陸善經曰：秦、趙、幽、并，終並爲劉聰、石勒所陷。薄蝕、虎據，言被侵逼也（逼也）。

　　【校箋】後「逼也」二字衍。

384・雖無六奇術，冀與張韓遇。

　　陸善經曰：張良、韓信，皆善兵謀也。

385・空令日月逝，愧無古人度。

　　陸善經曰：古人，謂荀、甯、張、韓等（張韓等）。

　　【校箋】後「張韓等」三字衍。荀，荀息。甯，甯戚。張，張良。韓，韓信。

386・飲馬出城豪，北望沙漠路。

　　陸善經曰：時琨爲并州刺史，并州北臨沙漠。濠，壍也。

　　【校箋】據《晉書・劉琨傳》及《元帝紀》，劉琨永嘉元年（公元 307 年）爲并州刺史，直至太興元年（公元 318 年）爲段匹磾所害。

387・時哉苟有會，治亂惟冥數。

　　陸善經曰：皆見功業不立，因推於運數（運數）也。

　　【校箋】後「運數」二字衍。

盧中郎 感交 諶

388．英俊著世功，多士濟斯位。

陸善經曰：位，寶位也。

389．慨無幄中策，徒慙素絲質。

陸善經曰：素絲質，不定也。

390．郭弘農 遊仙 璞

陸善經曰：《晉書》云：璞卒後，贈弘農太守也。

【校箋】《晉書·郭璞傳》：「及王敦平，追贈弘農太守。」《文選集注》無李善注。胡刻、叢刊本均有李善注引臧榮緒《晉書》曰：璞卒後，贈弘農太守。

391．偃蹇尋青雲，隱淪駐精魄。

陸善經曰：偃蹇，猶夭矯昇仙之狀。《十州記》云：滄浪海島上有大山，積石室，多石腦、石桂、石英、石膽之屬百餘種，皆生於嶋，服之神仙長生也。

【校箋】《文選·思玄賦》：「偃蹇夭矯娩以連卷兮。」李善注：夭矯，自縱恣貌也。嶋，同㠀、島。《說文·山部》：「㠀，海中往往有山可依止曰㠀。」《文選·南都賦》及郭景純《遊仙詩》李善注各引有東方朔《十州記》一條。

392．永得安期術，豈愁濛汜迫。

陸善經曰：濛汜迫，方暮年也。

【校箋】《楚辭·天問》：「出自湯谷，次于蒙汜。」王逸注：「汜，水涯也。言日出東方湯谷之中，暮入西極蒙水之涯也。」

孫廷尉 雜述 綽

393．太素既已分，吹万著形兆。

陸善經曰：質素既分，万形乃著，則道眞漸虧。

【校箋】《列子·天瑞》：「太素者，質之始也。」《潛夫論·本訓》：「太素之時，元氣窈冥，未有形兆。」

394・靜觀尺捶義，理足未嘗少。

陸善經曰：《莊子》曰：「一尺之捶，日取其半，万世不竭。」此言在理，若存於事，何少尺捶？惠施之給，說此以爲至言。斷章爲義也。

【校箋】引《莊子》見《天下》篇。

395・囧囧秋月明，憑軒詠堯老。

陸善經曰：堯以天下讓許由，達於道矣也。

【校箋】堯以天下讓許由之事，見《莊子・逍遙遊》及《外物》《讓王》、《呂氏春秋・求人》、《韓非子・說林》等。

396・浪迹無蚩妍，然後君子道。

陸善經曰：言放浪其迹，混一蚩妍，然後乃君子之道。

397・領略歸一致，南山有綺皓。

陸善經曰：領會略要，歸於一致。商山四皓，則其人與。綺季，一皓之一。

【校箋】一皓，當作「四皓」。

《漢書・張良傳》顏師古注：「四人，謂園公、綺里季、夏黃公、甪里先生，所謂商山四皓也。」《後漢書・鄭玄傳》：「孔融曰：『又南山四皓有園公、夏黃公，潛光隱耀，世嘉其高，皆悉稱公。』」

398・交臂久變化，傳火迺薪草。

陸善經曰：交臂之間，事皆已謝，言年命不蹔留。傳火不絕，猶續前薪，言納養可延壽也。

許徵君 自序 詢

399・遣此弱喪情，資神任獨往。

陸善經曰：今俱排冝昧之筌跡，遣除弱喪，則不懼於生死。任獨往，則所在皆安。

【校箋】李善注引淮南王《莊子略要》曰：「江海之士，山谷之人，輕天下細萬物而獨往者也。司馬彪曰：『獨往，任自然，不復顧世也。』」

400・採藥白雲隈，聊以肆所養。

陸善經曰：肆，極也。所養，謂道眞。

401 · 苕苕寄意勝，不覺凌虛上。曲橢激鮮颷，石室有幽響。

　　陸善經曰：意之所得，無累爲勝也。

402 · 去矣從所欲，得失非外獎。

　　陸善經曰：言得失俱忘，非假外勸。

403 · 至哉操斤客，重明固已朗。

　　陸善經曰：郢人爲質，重明發暉，固已清朗。

　　【校箋】《莊子·徐无鬼》：莊子送葬，過惠子之墓，顧謂從者曰：「郢人堊
　　慢其鼻端若蠅翼，使匠石斲之。匠石運斤成風，聽而斲之，盡堊而鼻不傷，
　　郢人立不失容。宋元君聞之，召匠石曰：『嘗試爲寡人爲之。』匠石曰：『臣
　　則嘗能斲之。雖然，臣之質死久矣。』自夫子之死也，吾无以爲質矣，吾
　　无與言之矣。」

404 · 五難既灑落，超迹絕塵網。

　　陸善經曰：灑落，揮灑而散落也。

殷東陽 興矚 仲文

405 · 直置忘所宰，蕭散得遺慮。

　　陸善經曰：直置，任眞。蕭散，自放遺於思慮。

謝僕射 遊覽 混

406 · 信矣勞物化，憂衿未能整。

　　陸善經曰：万物變化爲勞，信矣，但憂在衿懷，尚未能整齊也。

　　【校箋】《莊子·大宗師》：「夫大塊載我以形，勞我以生，佚我以老，息我
　　以死。」

407 · 卷舒雖万緒，動復歸有靜。

　　陸善經曰：或卷或舒，雖即万緒，既動而復終歸有靜。

　　【校箋】李善注引《老子》曰：夫物芸芸，各歸其根；歸根曰靜，是謂復命。
　　王弼曰：凡有起於虛，動起於靜；故萬物離並動作，卒復歸於虛靜。各反
　　其始，歸根則靜。所引《老子》見《老子校釋》第十六章，文字有差異，
　　爲「夫物云云，各歸其根。歸根曰靜，靜曰復命。」朱謙之案：靜曰復命，
　　王弼作「是謂復命」。

卷六三

408‧《離騷經》一首

注曰：媲，匹也，普計反。此序及《九歌》、《九章》等序，並王逸所作。

【校箋】據《文選集注》校勘記，諸本中惟陸善經本載此序。其注即附於所引序文之後，故與其他陸注同，不作「陸善經曰」。

409‧王逸注

陸善經曰：逸，字叔師，南郡宜城人。後校書郎中，注楚調。後爲豫章太守也。

【校箋】《後漢書‧文苑‧王逸傳》：「王逸字叔師，南郡宜城人也。元初中，舉上計吏，爲校書郎。順帝時，爲侍中。著《楚辭章句》行於世。」

410‧朕皇考曰伯庸。

陸善經曰：朕，我也。古者貴賤共之也。

【校箋】《史記‧秦始皇本紀》《集解》引蔡邕曰：「朕，我也。古者上下共稱之，貴賤不嫌，則可以同號之義也。……屈原曰『朕皇考』。至秦，然後天子獨以爲稱。漢因而不改。」

411‧攝提貞于孟陬兮，

陸善經曰：正月爲孟陬也。

412‧惟庚寅吾以降。

陸善經曰：歲、月、日皆以寅而降生，爲得氣之正也。

413‧皇覽揆余于初度兮，

陸善經曰：言父觀揆之爲初法度。

414‧名余曰正則兮，字余曰靈均。

陸善經曰：均，平也。

【校箋】見《說文解字‧土部》。

415‧紛吾既有此內美兮，

陸善經曰：內美，謂父教誨之。

416・又重之以脩能。

陸善經曰：脩，長也。

417・扈江離與辟芷兮，

陸善經曰：扈，帶也。江離，芎藭。辟，薜枝。芷，白芷也。皆芳草。

418・紉秋蘭以爲佩。

陸善經曰：紉，謂紀而綴之。《礼・內則》曰：「衣裳綻裂，紉針請補綴。」王逸曰：「佩者，所以象德。故仁明者佩玉，能解結者佩觿，能决疑者佩决，孔子無所不佩。」屈原自以行清貞，故佩芳蘭以爲興也。

【校箋】佩决，當作「佩玦」。《礼・內則》，即《禮記・內則》。
陸注所引王逸注，胡刻、叢刊無，《楚辭補注》中則有，當其據《楚辭章句》所補。

419・恐美人之遲暮。

陸善經曰：喻時不留己，將凋落，君無与成功也。

420・来吾道夫先路也！

陸善經曰：言君不改此度，而用賢良来入於正。吾則爲先道也。

421・昔三后之純粹兮，

陸善經曰：粹，精也。

422・雜申椒與菌桂兮，

陸善經曰：申椒，椒名。菌桂，生於桂枝間也。

423・彼堯舜之耿介兮，既遵道而得路。何桀紂之昌披兮，夫唯捷徑以窘步！

陸善經曰：窘，迫也。堯舜行耿介之德，以致太平。桀紂昌狂，唯求捷徑而窘迫，失其常步，以至滅亡。

424・忽奔走以先後兮，及前王之踵武。

陸善經曰：言已急欲奔走先後，以輔翼君望，繼前王之跡。

【校箋】王逸注引《詩》曰：「予聿有奔走，予聿有先後。」是之謂也。見《毛詩・大雅・緜》，作「予曰有先後，予曰有奔奏」。

425・荃不察余之中情兮，反信讒而齊怒。

　　陸善經曰：君不察我中情，反信讒言而同怒己也。

426・余固知謇謇之為患兮，忍而不能舍也。指九天以為正兮，夫唯靈脩之故也。

　　陸善經曰：靈脩，謂懷王也。言已知謇謂之言以為身患，忍此而不能舍。指九天以行忠正者，唯欲輔導君為善之故也。

427・余既不難夫離別兮，傷靈脩之數化。

　　陸善經曰：化，變也。言我不難離別、放流，但傷君數變易耳。

428・余既滋蘭之九畹兮，

　　陸善經曰：滋，生長也。畹，亦「畝」。

429・畦留夷與揭車兮，

　　陸善經曰：畦，為區隔也。

430・雜杜衡與芳芷。

　　陸善經曰：種蒔芳香，諭自脩餝也。

　　【校箋】《玉篇・食部》：「餝，同飾。俗。」

431・冀枝葉之峻茂兮，

　　陸善經曰：峻，大也。

432・雖萎絕其亦何傷兮，

　　陸善經曰：萎絕，猶將死也。言所種芳草希冀其大盛，忽逢霜雪，遂至萎死。喻修行忠信，乃被放流，不惜身之時亡，恐志士亦羅其害也。

433・眾皆競進以貪婪兮，

　　陸善經曰：婪，貪之甚。

434・憑不猒乎求索。

　　陸善經曰：憑，每也。

435・羌內恕己以量人兮，

　　陸善經曰：羌，發語辭。

436・各興心而嫉妒。

陸善經曰：讒諂之徒，行皆邪僻，乃內恕諸己，以度人，各興其嫉妒之
心。

437・忽馳騖以追逐兮，非余心之所急。

陸善經曰：言急欲騖馳以逐讒邪，非我心之急，言不能。

【校箋】騖馳，倒，當從正文作「馳騖」。

438・恐脩名之不立。

陸善經曰：脩名不立，事則無成。

439・苟余情其信姱以練要兮，

陸善經曰：姱，美。

【校箋】《楚辭・九歌・東君》：「思靈保兮賢姱。」王逸注：「姱，好貌。」

440・長顑頷亦何傷。

陸善經曰：顑頷，亦為咸淫。

【校箋】咸，當作「減」。《文選集注》正文及王逸注皆作「減」。但音决作
「顑頷」。

王逸注：顑頷，不飽貌。

441・貫薜荔之落蕊。

陸善經曰：貫，穿。蕊，花也。木根取其顧本也。

442・矯菌桂以紉蕙兮，

陸善經曰：正曲為矯。

443・索胡繩之纚纚。

陸善經曰：胡繩，冠纓也。《莊子》云：縵胡之纓。

【校箋】《莊子・說劍》：「曼胡之纓。」

444・謇吾法夫前脩兮，非時俗之所服。

陸善經曰：帶佩芳草謇然安舒。

445・長大息以掩涕兮，哀人生之多艱。

陸善經曰：不遇明時，故大息掩涕，哀羅此難。

【校箋】大息，當作「太息」。

446・謇朝誶而夕替。

陸善經曰：誶，告也。告以善道，所謂諫也。好自脩飾以爲羈係，謇然朝諫而夕見廢，言忠之難也。

447・既替余以蕙纕兮，

陸善經曰：纕，帶也。以帶蕙而見廢也。

448・又重申之以攬茝。

陸善經曰：復重攬結茝也。

449・亦余心之所善兮，雖九死其猶未悔。

陸善經曰：亦心之所善，雖死無恨。九，言其多也。

450・終不察夫人心。

陸善經曰：但怨君無思慮，不察人心之善惡。

451・謠諑謂余以善淫。

陸善經曰：謠諑，謂共爲謠言而諑訴也。諺曰：女無美惡，入宮見妬。《方言》云：「楚以南謂訴爲諑，音涿。」

【校箋】《史記・外戚世家》：「傳曰：女無美惡，入室見妬；士無賢不肖，入朝見嫉。」《方言》卷十：「諑，愬也。楚以南謂之諑。」周祖謨校箋：「愬，《原本玉篇》諑下引作訴。」

452・固時俗之工巧兮，偭規矩而改錯。

陸善經曰：時俗之人妄爲工巧，背規矩繩墨之法，而改錯置。

453・背繩墨以追曲兮，

陸善經曰：隨曲而行。

454・競周容以爲度。

陸善經曰：皆競比周相容以爲法。言敗亂國政也。

455・忳鬱邑余侘傺兮，

陸善經曰：怓，憂悶兒也。

456・余不忍爲此態也！

陸善經曰：言怓然所以憂悶鬱邑佗傺不平者，寧奄然而死，或至流亡，不忍爲此佞邪之態也。

457・伏清白以死直兮，固前聖之所厚。

陸善經曰：所以屈忍者，欲伏清白以死，直節堅固，乃前世之所共厚也。

458・悔相道之不察兮，

陸善經曰：相道，謂君側之人不敢言，君指其左右。

459・及行迷之未遠。

陸善經曰：以君不察己之忠言，遷延佇立，欲自引退。故取反迷途以爲興也。

460・步余馬於蘭皋兮，

陸善經曰：澤傍曰皋。

461・馳椒丘且焉止息。

陸善經曰：言步馬於蘭澤之中，馳往椒丘，且焉止息，猶俟君命也。

462・進不入以離尤兮，退將復脩吾初服。

陸善經曰：進既不入以離僭尤，故退將脩其初服。

463・不吾知其亦已兮，苟余情其信芳。

陸善經曰：雖不我知，情其信美也。

464・唯昭質其猶未虧。

陸善經曰：唯，辭也。言芬芳雜飾，質體昭明，而未虧歇也。

465・忽反顧以遊目兮，將往觀乎四荒。

陸善經曰：觀乎四荒欲之他國也。

466・佩繽紛其繁飾兮，

陸善經曰：言外服鮮華，喻內行脩潔。

467 · 雖體解吾猶未變兮，豈余心之可懲。

　　陸善經曰：言雖獲罪支解，志猶被懲創也。

468 · 曰鯀婞直以亡身兮。

　　陸善經曰：鯀，禹父也。

　　【校箋】《史記·夏本紀》：「禹之父曰鯀。」鯀，或爲「鯀」之俗字。

469 · 汝何博謇而好脩兮，紛獨有此姱節？

　　陸善經曰：博謇，寬博偪蹇也。

　　【校箋】《文選集注》今案，陸善經本「謇」爲「蹇」。故「博謇」，當作「博蹇」。筆誤所致。

470 · 薋菉葹以盈室兮，

　　陸善經曰：菉，菉蓐也。

471 · 依前聖之節中兮，喟憑心而歷茲。

　　陸善經曰：己之所行，皆依前聖節度中和之法，而被放流經歷於此，故撫心而歎。

472 · 就重華而陳詞。

　　陸善經曰：陳辭，謂興亡之事也。

473 · 啓九辨與九歌兮，

　　陸善經曰：言夏啓能脩禹之功，奏九辨、九歌之樂，以和神人。九辨，亦見《山海經》。

　　【校箋】九辨，叢刊、胡刻作「九辯」。

　　《左傳》文公七年：「九功之德，皆可歌也，謂之九歌。六府三事，謂之九功。水、火、金、木、土、穀，謂之六府。正德、利用、厚生，謂之三事。」

　　《山海經·大荒西經》：「開上三嬪于天，得《九辯》與《九歌》以下。」

　　郭璞云：「皆天帝樂名也，開登天而竊以下用之也。《開筮》曰：『昔彼《九冥》，是與帝《辯》同宮之序，是謂《九歌》。』」

474 · 不顧難以圖後兮，五子用失乎家巷。

　　陸善經曰：太康佀恣娛樂，不顧禍難以謀其後，失其國家，令五弟無所依。

【校箋】「但」當作「但」，形近而訛。

《史記・夏本紀》：「夏后帝啓崩，子帝太康立。帝太康失國，昆弟五人，須于洛汭，作《五子之歌》。」

475・羿淫遊以佚田兮，

陸善經（也）曰：羿，夏諸侯。《左傳》云：羿因夏人以代夏政。

【校箋】「也」字衍。

《左傳》襄公四年：（魏絳）對曰：「昔有夏之方衰也，后羿自鉏遷于窮石，因夏民以代夏政。」

476・浞又貪夫厥家。

陸善經曰：《左傳》曰：「寒浞，伯明氏之讒子弟。羿以爲相，殺羿，因其妻而生澆。」

【校箋】《左傳》襄公四年：「寒浞，伯明氏之讒子弟也。伯明后寒棄之，夷羿收之，信而使之，以爲己相。浞行媚于內，而施賂于外。愚弄其民，而虞羿于田，樹之詐慝，以取其國家。外內咸服，羿猶不悛，將歸自田。家眾殺而亨之，以食其子。其子不忍食諸，死于窮門，靡奔有鬲氏。浞因羿室，生澆及豷。」

477・夏桀之常違兮，乃遂焉而逢殃。

陸善經曰：夏桀違天害人，与常相道違，乃遂逢殃。

【校箋】「相道」當作「道相」，誤倒也。

《史記・夏本紀》：「桀不務德而武傷百姓，百姓弗堪。」

478・后辛之菹醢兮，

陸善經曰：殷紂殺比干，以爲菹，又醢梅伯也。

【校箋】菹，同「菹」。

《史記・殷本紀》：「九侯女不憙淫，紂怒，殺之，而醢九侯。」又「比干曰：『爲人臣者，不得不以死爭。』迺強諫紂。紂怒曰：『吾聞聖人心有七竅。』剖比干，觀其心。」王逸注曰：「藏菜曰菹，肉醬曰醢。」

479・吤余身而危死兮，

陸善經曰：吤，臨也。

480 · 覽余初其猶未悔。

　　陸善經曰：臨我身於死地，亦未悔於初。

481 · 不量鑿而正枘兮，

　　陸善經曰：枘將入鑿，須度其方圓。猶臣欲事君，□□其可否。

482 · 固前脩以菹醢。

　　陸善經曰：前脩，前賢。

483 · 曾歔欷余鬱邑兮，

　　陸善經曰：曾，重也。歔欷，悲泣之聲。鬱悒，憂愁之兒。

484 · 哀朕時之不當。

　　陸善經曰：自哀不与時合也。

485 · 跪敷衽以陳詞兮，

　　陸善經曰：陳辭於重華也。

486 · 耿吾既得此中正。

　　陸善經曰：言我耿然既得中正之道而不愚時，將遊六合以後聖帝明王。

487 · 溘埃風余上征。

　　陸善經曰：言欲駕龍乘翳，奄然從風而上行。

488 · 朝發軔於蒼梧兮，

　　陸善經曰：軔，止車木也。蒼梧，舜所葬也。

　　【校箋】《禮記·檀弓上》：「舜葬於蒼梧之野。」

489 · 欲少留此靈瑣兮，

　　陸善經曰：瑣，門鋪道。言欲留君□側以盡忠規。

490 · 日忽忽其將暮。

　　陸善經曰：日沒將着，竟無所施。

　　【校箋】「日」當作「日」，「着」當作「暮」。

491 · 吾令羲和弭節兮，

　　陸善經曰：弭，施也。

492・望崦嵫而勿迫。

陸善經曰：崦嵫山下有濛水，濛水有虞淵。施節徐行，勿迫令急也。

【校箋】《淮南子・天文》：「日出于暘谷，⋯⋯至于虞淵，是謂黃昏；至于蒙谷，是謂定昏。日入于虞淵之氾，曙于蒙谷之浦。」

493・後飛廉使奔屬。

陸善經曰：奔屬，奔走以屬繼也。

494・雷師告余以未具。

陸善經曰：雷聲赫赫，以興於君也。

495・飄風屯其相離兮，

陸善經曰：飄風无常，以比人之傾側也。

496・帥雲霓而来御。

陸善經曰：雲霓，惡氣，以喻臣之蔽擁。

497・紛總總其離合兮，

陸善經（善經）曰：總總，眾多兒也。

【校箋】後「善經」二字衍。

498・班陸離其上下。

陸善經曰：言欲求賢輔君，而讒佞之人聚相離絕，紛紛眾多，乍離乍合，班然參差，或上或下，言其盛也。

499・時曖曖其將罷兮，結幽蘭而延佇。

陸善經曰：曖曖，光漸微之兒。猶政令漸衰，不可以仕，將欲罷歸，故結芳草遷延佇立，有還意也。

500・忽反顧以流涕兮，哀高丘之無女。

陸善經曰：《高唐賦》云：「妾在巫山之陽，高丘之阻。」

【校箋】見《文選・高唐賦》。

501・溘吾遊此春宮兮，折瓊枝以繼佩。

陸善經曰：王逸曰：言我遊行奄然，至青帝之舍，觀發生之德，度折瓊枝以績佩，申己志之所守也。

【校箋】陸所見王逸注與李善本頗有不同，故引之。

502・吾令豐隆乘雲兮，

陸善經曰：豐隆，雷師也。

【校箋】《楚辭補注》王逸注：「豐隆，雲師，一曰雷師。」

503・吾令蹇脩以爲理。

陸善經曰：言先解佩玉以結誠。言令其蹇然脩飾，以達分理，冀宓妃之從己也。

504・朝濯髮乎洧盤。

陸善經曰：王逸曰：蹇脩既通誠，言於宓妃。而讒人復相上，理合而毀之。令其意乖戾，暮則歸舍窮石之室，朝沐洧盤之水，而不肯相從。

505・雖信美而無禮兮，來違棄而改求。

陸善經曰：王逸曰：雖則信美，元有事君之意，故歸違棄之，而更求賢也。

506・覽相觀於四極兮，周流天余乃下。

陸善經曰：言觀視四極，周行至天，乃復下也。

507・望瑤臺之偃蹇兮，

陸善經曰：瑤，□也。偃蹇，回曲宛轉皃。

508・及少康之未家兮，罶有虞之二姚。

陸善經曰：幸及少康未有室家，罶取二姚，与共成功，不欲□去之意也。《左傳》云：少康逃奔有虞，虞思於是妻之以二姚。

【校箋】《左傳》哀公元年：「（少康）逃奔有虞，爲之庖正，以除其害，虞思於是妻之以二姚。」

509・理弱而媒拙兮，恐導言之不固。

陸善經曰：欲罶二姚，則辭理懦弱。媒氏拙短，恐相導之言，不能堅固，復更迴移。

卷六六

510・《招魂》一首

陸善經曰：敘曰：招者，召也。以手曰招，以言曰召。

【校箋】見《楚辭補注・招魂》王逸序。

511・朕幼清以廉絜兮，

陸善經曰：朕，謂屈原也。

512・主此盛德兮，牽於俗而蕪穢。

陸善經曰：將爲招魂，故述其自少及長盛德之事。言常主守此，爲俗所牽羈而多蕪穢。

513・上無所考此盛德兮，長離殃而愁苦。

陸善經曰：言上無人考校其盛德，故然。

514・帝告巫陽，

陸善經曰：巫陽，古神巫。見《山海經》。

【校箋】《山海經・海內西經》：「開明東有巫彭、巫抵、巫陽、巫履、巫凡、巫相。」

515・巫陽對曰：「掌夢。上帝其難從。若必筮予之，恐後謝，不能復用巫陽焉。」

陸善經曰：巫陽對帝言：筮予之，本掌夢之職止帝意，難從掌夢之人。巫陽又言：帝令己必筮，予之恐後世謝去，不復用巫陽（用巫陽用巫陽）焉。則廢所職，但招之可也。

【校箋】後「用巫陽用巫陽」六字衍。

516・去君之恒幹，

陸善經曰：幹，質。

517・何爲四方些？

陸善經曰：些，送句之辭也。

【校箋】《夢溪筆談》卷三：「《楚辭・招魂》尾句皆曰些，今夔峽、湖湘及南北獠人，凡禁呪句尾皆稱些，此乃楚人舊俗。」

518・舍君之樂處，而離彼不祥些。

陸善經曰：不祥，謂四方。

519・雕題黑齒，

陸善經曰：雕，謂刻其肥，以丹青涅之也。黑齒，染其齒令黑也。

520・蝮蛇蓁蓁，

陸善經曰：蓁蓁，眾多皃。

【校箋】《毛詩・周南・桃夭》：「桃之夭夭，其葉蓁蓁。」毛傳：「蓁蓁，至盛貌。」

521・封狐千里些。

陸善經曰：封狐千里，言千里之中，並（並）多大狐以囓人也。

【校箋】後「並」字衍。

522・幸而得脫，其外曠宇些。

陸善經曰：言從雷淵幸得脫免，但外復有曠遠之宇，多生毒蠱之物。

【校箋】《漢書・蒯通傳》：「故猛虎之猶與，不如蜂蠆之致螫。」及《嚴助傳》：「南方暑溼，近夏癉熱，暴露水居，蝮蛇蠚生。」均有顏師古注：「蠚，毒也。音呼各反。」

523・赤蟻若象，玄蠭若壺些。

陸善經曰：若象、若壺，皆言其大也。

【校箋】《毛詩・豳風・七月》：「七月食瓜，八月斷壺。」毛傳：「壺，瓠也。」

524・五穀不生，藂菅是食些。

陸善經曰：言其人但食叢生菅草。

【校箋】《山海經・中山經》：「吳林之山，其中多葌草。」郭璞注：「亦菅字。」

525・其土爛人，求水無所得些。

陸善經曰：言土性熱，毒能爛人身。

526・魂兮歸來！君上無天些。虎豹九關，啄害下人些。

陸善經曰：言天下之虎豹，身皆肥健，有九關節，主啄害下士之人。

527・敦脄血拇，

陸善經曰：王逸曰：脄，夾脊肉也。血拇，言食人而血汗其拇指。

【校箋】拇，當作「拇」，形近而訛。今胡刻、叢刊及《楚辭補注》王逸注均無陸善經所引此條。

528・魂兮歸來！入脩門些。

陸善經曰：脩，美也。

529・工祝招君，背行先些。

陸善經曰：《詩》云：「工祝致告。」背行先在，前爲導也。

【校箋】見《毛詩・小雅・楚茨》。毛傳：「善其事曰工。」

530・秦篝齊縷，鄭緜絡些。

陸善經曰：緜絡，以緜經絡之也。

531・檻層軒些。

陸善經曰：言壯麗也。

532・冈戶朱綴，刻方連些。

陸善經曰：臺榭懸閃於戶，以珠綴之。刻鏤方連，令有文彩。方連，楣也，連柱之端。

【校箋】閃，當作「冈」，即「網」之俗體。

533・谿谷徑復，流潺湲些。

陸善經曰：徑復，謂居室之內作山池，爲川谷之勢，徑直復迴也。其流潺湲然。

534・光風轉蕙，氾崇蘭些。徑堂入奧，朱塵筵些。

陸善經曰：先轉蕙葉，氾動崇蘭。徑過堂室，及承塵而拂塵。

【校箋】先，當從正文作「光」。

535・砥室翠翹，挂曲瓊些。

陸善經曰：砥，細石。言以砥石砌室。

536・翡翠珠被，爛齊光些。

陸善經曰：翡翠珠璣，以被於物，爛然同光。

537・蒻阿拂壁，羅幬張些。

陸善經曰：屈席以拂薄於壁，而又張羅幬。

538・纂組綺縞，

陸善經曰：纂，五綵雜綷也。（雜綷也）

【校箋】後「雜綷也」三字衍。

539・結琦璜些。

陸善經曰：琦、璜，皆玉也，以爲帷帳之飾。

540・室中之觀，多珍恠些。

陸善經曰：恠，異物也。

【校箋】恠，及正文「恠」皆「恠」之訛。胡刻、叢刊正作「恠」。恠，同「怪」。

541・二八侍守宿，射遞代些。

陸善經曰：二八，謂年十六。亦《左傳》之「女樂二八」。射次更代而來。

【校箋】《左傳》襄公十一年：「鄭人賂晉侯以師悝、師觸、師蠲，廣車、軥車，淳十五乘，甲兵備。凡兵車百乘，歌鐘二肆，及其鎛磬，女樂二八。晉侯以樂之半賜魏絳。」

542・九侯淑女，多迅眾些。

陸善經曰：《史記》云：「九侯有女好。」迅，言其才敏疾。

【校箋】《史記・殷本紀》作「九侯有好女」。

543・弱顏固植，

陸善經曰：顏皃柔弱，心意堅正。

544・娥眉曼睩，

陸善經曰：睩，目精流轉也。

545・遺視矊些。

陸善經曰：矊，視及遠皃也。

546・離榭脩幕，侍君之閒些。

　　陸善經曰：言美人於離榭之中、長幕之下，侍君閑静而宴遊。離榭，猶離宮。

547・玄玉之梁些。

　　陸善經曰：染梁取象玄玉之色。

548・軒輊既低，步騎羅些。

　　陸善經曰：低，不駕也。步騎羅，爲侍衛也。

549・蘭薄戶樹，瓊木籬些。

　　陸善經曰：香蘭附戶而種之，以瓊枝爲籬落。

550・室家遂宗，食多方些。

　　陸善經曰：言室家遂得尊榮，欲食皆具品物。

551・稻粢穱麥，

　　陸善經曰：粢，粟米。穱，麦之早熟者。

　　【校箋】《爾雅・釋草》：「粢，稷。」郭璞注：「今江東人呼粟爲粢。」《玉篇・禾部》：「穱，早熟。」

552・挐黃梁些。

　　陸善經曰：挐，捼擇也。

553・大苦醎酸，辛甘行些。

　　陸善經曰：行，謂五味發行。

554・肥牛之腱，臑若芳些。

　　陸善經曰：取肥牛之腱，爛熟之，則臛美而芳香。

　　【校箋】臛，或當作「臐」。

　　《左傳》宣公二年：「宰夫胹熊蹯不熟。」杜預注：「胹，煮也。」《說文解字・肉部》：「臑，爛也。」《毛詩・大雅・緜》：「周原膴膴，菫荼如飴。」《文選・七哀詩》：「恭文遙相望，原陵鬱膴膴。」李善注引毛萇曰：「膴膴，肥美也。」

555・和酸若苦，陳吳羹些。

陸善經曰：言吳人工作羹，先和酸，後加豉。

556・露雞臛蠵，厲而不爽些。

陸善經曰：臛，酸羹也。味雖酸烈，不爽口。

【校箋】王逸注：「有菜曰羹，無菜曰臛。」

557・粔籹蜜餌，有餦餭些。

陸善經曰：餌，粉也。

558・挫糟凍飲，

陸善經曰：挫，笮也。

【校箋】笮，當「笮」之訛。據下一條陸注校改。

559・酎清涼些。

陸善經曰：笮去其羽觴，糟居之冰上，然後飲之。

【校箋】《後漢書・耿弇列傳附國弟子恭》：「吏士渴乏，笮馬糞汁而飲之。」李賢注：「笮，謂壓笮也。」

560・肴羞未通，

陸善經曰：通，遍也。

561・陳鍾按鼓，

陸善經曰：按，柎。

562・《涉江》、《采菱》，發《揚荷》些。

陸善經曰：發，謂奏之。《揚荷》，亦爲《陽阿》。

【校箋】《淮南子・人間》曰：「歌《采菱》，發《陽阿》。」又《說山》：「欲美和者，必先始於《陽阿》、《采菱》。」高誘注：「《陽阿》、《采菱》，樂曲之和聲。」

563・美人既醉，朱顏酡些。

陸善經曰：酡，謂伍垂。

【校箋】酡，同「酡」。伍，同「低」。《敦煌變文集・韓朋賦》：「伍頭却行，淚下如雨。」

564・娭光眇視，目曾波些。

陸善經曰：言既醉娭戲而有光采。眇然遠視，其精泛艷若水之波。曾，重也。

565．麗而不奇些。

陸善經曰：奇，恠也。言雖奢麗不至奇恠也。

566．長髮曼鬋，豔陸離些。

陸善經曰：長髮美鬢，豔佚陸離而難形。

567．衽若交竿，撫案下些。

陸善經曰：言舞者衣袖繚繞交橫若竿時，摒案之令位下也。

【校箋】「摒」當作「撫」，乃「舞」、「撫」合而誤之。

568．竽瑟狂會，搷鳴鼓些。

陸善經曰：會，眾聲平會而合曲也。搷，音戛。

569．奏大呂些。

陸善經曰：大呂，六呂之首。

【校箋】《周禮．春官．大師》：「大師掌六律六同，以合陰陽之聲。……陰聲：大呂、應鍾、南呂、函鍾、小呂、夾鍾。」

570．鄭衛妖玩，来雜陳些。

陸善經曰：言美女善爲妖容，而可愛玩。

571．激楚之結，獨秀先些。

陸善經曰：激楚之曲，獨秀異而在先。

【校箋】《文選集注》正文無「激楚之結」句，據陸注，陸善經本當有此句。又《文選集注》未出校勘記，當屬抄者所遺漏。

572．昆蔽象棊，

陸善經曰：箟，竹也。蔽，愽箸以竹爲之。象棊，象牙爲之。

【校箋】據此，陸善經本「昆」作「箟」。

573．成梟而牟，呼五白些。

陸善經曰：牟，齊等。五百，愽齒也。言帍已成，故呼五百以助投也。

【校箋】據《文選集注》出校之例，此文有「陸善經本『梟』爲『杲』」的校語，故「五百」，皆當從正文作「五白」。梟，乃「杲」之訛。

574 · 鏗鐘搖虡，揳梓瑟些。

陸善經曰：揳，謂以竹擽也。

【校箋】陸注及五臣注，「揳」均作「揳」，或正文抄寫之訛。

575 · 娛酒不廢，沉日夜些。

陸善經曰：歡娛不廢，以夜繼日。

576 · 蘭膏明燭，華鐙錯些。

陸善經曰：錯，謂彫飾華采雜錯也。

【校箋】彫，同「雕」。

577 · 結撰至思，蘭芳假些。

陸善經曰：言所施設結集盡於思慮，蘭芳皆至也。

578 · 酎飲盡歡，樂先故些。

陸善經曰：眾坐之人皆有所極，同心賦詩，飲酎盡歡，以樂先故之時也。

579 · 亂曰：獻歲發春兮，汨吾南征些。菉蘋齊葉兮，白芷生。

陸善經曰：初進入歲，陽氣發生。吾以此時，從王南行。其時蘋葉始齊，芷初生也。

【校箋】《文選集注》中陸注在「汨吾南征些」下，據此注，陸善經本當在「白芷生」下，且「蘋」作「蘋」。《招隱士》「蘋艸霏靡」句，今案，陸善經本「蘋」爲「蘋」。

580 · 縣火延起兮，玄顏烝。

陸善經曰：懸遠放火連延，上起玄顏，烟色黑。烝及升也。

581 · 步及驟處兮，誘騁先。

陸善經曰：言獵時有步行及驟處者，皆導引馳騁爲王先。

582 · 抑騖若通兮，引車右運。

陸善經曰：抑正馳騖者，若圍已通，令引車右轉以遮禽也。

583．君王親發兮，憚青兕。

陸善經曰：發，放箭也。

584．皋蘭被徑兮，斯路漸。

陸善經曰：言皋澤之中，芳蘭被徑，斯路漸沒，可以歸也。

585．魂兮歸來，哀江南！

陸善經曰：此歷屈原放流之所，故微詞以諷。

《招隱士》一首

586．劉安

陸善經曰：《史記》云：淮南王安為人好書皷瑟，不喜弋獵馳騁，亦欲以行陰德撫脩百姓，流譽天下。招致賓客方術之士數千人，作為內書廿一篇，外書甚眾。時時怨望屬王死，時欲圖畔。數召伍被与謀。被初不許，後為畫計其事。頗聞漢庭推王，伍被自詣吏，具告与王謀反。武帝使宗正以符節治王，未至自殺。

【校箋】見《史記·淮南衡山列傳》，乃節略而引。

587．偓佺連卷兮，枝相繚。

陸善經曰：偓佺連卷，枝條詰曲，相糺紛之兒。

【校箋】詰，乃「詰」之訛。《文選集注》陸注在「偓佺連卷兮」下。

588．山氣巄嵸兮，

陸善經曰：巄嵸，竦上兒。

589．石嵯峨。

陸善經曰：嵯峨，高峻兒也。

590．攀援桂枝兮，聊淹留。

陸善經曰：攀援桂枝，雖則信美，猨狖虎豹足以驚人，聊且淹流，難可久處。

591．春艸生兮，萋萋。

陸善經曰：王孫久遊未返，春草生以萋萋，歎其□之遲也。

592 · 歲暮兮，不自聊。蟪蛄鳴兮，啾啾。

陸善經曰：皆不可畱之意也。

593 · 块兮軋，

陸善經曰：块，廣遠皃。軋，膠戾不通也。

【校箋】《方言》卷十：「讓極，吃也，楚語也，或謂之軋。」郭璞注：「鞅軋，氣不利也。」周祖謨校箋：「《原本玉篇》引《方言》作『块軋』。」

594 · 山曲㠀。

陸善經曰：㠀，盤屈也。

【校箋】《說文解字·山部》：「㠀，山脅道也。」段玉裁注：「脅者，兩膀也。山如人體，其兩旁曰脅。」

595 · 心淹畱兮，洞荒忽。

陸善經曰：其狀若此心，雖淹留，洞然而慌忽，不自得也。

596 · 憭兮慄。

陸善經曰：憭慄，恐懼也。

597 · 虎豹穴，

陸善經曰：此乃虎豹之穴，不可以遊。

598 · 嶔岑碕礒兮，硱魂磈硊。

陸善經曰：皆巖石峻險□皃。

599 · 樹輪相糺兮，林木茂骹。

陸善經曰：奇恠草樹相雜之形也。拔骹，拔扆而相委也。

【校箋】正文「茂骹」及注文「拔骹」，均當作「茂骫」。

王逸注：「茂骫，枝條盤紆。」

600 · 青莎雜樹兮。

陸善經曰：樹，生也。

601 · 薠艸霳靡，

陸善經曰：言莎雜生於薠間（間）。

【校箋】後「間」字衍。《集注》：「今案，陸善經本『蘋』為『薠』。」

602・白鹿麚霞兮。

陸善經曰：麚，獐也。霞，牡鹿也。

【校箋】麚，同「麇」。《說文解字・鹿部》：「麇，麚，籀文不省。」《左傳》哀公十四年：「逢澤有介麇焉。」陸德明《經典釋文》：「麇，麚也。」《玉篇・鹿部》：「麚，亦作獐。」《爾雅・釋獸》：「鹿，牡霞、牝麀。」

603・狀貌嶮嶮兮峨峨，

陸善經曰：嶮嶮峨峨，頭角眾多兒也。

604・淒淒兮漇漇。

陸善經曰：淒淒漇漇，羣類相從兒。

605・獼猴兮熊羆，慕類兮以悲，攀援桂枝兮，聊淹罼。

陸善經曰：禽獸皆慕羣類而悲鳴，王孫尚罼未出也。

606・虎豹鬪兮，熊羆咆，禽獸駭兮，亡其曹。

陸善經曰：虎豹鬪爭，熊羆咆虓，禽獸駭失驚失其輩偶，此誠足畏，安可託身？招之令出也。

【校箋】《毛詩・大雅・常武》：「闞如虓虎。」毛傳：「虎之自怒虓然。」《說文解字・虍部》：「虓，虎鳴也。」此爲獸之叫聲。

607・王孫兮歸来，山中兮不可以久罼。

陸善經曰：晉魏已来，爲招隱者，皆令入山。乃有反招隱者，恐未達述作之意。

【校箋】晉魏，當作「魏晉」。

卷六八

《七啓》八首

608・并命王粲作焉。

陸善經曰：時王粲作《七釋》，徐幹作《七諭》，楊脩作《七訓》。

【校箋】《藝文類聚》卷五十七有魏徐幹《七喻》、王粲《七釋》引文。《太平御覽》卷五百九十引傅玄《七謨》序曰：「自大魏英賢迭作，有陳王《七啟》，王氏《七釋》，楊氏《七訓》，劉氏《七華》，從父侍中《七誨》，並陵

前而遨後，揚清風於儒林，亦數篇焉。」

609・玄微子隱居大荒之庭。

陸善經曰：大荒，廣大荒漠之地。

610・於是鏡機子攀葛藟而登，距巖而立。

陸善經曰：距，舭也，謂倚之也。

611・嘻，有是言乎！

陸善經曰：嘻，不平之聲。

【校箋】《禮記・檀弓》：「夫子曰：『嘻！其甚也。』」鄭玄注：「嘻，悲恨之聲。」

612・假靈龜以託喻，寧掉尾於塗中。

陸善經曰：掉尾塗中，自善其身也。

【校箋】《莊子・秋水》：「莊子釣於濮水，楚王使大夫二人往先焉，曰：『願以境內累矣！』莊子持竿不顧，曰：『吾聞楚有神龜，死已三千歲矣，王巾笥而藏之廟堂之上。此龜者，寧其死為留骨而貴乎？寧其生而曳尾於塗中乎？』二大夫曰：『寧生而曳尾塗中。』莊子曰：『往矣！吾將曳尾於塗中。』」

613・鏡機子曰：芳菰精粺，霜蓄露葵。

陸善經曰：菰，菰蔣也，其實為彫胡。粺，細米也。《九章粟米法》有糯米、粺米、鑿米，從鹿之細也。

【校箋】《藝文類聚》卷二十四引宋玉《諷賦》：「為臣炊彫胡之飯，烹露葵之羹。」《史記・司馬相如傳》載《子虛賦》：「東蘠彫胡。」張揖注：「彫胡，菰米也。」《廣雅》卷十上：「菰，蔣也。其米謂之彫胡。」《玉篇・米部》：「粺，精米也。」《九章粟米法》見《晉書・律曆志上》及《隋書・律曆志上》

614・山鶪斥鴳，珠翠之珍。

陸善經曰：礼庶羞有鶪、鴳。

【校箋】《禮記・內則》：「膳：腳、臐、膮、醢、牛炙、醢、牛胾、醢、牛膾、羊炙、羊胾、醢、豕炙、醢、豕胾、芥醬、魚膾、雉、兔、鶉、鴳。」

鄭玄注：「此上大夫之禮庶羞二十豆也。」鷃，同「鴳」。

615· 矐江東之潛鼉，騰漢南之鳴鶉。

陸善經曰：潛，謂伏於穴中。

616· 紫蘭丹椒，施和必節。

陸善經曰：紫蘭，蘭初生之時其色紫也。

617· 滋味既殊，遺芳射越。

陸善經曰：射越，言香氣射出越散。

618· 乃有春清縹酒，康狄所營。應化則變，感氣而成。

陸善經曰：言酒應化則變，爲甘苦，感時氣，而成其厚味。

619· 於是盛以翠樽，酌以彫觴。浮蟻鼎沸，酷烈馨香。

陸善經曰：翠樽，畫翠鳥於樽也。《礼》云：「爵用玉琖仍琱。」浮蟻泛泛在於酒上，如鼎之沸。

【校箋】蟻，叢刊、胡刻作「蟻」。

《禮記·明堂位》：「爵用玉琖仍雕。」《釋名·釋飲食》：「汎齊，浮蟻在上，汎汎然也。」

620· 鏡機子曰：步光之劍，華藻繁縟。

陸善經曰：《越絕》云：越大夫種使吳，曰：「越賤臣，以先人屈盧之予，步光之劍，以賀軍吏。」縟，雜也。

【校箋】「予」當作「矛」。

《越絕書》卷八：「越使果至，曰：『……故使越賤臣種，以先人之藏器甲：二十領、屈盧之矛、步光之劍，以賀軍吏。』」

621· 苻采照爛，流景楊輝。

陸善經曰：符采，言如符印之文采。

622· 垂宛虹之長綏，抗招搖之華旆。

陸善經曰：宛，屈也。綏所執以登車，垂之有似於虹，招搖星名畫於旌旗上也。

【校箋】《禮記·王制》：「天子殺則下大綏。」鄭玄注：「綏，當爲『緌』。

綉，有虞氏之旌旗也。」《禮記‧曲禮》：「招搖在上，急繕其怒。」鄭玄
注：「畫招搖星於旌旗上，以起居堅勁軍之威。招搖，星，在北斗杓端，
主指者。」

623‧捷忘歸之矢，康繁弱之弓。

陸善經曰：捷，疾也。

624‧忽躡景而輕騖，逸奔驥而超遺風。

陸善經曰：躡之言疾。今又忽之，逸過奔驥而超越遺風也。

【校箋】《方言》卷十二：「躡，急也。」

625‧捎鶢鶋，拂振鷺。

陸善經曰：《淮南子》云：鶢鶋，西方神鳥也。振鷺，振其羽翼也。《詩》
云：振鷺于飛。

【校箋】今《淮南子》無此文。《淮南子‧原道》：「釣射鶢鶋之謂樂乎？」
高誘注：「鶢鶋，鳥名也。長頸綠身，其形似雁。一曰：鳳皇之別名也。」
又《本經》：「鴻鵠鶢鶋。」高誘注：「鶢鶋，雁類。一曰：鳳之別類。」或
《淮南子》後當有脫誤，「鶢鶋」前當有「說文」二字。《說文解字‧鳥部》：
「五方神鳥也，……西方鶢鶋，……中央鳳皇。」引《詩》見《毛詩‧周
頌‧振鷺》。毛傳：「振，振羣飛貌。鷺，白鳥也。」

626‧生抽豹尾，分裂猳肩。形不抗手，骨不隱拳。

陸善經曰：言猛獸形不能抗當勇士之手，骨不隱着其拳也。

627‧綺井含葩，金螭玉箱。

陸善經曰：金螭，以金飾螭。玉箱，以玉飾兩箱。

628‧歌曰：望雲際兮有好仇，天路長兮往無由。

陸善經曰：以遊女不可犯礼而求，故曰雲際。

629‧戴金搖之熠燿，揚翠羽之雙翹。

陸善經曰：雙翹，花上鸞鳳雙翼翹然舉。

630‧揮流芳，燿飛文。歷盤鼓，煥繽紛。

陸善經曰：流芳，香氣流散也。飛文，舞者飛揚綺縠之文。盤鼓，舞曲

名。繽紛，舞者錯雜也。

【校箋】《藝文類聚》卷四十三引張衡《舞賦》：「盤鼓煥以駢羅。」

631・縱輕體以迅赴，景追形而不逮。

陸善經曰：影不逮，形去疾也。

632・形婧服，揚幽若。

陸善經曰：形，見也。婧服，非上衣。幽若，體之香氣。

【校箋】婧，同「嫣」。《說文解字・女部》：「嫣，南楚之外謂好曰嫣。」《漢書・外戚・李夫人傳》：「夫人曰：『婦人貌不修飾，不見君父。妾不敢以燕婧見帝。』」師古曰：「婧與惰同。謂不嚴飾。」

633・果毅輕斷，虎步谷風。

陸善經曰：虎步谷風，言猛疾也。

【校箋】李善注引《春秋元命苞》曰：「猛虎嘯而谷風起。」

634・揮袂則九野生風，慷慨則氣成虹蜺。

陸善經曰：九野，九州之野，言所及遠也。

【校箋】《淮南子・原道》：「所謂一者，無匹合於天下者也。卓然獨立，塊然獨處，上通九天，下貫九野。」高誘注：「九天，八方中央也。九野亦如之。」

635・然方於大道，有累如何？

陸善經曰：方，比也。

636・惠澤播於黎苗，威靈震乎無外。

陸善經曰：無外，言無遠外也。

【校箋】《公羊傳》隱公元年：「王者無外。言奔，則有外之辭。」

637・舉不遺才，進各異方。

陸善經曰：異方，方伎各異也。

638・正流俗之華說，綜孔氏之舊章。

陸善經曰：孔氏舊章，謂六經也。

639・觀遊龍於神淵，聆鳴鳳於高崖。

陸善經曰：《礼》云：「龜龍在宮沼。」

【校箋】見《禮記・禮運》。

640・此甯子商歌之秋，而呂望所以投綸而逝也。

陸善經曰：百穀秋成，故凡事會合則言秋。投綸而逝，歸於周也。

641・欲以厲我，祇攪予心。

陸善經曰：厲，勉也。

卷七一

642・令

陸善經曰：□，命也。□□□子諸侯並稱之。至秦唯□□□□□□□□皇□太子用之。

【校箋】「命」前「□」當爲「令」字，「子」前「□」當爲「天」字，「皇」後「□」當爲「后」字。

劉良曰：秦法，皇后太子稱令。令，命也。

《宣德皇后令》一首

643・宣德皇后敬問具位。

陸善經曰：具位，梁王之具官也。

644・夫功在不賞，故庸勳之典盖闕。

陸善經曰：《史記》：「蒯通曰：『功盖天下者不賞。』」《周礼》：「王功曰勳，人功曰庸。」言庸勳之典，以紀常功，功在不賞，故闕而不錄。

【校箋】引《史記》見《淮陰侯列傳》。引《周禮》見《夏官・司勳》，「人功」十三經注疏作「民功」，陸注避唐太宗李世民之諱也。

645・要不得不強爲之名，使荃宰有寄。

陸善經曰：但要在不得不強爲酬謝之名，使君□之情，微有所寄。荃宰，俱謂君。

【校箋】「□」當作「主」。據胡刻、叢刊之李善注「庶使君主之情，微有所

寄也」補。

646· 不改參辰而九星仰止，不易日月而二儀貞觀。

陸善經曰：《周書》：「三極：一曰唯天九星。」孔□注曰：「九星，四方星及五星。」

【校箋】「□」當作「晁」。

《逸周書·小開武》：「三極：一、維天九星。」孔晁注：「九星，四方及五星也。」

647· 薦名宰府，則延（譽）譽自高。

陸善經曰：何之元《梁典》曰：高祖爲法曹，以後進之秀，与沈約等八人爲竟陵王文學。

【校箋】正文「譽」字衍。

《梁書·武帝紀》：「起家巴陵王南中郎法曹行參軍，遷衛將軍王儉東閣祭酒。……竟陵王子良開西邸，招文學，高祖與沈約、謝朓、王融、蕭琛、范雲、任昉、陸倕等並遊焉，號曰八友。」

648· 隆昌季年，勤王始著。

陸善經曰：《梁典》云：隆昌元年，高祖拜中書侍郎。西昌侯廢鬱林，使高祖領直臺內，遷黃門侍郎。

【校箋】《梁書·武帝紀》：「隆昌初，明帝輔政，起高祖爲寧朔將軍，鎮壽春。服闋，除太子庶子、給事黃門侍郎，入直殿省。」

649· 建武惟新，締構斯在。

陸善經曰：《梁典》曰：明帝建武二年，魏將劉昶、王肅圍司、雍。遣高祖救之，大敗魏人，以功封建陽縣男。

【校箋】《梁書·武帝紀》：「（隆昌初，）封建陽縣男。……建武二年，魏遣將劉昶、王肅帥眾寇司州，以高祖爲冠軍將軍、軍主，……軍罷，以高祖爲右軍晉安王司馬、淮陵太守·還爲太子中庶子，領羽林監。」

650· 一馬之田，介山之志愈厲。

陸善經曰：一馬，謂一丘有戎馬一田也。

【校箋】《管子·山權數》：「卜者，卜凶吉利害也。民之能此者，皆一馬之田，一金之衣。」

651 · 及擁旄司部，代馬不敢南牧。

陸善經曰：《梁典》云：建武二年，高祖除司州刺史。

【校箋】《南齊書·明帝紀》：「（建武二年秋七月）壬申，以冠軍將軍梁王爲司州刺史。」《梁書》無此記載。

652 · 推轂樊鄧，胡塵罕嘗夕起。

陸善經曰：《梁典》云：建武四年，魏主帥百万侵南陽諸城。高祖往授。五年，与崔慧景俱領鄧城。俄而，北軍大至，慧景眾大奔。高祖令士皆持蒲滿，由別道歸，故一軍不敗，還鎮樊城。明帝崩，遺詔授高祖雍州刺史。《齊·州郡志》云：雍州，鎮襄陽，跨對樊沔。

【校箋】往授，當作「往援」。

《梁書·武帝紀》：「（建武）四年，魏帝自率大眾寇雍州，明帝令高祖赴援。十月，至襄陽，詔又遣左民尚書崔慧景總督諸軍，高祖及雍州刺史曹虎等並受節度。明年三月，慧景與高祖進行鄧城，魏主帥十萬餘騎奄至。慧景失色，欲引退，高祖固止之，不從，乃狼狽自拔。魏騎乘之，於是大敗。高祖獨帥眾距戰，殺數十百人，魏騎稍却，因得結陣斷後，至夕得下船。慧景軍死傷略盡，惟高祖全師而歸。俄以高祖行雍州府事。七月，仍授持節、都督雍梁南北秦四州郢州之竟陵司州之隨郡諸軍事、輔國將軍、雍州刺史。其月，明帝崩。」《南齊書·州郡志》：「雍州，鎮襄陽。……跨對樊、沔。」

653 · 五老游河，飛星入昴。

陸善經曰：今以梁王之德方舜，未受禪之特。

654 · 而地狹乎四履，勢卑乎九伯。帝有惡焉。

陸善經曰：遜位後，封巴陵王也。

【校箋】《南齊書·和帝紀》：「（中興二年夏四月）丁卯，梁王奉帝爲巴陵王。」陸注與正文殊不相關，甚可疑。

655 · 軒軒萃止。

陸善經曰：軒軒萃止，謂冊命之使也。

【校箋】《風俗通義·序》：「周、秦常以歲八月遣軒軒之使，求異代方言。」《毛詩·陳風·墓門》：「有鷃萃止。」毛傳：「萃，集也。」

656・庶匪席之旨，不遠而復。

　　陸善經曰：梁公固讓，旨意同乎匪席。百辟（周）固請，庶其不遠而復。

　　【校箋】「周」字衍。復，當作「復」。

《爲宋公脩張良廟教》一首

657・傅季友

　　陸善經曰：《宋書》：傅亮後遷至散騎常侍、開府儀同三司。初，亮与徐
　　羨之等廢滎陽王，立文帝。文帝即位，追討其罪。元嘉三年，收付廷尉，
　　賜死也。

　　【校箋】滎陽王，當作「營陽王」。

　　《宋書・少帝紀》：「（景平二年夏五月）乙酉，皇太后令曰：『今廢爲營陽
　　王。』」又「始徐羨之、傅亮將廢帝。」又《傅亮傳》：「傅亮字季友。……
　　太祖登阼，加散騎常侍、左光祿大夫、開府儀同三司，本官悉如故。……
　　元嘉三年，太祖欲誅亮，……屯騎校尉郭泓收付廷尉，伏誅。」

658・夫盛德不泯，義存祀典。

　　陸善經曰：《國語》云：聖人之制祀也，功施於民則祀之，非此族也，
　　不在祀典。

　　【校箋】《國語・魯語上》：「夫聖王之制祀也，法施於民則祀之，以死勤事
　　則祀之，以勞定國則祀之，能禦大災則祀之，能扞大患則祀之。非是族也，
　　不在祀典。」

659・張子房道亞黃中，照鄰殆庶。

　　陸善經曰：言其照明鄰於殆庶。

　　【校箋】《周易・繫辭下》：「顏氏之子，其殆庶幾乎！」

660・風雲玄感，蔚爲帝師。

　　陸善經曰：与漢祖相遇，如風雲之感龍虎也。

661・塗次舊沛，佇（賀）駕酆城。

　　陸善經曰：（佀）佇，停也。

　　【校箋】正文「賀」字、注文「佀」皆衍文。

662・靈廟荒頓，遺像陳昧。

　　陸善經曰：頓，壞也。

　　【校箋】《後漢書・劉趙淳于江劉周趙列傳》：「既而弟子求分財異居，（薛）包不能止，……田廬取其荒頓者。」李賢注：「頓，猶廢也。」

《爲宋公脩楚元王墓教》一首

663・素風道業，作範後昆。

　　陸善經曰：《漢書》云：「楚元王交好《詩》，諸子皆讀《詩》。」

　　【校箋】見《楚元王傳》。

664・本支之祚，實隆鄙（遺）宗。

　　陸善經曰：宋公，元王之後也。

　　【校箋】正文「遺」字，涉下文「遺芳餘烈」衍。

　　《宋書・武帝紀》：「高祖武皇帝諱裕，字德興，小名寄奴，彭城縣綏興里人，漢高帝弟楚元王交之後也。」

665・况瓜瓞所興，開元自本者乎！

　　陸善經曰：如瓜瓞之滋蔓，枝葉由之以興。

　　【校箋】《毛詩・大雅・緜》：「緜緜瓜瓞。」毛傳：「緜緜，不絕貌。」

666・《策秀才文》

　　陸善經曰：漢武帝始立其科。

　　【校箋】《漢書・武帝紀》：「（元封五年，）詔曰：『其令州郡察吏民有茂材異等可爲將相及使絕國者。』」應劭曰：「舊言秀才，避光武諱稱茂才。」

667・《永明九年策秀才文》三首

　　陸善經曰：永明，齊武帝年號。

　　【校箋】《南齊書・武帝紀》：「永明元年春正月辛亥，車駕祠南郊，大赦，改元。」

668・朕聞神靈文思之君，聰明聖德之后。

　　陸善經曰：《舜典》云：「堯聞之聰明。」以文推之聖德，謂禹也。

　　【校箋】《尚書・舜典》文。

669 · 懋陳三道之要，以光四科之首。

陸善經曰：《漢書》：文帝制舉賢良策曰：明于國家之大體，通於人事之終始，及直言極諫者，將以匡朕之不逮。二三大夫當此三道，朕甚嘉之。

【校箋】軆，同「體」。

《漢書·晁錯傳》：「皇帝（文帝）曰：『以選賢良明於國家之大體，通於人事之終始，及能直言極諫者，各有人數，將以匡朕之不逮。二三大夫之行當此三道，朕甚嘉之。』」

670 · 金湯非粟而不守，水旱有待其無遷。

陸善經曰：有□，有儲積，以待凶年也。

【校箋】□，當作「待」。

671 · 將使杏花菖葉，耕穫不愆；

陸善經曰：雀寔《四民月令》云：「杏華盛，可菑白沙輕土之田。」

【校箋】雀，當作「崔」。

《齊民要術·耕田》引崔寔《四民月令》曰：「三月，杏華盛，可菑沙白輕土之田。」《藝文類聚》卷八十七引《四民月令》則作「三月，杏花盛可播白沙輕土之田」。

672 · 若爰井開制，懼驚擾愚民。

陸善經曰：《漢書》云：「秦孝公用商君，壞井田，開阡陌。」

【校箋】引《漢書》見《食貨志上》。

673 · 四支重罰，爰創前古。

陸善經曰：四支，謂肉刑。孫卿云：蓋起於禹。

【校箋】《漢書·刑法志》：「孫卿之言既然，又因俗說而論之曰：『禹承堯舜之後，自以德衰而制肉刑。』」

674 · 訪遊禽於絕澗，作霸秦基。

陸善經曰：鳥獸通名曰禽。秦任刑法而霸，故借此言之。

卷七三

《出師表》一首

675 · 願陛下託臣以討賊興復之效；不効，則治臣之罪，以告先帝之靈。責攸之禕允等之咎，以章其慢。

□□□□（陸善經曰：）此言以激厲於後主也。

【校箋】第一個「□」依稀可辨爲「陸」字，前面的呂向曰到「以彰其慢，使□□（據叢刊本、朝鮮五臣本，當爲『眾知』）之也」，叢刊本、朝鮮五臣本之向曰至此剛好結束。故接着漫漶的 4 字，當爲「陸善經曰」。

《求自試表》一首

676 · 畢命之臣也。

陸善經曰：畢命，畢所見命也。

677 · 然而高鳥未挂於輕繳，淵魚未懸於鉤餌者，恐鉤射之術，或未盡也。

陸善經曰：□征討之法未能也。

【校箋】□，似爲「言」字。

678 · 伏見先武皇帝武臣宿兵，年耆即世者有聞矣。

陸善經曰：武臣舊士年高終歿，數有聞矣。恐己及之而功名不立。

679 · 臣昔從先武皇帝，南極赤岸，東臨滄海，西望玉門，北出玄塞。

陸善經曰：赤岸，江北岸山名，今在廣陵。

680 · 絕纓盜馬之臣赦，楚趙以濟其難。

陸善經曰：秦以造父封趙城，固姓□氏。

【校箋】正文「盜」、「之臣」原缺，據胡刻、叢刊補。□，當爲「趙」。《史記·秦本紀》：「繆王以趙城封造父，造父族由此爲趙氏。」

681 · 盧狗悲號，韓國知其才。

陸善經曰：魏淳于髡謂齊王曰：「韓子盧者，天下之壯犬也。」然悲號韓□事則不同，或別有所見也。

【校箋】《戰國策·齊策三》：「齊欲伐魏。淳于髡謂齊王曰：『韓子盧者，天

下之疾犬也。東郭逡者，海內之狡兔也。韓子盧逐東郭逡，環山者三，騰山者五，兔極於前，犬廢於後，犬兔俱罷，各死其處。田父見之，無勞勌之苦，而擅其功。今齊、魏久相持，以頓其兵，弊其眾，臣恐強秦大楚承其後，有田父之功。』」

682·今臣志狗馬之微功，竊自惟度，終無伯樂韓國之舉，是以於邑而竊自痛者也。

陸善經曰：□在効狗馬之用，以□微功忠於□。猶煩怨也。

《求通親親表》一首

683·群臣百僚，幡（休遞上）。

陸善經曰：番休，爲番次而歸休也。

【校箋】正文「休遞上」原缺，據胡刻、叢刊補。

684·親理之路通，慶予之情展，誠可謂恕己治人，推惠施恩者矣。

陸善經曰：因歸□□□存問於親□也。

【校箋】正文「之情展」原缺，據胡刻、叢刊補。

685·然天寔爲之，謂之何哉！

陸善經曰：《詩·鄁風》□辭。言無所□□□□。

【校箋】見《毛詩·邶風·北門》。鄁，同「邶」。

686·退省諸王，常有戚戚具尔之心。

陸善經曰：具，俱。尔，語助也。言常憂念無相遠離，欲俱在此也。

687·解（朱組），佩青紱。

陸善經曰：《礼記》云：「侯伯佩山玄玉而朱組綬。」□□□□□紱也。

【校箋】正文「朱組」原漫漶，據胡刻、叢刊補。《禮記·玉藻》：「公侯佩山玄玉而朱組綬。」

688·是臣懍懍之誠，竊所獨守。

陸善經曰：懍懍，□心皃。

【校箋】□，或爲「小」。李善曰：「《字書》曰：『懍懍，謹敬也。』」胡刻、叢刊本李善注爲「《尙書》傳曰：『懍懍，謹愼也。』」

卷七九

《奏彈曹景宗》一首

689 · 竊尋種猲侵軼，暫擾壇垂，王師薄伐，所向風靡。

陸善經曰：《梁典》云：天監二年魏司州。

【校箋】「魏」後當脫「寇」字。《梁書·曹景宗傳》：「（天監）二年十月，魏寇司州，圍刺史蔡道恭。」

690 · 是以淮徐獻捷，河兗凱歸。

陸善經曰：《梁典》云：進北徐州刺史昌義之冠軍將。先是魏人來侵，義之卻□有功。又云：柳慶遠及魏人戰于小峴，魏人大敗，眾軍凱還。

【校箋】「冠軍將」當為「冠軍將軍」。《梁書·昌義之傳》：「（天監）二年，遷假節、督北徐州諸軍事、輔國將軍、北徐州刺史，鎮鍾離。魏寇州境，義之擊破之。三年，進號冠軍將軍，增封二百戶。」柳慶遠事《梁書》、《南史》無載，唯賴此以存。

691 · 自頂至踵，功歸造化。

陸善經曰：言功非己出也。

692 · 且道恭云逝，城守累旬；景宗之存，一朝弃甲。

陸善經曰：《梁典》：道恭以五月卒，七月城陷。

【校箋】《梁書·蔡道恭傳》：「（天監）三年，魏圍司州。……其年五月（道恭）卒。……先是，朝廷遣郢州刺史曹景宗率眾赴援，景宗到鑿峴，頓兵不前。至八月，城內糧盡，乃陷。」

693 · 惟此庸固，理絕言提。

陸善經曰：庸固，凡庸固陋也。

《奏彈劉整》一首

694 · 謹案齊故西陽內史劉寅妻范，詣臺訴列稱：出適劉氏，廿許年。劉氏喪亡，撫養孤弱，叔郎整，恒欲傷害侵奪。分前奴教子、當伯。

陸善經曰：本狀云「奴教子、當伯」以下，並昭明所略。

【校箋】周勛初認為，此注足以說明，任昉原文當詳載范氏本狀，蕭統錄入

任文時有所刪節。因爲蕭統衡文首重「綜緝辭采，錯比文華」，而范氏本狀用俗語寫成，略無文采，故摘引數語以敘緣起，其下逕行刪略了。由此可見，《文選》此文已經過改削。

695．直以前代外戚，仕因紈袴。

陸善經曰：《齊書》云：高昭劉皇后，廣陵人，祖玄之，父壽之。明敬劉皇后，彭城人，光祿大夫道弘孫。未詳劉整的爲誰族也。

【校箋】《南齊書・皇后列傳》：「高昭劉皇后諱智容，廣陵人也。祖玄之，父壽之。」又「明敬劉皇后諱惠端，彭城人，光祿大夫道弘孫也。」

696．理絕通問，而妄肆醜辭。

陸善經曰：本狀云：「整語婢採音：『其道汝偷車校具，汝何不進猥罵之？』」

697．何其不能折契鍾庾，而襜帷交質。

陸善經曰：本狀云：「整兄子師利往整墅，停十二日。整就范求米六斗哺食，范未還。整自進范所住，取車帷爲質。」據《左傳》：釜，六斗四升。《考工記》：庾，二斗四升。

【校箋】《左傳》昭公三年：「齊舊四量：豆、區、釜、鍾。四升爲豆，各自其四，以登於釜，釜十則鍾。」《周禮・冬官考工記・陶人》：「庾實二㲉，厚半寸，脣寸。」《論語・雍也》：「子曰：『與之釜。』請益。曰：『與之庾。』」馬融注：「六斗四升曰釜。」包咸注：「十六斗曰庾。」

《奏彈王源》一首

698．若乃交二族之和，辯伉合之義，升降窳隆，誠非一揆。

陸善經曰：伉合，伉儷對合也。

699．販鬻祖曾，以爲賈道，明目腆顏，曾無愧畏。

陸善經曰：言以祖曾之勳業，多責娉財，有似商賈之道。

700．祖少卿，內侍帷幄；父璿，升采儲闈，亦居清顯。源頻叨諸府戎禁，豫班通徹。

陸善經曰：言預通侯之班次也。

【校箋】《漢書・高帝紀》應劭注「通侯諸將」曰：「舊曰徹侯，避武帝諱曰

通侯。通亦徹也。通者，言其功德通於王室也。」

701・家計溫足，見託爲息鸞覓婚。王源見告窮盡，即索璋之簿閥。

陸善經曰：簿閥，譜諜簿書有先祖之功伐，猶今家狀也。

702・此風弗剪，其源遂開，點世塵家，將被比屋。

陸善經曰：點辱於世，塵汙家風，將被比屋之人可封之化。言風俗革也。

703・臣等參議，請以見事免源所居官，禁錮終身，輒下禁止視事如故。

陸善經曰：禁止不許從朝班視事，則依舊。

《荅臨淄侯牋》一首

704・楊德祖

陸善經曰：《典略》云：楊脩，字德祖，少謙恭有材學，早流奇譽。魏武爲丞相，轉主簿。軍國之事，皆預焉。脩思謀深長，常豫爲荅教。故猜而忌焉。初臨淄侯植有代嫡之議，脩厚自委昵。深爲植所親重。太子亦愛其才。武帝慮脩多譎，恐終爲禍乱。又以袁氏之甥，遂因事誅之。

【校箋】《三國志・魏書・曹植傳》：「太祖既慮終始之變，以楊脩頗有才策，而又袁氏之甥也，於是以罪誅脩。」裴松之注引《典略》曰：「楊脩字德祖，太尉彪子也。謙恭才博。建安中，舉孝廉，除郎中，丞相請署倉曹屬主簿。是時，軍國多事，脩總知外內，事皆稱意。自魏太子已下，並爭與交好。又是時臨菑侯植以才捷愛幸，來意投脩，數與脩書。」《後漢書・楊震傳附玄孫脩傳》李賢注引《續漢書》曰：「人有白脩與臨淄侯曹植飲醉共載，從司馬門出，謗訕鄢陵侯章。太祖聞之大怒，故遂收殺之，時年四十五矣。」

705・若此仲山周旦，爲皆有譽邪！

陸善經曰：「肅肅王命，仲山父將之邦國若否？仲山父明之。」此吉甫美仲山父之德，故通乎爲仲山父詩。

【校箋】《毛詩・大雅・烝民》序：「《烝民》，尹吉甫美宣王也。」又「肅肅王命，仲山甫將之邦國若否？仲山甫明之。」

706・君侯忘聖賢之顯迹，述鄙宗之過言，竊以爲未之思也。

陸善經曰：「肅肅王命，仲山父將之邦國若否？仲山父明之。」此吉甫美仲山父之德，故通乎爲仲山父詩。

【校箋】此條與上一條完全相同，且據正文不當爲此注，是誤抄之。

《與魏文帝牋》一首

707・聲悲舊笳，曲美常均。

陸善經曰：《樂汁圖徵》云：均，長八尺，施絃以調六律。

708・胡欲懍其所不知，尙之以一曲，巧竭意遺，既已不能。

陸善經曰：《左傳》云：王欲懍叔向以其所不知而不能。

【校箋】見《左傳》昭公五年，「懍」作「敔」。

《荅東阿王牋》一首

709・夫聽白雪之音，觀綠水之節，然東野巴人，蚩鄙益著。

陸善經曰：孟子荅咸丘蒙問曰：「此非□子言，齊東野人之語。」《風俗通》云：「俗有不□□語，謂之東野之言。」巴人，曲之鄙者。

【校箋】「非」後之「□」，當爲「君」。《風俗通義校注・佚文》王利器案：□□疑「經之」二字。

《孟子・萬章》：「孟子（荅咸丘蒙問）曰：『否。此非君子之言，齊東野人之語也。』」引《風俗通義》當其佚文。

卷八五

《與山巨源絕交書》一首

710・阮嗣宗口不論人，吾每師之，而未能及。至性過人，與物無傷，唯飲酒過差耳。

陸善經曰：《晉書》云：籍不臧否人物，至性孝（性）也。

【校箋】「孝」後「性」字衍。「至性孝」乃「性至孝」之倒。見《晉書・阮籍傳》。

711・又不識人情，闇於機宜；無萬石之愼，而有好盡之累。

陸善經曰：丘遲曰：好盡，謂好盡直言。

【校箋】是丘遲注《與山巨源絕文書》，抑或他注，未可知。

712・臥憙晚起，而當關呼之不置，一不堪也。

陸善經曰：當關，主關閉者。諸門卆置上也，呼之不止也。

【校箋】卆，同「卒」。《龍龕手鑑・十部》：「卆」，「卒」的俗字。李善注引《東觀漢記》曰：「汝郁再徵，載病詣公車。尚書敕郁自力受拜。郁乘輦，白衣詣止車門。臺遣兩當關扶郁，入拜郎中。」鈔引《東觀漢記》云：「當關，卒名也。古者，臣欲朝時，當關卒呼之。」

713・抱琴行吟，弋釣草野，而吏卒守之，不得妄動，二不堪也。危坐一時，痺不（不）得搖，性復多蝨，把搔無已，而當裹以章服，揖拜上官，三不堪也。

陸善經曰：言在官不得簡率。守，謂隨從也。《周官》：六服各有章數。

【校箋】據胡刻、叢刊本正文後「不」字衍。

《周禮・天官・內司服》：「內司服掌王后之六服。」

714・不憙弔喪，而人道以此爲重，己爲未見恕者所怨，至欲見中傷者。

陸善經：言爲不體恕者所怨，乃欲相傷也。

715・欲降心順俗，則詭故不情。

陸善經曰：詭，詐也。不情，非情實。

【校箋】《孫子兵法・計》：「兵者，詭道也，故能而示之不能。」

716・不憙俗人，而當與之共事，或賓客盈坐，鳴聲聒耳，囂塵臭處，千變百妓，在人目前，六不堪也。

陸善經曰：從官則与共事也。

【校箋】原爲「從官則与共事今也案」，「今」與「也」互倒。

717・又每非湯武而薄周孔，在人間不止，此事會顯世教所不容，此甚不可一也。

陸善經曰：晉氏方欲遵湯武革命而非之，周孔以礼義教人而薄之，故不爲女所容也。

718・剛腸疾惡，輕肆直言，遇事便發，此甚不可二也。

陸善經曰：《左傳》：伯宗妻曰：「子好直言，必及於難也。」

【校箋】見《左傳》成公十五年。

719・以促中小心之性，統此九患，不有外難，當有內病，寧可久處人間邪！

陸善經曰：促中小心，言偏狹也。

720・吾頃學養生之術，方外榮華，去滋味，逝心於寂漠，以無爲爲貴。縱無九患，尚不顧足下所好者。

陸善經曰：外榮華，謂以榮華爲外事也。

721・自卜已審，若道盡塗窮則已耳。足下無事冤之，令轉於溝壑。

陸善經曰：謂来至塗窮之地，幸無冤枉，令至溝壑也。

722・吾新失母兄之歡，意常悽切，女年十三，男年八歲，未及成人，況復多病，顧此恨恨，如何可言！

陸善經曰：男子以冠，女以笄爲成人（人）也矣（矣也）。

【校箋】後「人」及文尾「矣也」衍。

《禮記・曲禮上》：「男子二十冠而字。……女子許嫁，笄而字。」鄭玄注：「以許嫁爲成人。」

723・今但願守陋巷，教養子孫，時時與親舊敘闊，陳說平生，濁酒一杯，彈琴一曲，志願畢矣。足下若嬲，之不置，不過欲爲官得人，以益時用耳。

陸善經曰：不置，不相捨置也。

724・足下舊知吾潦倒麤疏，不切事情，自惟亦皆不如今日之賢能也。

陸善經曰：盖濤表薦，言其賢。

725・若吾多困，欲離事自全，以保餘年，此眞所乏耳。

陸善經曰：言高材無不通而不營者，則可貴耳。如己欲離事，乃性之所乏也。

726・願足下勿似之。其意如此，既以解足下，并以爲別。嵇康白。

陸善經曰：勿似暴背獻芹之意。

【校箋】《列子・楊朱》：「昔者宋國有田夫，常衣緼黂，僅以過冬。暨春東

作，自曝於日，不知天下之有廣廈隩室，綿纊狐貉。顧謂其妻曰：『負日之暄，人莫知者；以獻吾君，將有重賞。』里之富室告之曰：『昔人有美戎菽，甘枲莖芹萍子者，對鄉豪稱之。鄉豪取而嘗之，蜇於口，慘於腹，眾而怨之，其人大慙。子，此類也。』」

《爲石仲容與孫皓書》一首

727・材狼抗爪牙之毒，生人陷荼炭之艱。

　　陸善經曰：荼，苦也。《書》云：民墜塗炭也。

　　【校箋】《說文解字・艸部》：「荼，苦荼也。」引《書》見《尙書・仲虺之誥》。

728・於是九州絕貫，皇綱解紐。

　　陸善經曰：絕貫、解紐，言離散也。

729・協建靈符，天命既集。

　　陸善經曰：靈符，謂興王符命也。

730・土則神州中岳，器則九鼎猶存。

　　陸善經曰：神州中岳，言得正統也。九鼎，夏禹所鑄，歷代共寶也。

　　【校箋】《史記・孟子荀卿列傳》：「中國名曰赤縣神州。」《左傳》桓公二年：「武王克商，遷九鼎于雒邑。」

731・內傲帝命，外通南國，乘桴倉流，交疇貨賄，葛越布於朔土，貂馬延乎吳會。

　　陸善經曰：《吳志》云：「魏遼東太守公孫淵遣使稱蕃，并獻貂馬。」。

　　【校箋】《三國志・吳書・吳主權傳》：「（嘉禾元年）冬十月，魏遼東太守公孫淵遣校尉宿舒、閬中令孫綜稱藩於權，并獻貂馬。」

732・然後遠迆壇場，列郡大荒。

　　陸善經曰：遠迆壇場，開疆界。迆，及遠也。

733・三江五湖，浩汗無涯，假氣遊魂，迄于四紀。

　　陸善經曰：假氣遊魂，以病者爲喻，言近於滅亡。

　　【校箋】李善注引魏明帝《善哉行》曰：「權實豎子，備則亡虜，假氣游魂，

鳥魚爲伍。」

734 · 稜威奮伐，采入其阻。

陸善經曰：采，古「深」也。

【校箋】《毛詩·商頌·殷武》：「采入其阻，裒荊之旅。」毛傳曰：「采，深。」

735 · 球琳重錦，充於府庫。

陸善經曰：《左傳》注曰：重錦，錦之熟細者。

【校箋】見《左傳》閔公二年：「重錦三十兩。」杜預注。

736 · 夫虢滅虞亡，韓并魏（此）從，此皆前鑒之驗，後事之師也。

陸善經曰：《史記·魏世家》云：「秦將商鞅詐我公子卬，襲其軍，破之。於是徙大梁。」韓并，謂与秦爲爲也。是時韓未亡。

【校箋】正文前「此」字，涉下衍。後「爲」當爲別字所錯。

今《史記·魏世家》作：「秦將商君詐我將軍公子卬而襲奪其軍，破之。秦用商君，東地至河，而齊、趙數破我，安邑近秦，於是徙治大梁。」

737 · 又南中呂興，深覩天命，蟬蛻內向，願爲臣妾。

陸善經曰：言背吳歸魏如蟬之蛻。

738 · 而徘徊危國，冀延日月，此猶魏武侯却指河山以自強大，殊不知物有興亡，則所美非其地也。

陸善經曰：所美非其地，言爲敵人所有。

739 · 荊楊兗豫，爭驅八衝；征東甲卒，虎步秣陵。

陸善經曰：八衝，八方衝突。秣陵，吳所都。

740 · 士卒奔邁，其會如林。

陸善經曰：如林，言盛也。

741 · 《與嵇茂齊書》一首

趙景眞

陸善經曰：《晉書》云：「趙至論議精辨，縱橫才氣。遼西舉郡計吏，到洛，與父相遇。時母已亡，父欲令其官立，弗之告，仍戒以不歸，至乃

還遼西。太康中，以良吏赴洛，方知母亡，號慟歐血。」干寶《晉紀》以爲呂安與嵇康書。詳其書意，自「吾子植根芳苑」已下，則非与康明矣。

【校箋】《晉書・文苑・趙至傳》：「至身長七尺四寸，論議精辯，有從橫才氣。遼西舉郡計吏，到洛，與父相遇。時母已亡，父欲令其宦立，弗之告，仍戒以不歸，至乃還遼西。幽州三辟部從事，斷九獄，見稱精審。太康中，以良吏赴洛，方知母亡。初，至自恥士伍，欲以宦學立名，期於榮養。既而其志不就，號憤慟哭，歐血而卒，時年三十七。」

742・惟別之後，離群獨逝，背榮宴，辭倫好，經迴路，涉沙漠。鳴雞戒旦，則飄尔晨征；

陸善經曰：倫好，友明也。

【校箋】「明」乃「朋」之訛。

743・日薄西山，則馬首靡託。

陸善經曰：馬首靡託，言止宿無所也。

744・徘徊九皋之內，慷慨重阜之巓，

陸善經曰：九皋，謂皋（謂皋）澤之中（之）。

【校箋】後「謂皋」及後「之」字皆衍文。

《毛詩・小雅・鶴鳴》：「鶴鳴于九皋。」毛傳：「皋，澤也。」鄭玄箋云：「皋，澤中水溢出所爲坎。自外數至九，喻深遠也。」

745・至若蘭芷傾頓，桂林移植，根萌未樹，牙淺絃急，常恐風波潛駭，危機密發，斯所以忧惕於長衢也。

陸善經曰：蘭桂傾移，喻身之往遼土。根萌未樹，故恐風波潛駭。牙淺弦急，故懼危機密發。皆慮未及安，而逢禍。禍，難也。

746・今將植橘柚於玄朔，蒂華藕於修陵，表龍章於裸壤，奏韶武於聲俗，固難以取貴矣。

陸善經曰：皆言才非所宜。

747・飄颻遠游之士，託身無人之鄉，惣轡遐路，則有前言之艱；懸峯

陋宇，則有後慮之戒；

陸善經曰：後慮之戒，謂「投人夜光」已下。

748· 肆目平隰，則遼廓而無覿；極聽修原，則淹寂而無聞。吁其悲矣！心傷悴矣！然後乃知步驟之士，不足爲貴也。若迺顧景中原，憤氣雲踊，哀物悼世，激情風烈，龍睇大野，虎嘯六合，猛氣紛紜，雄心四據，

陸善經曰：步驟，言卑賤之職也。

749· 蹴崐崘使西倒，蹋太山令東覆，平滌九區，恢廓宇宙，斯亦吾之鄙願也。

陸善經曰：自言有經濟之才（才）也。

【校箋】後「才」字衍。

750· 時不我與，垂翼遠逝，

陸善經曰：垂翼遠逝，不得志之遼西也。

【校箋】《周易·明夷》：「明夷于飛垂其翼。」王弼注：「絕跡匿形，不由軌路，故曰明夷于飛。懷懼而行，行不敢顯，故曰垂其翼也。」

751· 從容顧眄，綽有餘裕，俯仰吟嘯，自以爲得志矣，豈能與吾同丈夫之憂樂者哉！

陸善經曰：言其榮宦自得。

752· 悠悠三千，路難涉矣！攜手之期，邈無日矣！思心弥結，誰云釋矣！無金玉尔音，而有遐心。

陸善經曰：言無惜音問，而有遐遠之心。

【校箋】《毛詩·小雅·白駒》：「毋金玉爾音，而有遐心。」

753· 身雖胡越，意存斷金。

陸善經曰：身雖遠而心意同。

754· 各敬尔儀，敦履樸沉，

陸善經曰：令其履質樸沉深之志。

卷八八

《檄吳將校部曲文》一首

755 · 譬猶鷇卵，（始生翰毛，而）便陸梁放肆，顧行吠主。

陸善經曰：陸梁，跳梁也。伐□□同。

【校箋】正文「始生翰毛而」據胡刻、叢刊本補。

《文選·西京賦》：「怪獸陸梁。」薛綜注：「陸梁，東西倡佯也。」

756 · 亢衡上國，與晉爭長，都城屠於勾踐，武卒散於黃池，終於覆滅，身磬越軍。

陸善經曰：鄭玄注《禮》云：「懸縊殺之曰磬。」謂夫差縊而死也。

【校箋】「亢」前脫「及其」二字，據胡刻、叢刊本補。

引鄭玄注見《禮記·文王世子》：「公族其有死罪，則磬于甸人。」之下。

757 · 是後大軍所以臨江而不濟者，以韓約馬超逋逸迸脫，走還涼州，復欲鳴吠。

陸善經曰：《魏志》曰：馬超在漢陽，復因羌、胡為害，使夏侯淵討之。超奔漢中，後入蜀。

【校箋】《三國志·魏書·武帝紀》：「馬超在漢陽，復因羌、胡為害，氐王千萬叛應超，屯興國。使夏侯淵討之。十九年春正月，始耕籍田。南安趙衢、漢陽尹奉等討超，梟其妻子，超奔漢中。」

758 · 偏將涉隴，則建約梟夷，旗首萬里；

陸善經曰：《魏志》云：「使夏侯淵討建。屠枹罕，斬建首，涼州平。」又云：「韓遂與夏侯滅淵戰，大破之，得其旌麾，遂走西平。西平、金城諸將麴演、蔣石等共斬送遂首。」

【校箋】《三國志·魏書·武帝紀》：「遣夏侯淵自興國討之（宋建）。冬十月，屠枹罕，斬建，涼州平。……韓遂徙金城，入氐王千萬部，率羌、胡萬餘騎與夏侯淵戰，擊，大破之，遂走西平。……西平、金城諸將麴演、蔣石等共斬送韓遂首。」

759 · 鉦鼓一動，二方俱定，利盡西海，兵不鈍鋒。若此之事，皆上天威明，社稷神武，非徒人力所能立也。

陸善經曰：二方，隴右漢中也。

760 · 夫擊鳥先高，攫鷙之勢也；牧野之威，孟津之退也。

陸善經曰：言初退以養威，後舉必大尅。牧野，武王敗紂之所。

【校箋】《史記·殷本紀》：「周武王於是遂率諸侯伐紂。紂亦發兵距之牧野。甲子日，紂兵敗。」

761 · 至於枝附葉從，皆非詔書所特禽疾。

陸善經曰：言詔書之意，但誅首惡，其附從者不之罪也。

762 · 昔袁術僭逆，王誅將加，則廬江太守劉勳先舉其郡，還歸國家。

陸善經曰：《魏志》云：建安二年，袁術欲稱帝於淮南。公擊術於陳，敗之。

【校箋】《三國志·魏書·武帝紀》：「袁術欲稱帝於淮南……（建安二年）秋九月，術侵陳，公東征之。術聞公自來，棄軍走，留其將橋蕤、李豐、梁綱、樂就；公到，擊破蕤等，皆斬之。術走渡淮。公還許。」

763 · 呂布作亂，師臨下邳，張遼侯成，率眾出降，

陸善經曰：《魏志》曰：太祖自征布，塹圍之，其將侯成將其眾降。

【校箋】《三國志·魏書·呂布傳》：「太祖塹圍之三月，上下離心，其將侯成、宋憲、魏續縛陳宮，將其眾降。」

764 · 圍守鄴城，則將軍蘇游反為內應，

陸善經曰：《魏志》為「此由」，恐誤也。

【校箋】此，當作「蘇」。

《三國志·魏書·袁紹傳附子尚傳》：「尚使審配、蘇由守鄴，復攻譚平原。太祖進軍將攻鄴，到洹水，去鄴五十里，由欲為內應。」

765 · 而周盛門戶無辜被戮，遺類流離，湮沒林莽，言之可為愴然，

陸善經曰：《張紘集》有《酹周泰明文》。

【校箋】《三國志·吳書·張紘傳》：「紘著詩賦銘誄十餘篇。」《隋書·經籍志》、《舊唐書·經籍志》、《新唐書·藝文志》皆著錄《張紘集》一卷。《義門讀書記》卷四十九：「周泰明是周昕字。」《三國志·吳書·孫靜傳》：「策破（周）昕等，斬之，遂定會稽。」裴松之注引《會稽典錄》曰：「昕，字大明。少游京師，師事太傅陳蕃，博覽羣書，明於風角，善推災異。」

766 · 籌量大小，以存易亡，亦其次也。

陸善經曰：籌量，謂知國之危，委身歸降。《公羊傳》云：「祭仲許宋人立勵公權也。從其言，則君可以生易死，國可以存易亡。

【校箋】《公羊傳》桓公十一年：「祭仲將往省于留，塗出于宋。宋人執之。謂之曰：『為我出忽而立突。』祭仲不從其言，則君必死，國必亡。從其言，則君可以生易死，國可以存易亡。」

《檄蜀文》一首

767 · 此三祖所以顧懷遺志也。

陸善經曰：言恨化不及也。

768 · 征西雍州鎮西諸軍，五道並進。

陸善經曰：《魏志》云：「詔使征西將軍鄧艾督諸軍，趣甘松、沓中，雍州刺史諸葛緒督諸軍趣武街、喬頭，鎮西將軍鍾會統眾十餘万，分從斜谷、騷谷入。魏興太守鄧歆趣子午。」五道，謂鎮西分軍。

【校箋】喬頭，當作「橋頭」。騷谷，當作「駱谷」。鄧歆，或當作「劉欽」。《三國志》中無「喬頭」、「騷谷」，多處皆有「橋頭」、「駱谷」。亦無「鄧歆」，但亦僅有一處「劉欽」，未知孰是。

《三國志·魏書·少帝紀·陳留王奐》：「詔曰：『今使征西將軍鄧艾督帥諸軍，趣甘松、沓中以羅取維，雍州刺史諸葛緒督諸軍趣武都、高樓，首尾蹙討。若擒維，便當東西並進，掃滅巴蜀也。』又命鎮西將軍鍾會由駱谷伐蜀。」又《鍾會傳》：「（景元）四年秋，乃下詔使鄧艾、諸葛緒各統諸軍三萬餘人，艾趣甘松、沓中連綴維，緒趣武街、橋頭絕維歸路。會統十餘萬眾，分從斜谷、駱谷入。……魏興太守劉欽趣子午谷。」

769 · 是以微子去商，長為周賓；

陸善經曰：《論語》曰：「微子去之。」《書·微子之命》云：「作賓于王家，与國咸休也。」

【校箋】引《論語》見《微子》。《尚書》今句末無「也」字，同 183 之例。

770 · 陳平背項，立功於漢。

陸善經曰：《史記》云：陳平降漢，拜平為都尉。後為丞相。

【校箋】《史記·陳丞相世家》：「平遂至修武降漢，……是日乃拜平為都尉。」

771·文欽唐咨爲國大害，叛主讎賊，還爲戎首。咨困逼禽獲，欽二子還降，皆將軍封侯，咨豫聞國事。

陸善經曰：《魏志》云：揚州刺史前將軍文欽，亡入吳。吳爲將軍。及諸葛誕反淮南，吳遣欽及唐咨將兵應之。欽素与誕有隙，徒以計合，事急疑。誕遂殺欽。咨本利城人。黃初中，利城郡反，殺太守，推咨爲主。兵敗入吳，至左將軍。

【校箋】《三國志·魏書·毌丘儉傳》：「揚州刺史前將軍文欽，曹爽之邑人也。……欽亡入吳，吳以欽爲都護、假節、鎮北大將軍、幽州牧、譙侯。」又《諸葛誕傳》：「（甘露）二年五月，徵爲司空。誕被詔書，愈恐，遂反。……吳人大喜，遣將全懌、全端、唐咨、王祚等，率三萬眾，密與文欽俱來應誕。……欽素與誕有隙，徒以計合，事急愈相疑。欽見誕計事，誕遂殺欽。」又《諸葛誕傳附唐咨傳》：「唐咨本利城人。黃初中，利城郡反，殺太守徐箕，推咨爲主。文帝遣諸軍討破之，咨走入海，遂亡至吳，官至左將軍，封侯、持節。」

772·難

陸善經曰：難，詰問之。

773·《難蜀父老》一首

陸善經曰：《史記》云：是時邛筰之君長聞南夷與漢通，得賞賜多，欲願爲內臣，請吏，比南夷。天子問相如，相如言其便，乃拜相如爲郎中將，建節往。便略定西夷，邛、筰、冄、駹、斯榆之君皆請爲內臣。邊關益斥，西至沫、若水，南至样柯爲徼，以通邛都。還報天子，天子大悅。相如使時，蜀長老多言通西南夷之不爲用，唯大臣亦以爲然。相如欲諫，業已建之，不敢，乃著書，籍以蜀父老爲辭，而己詰難之，風天子，且因宣其使指，令百姓知天子之意也。

【校箋】《史記·司馬相如傳》：「是時邛筰之君長聞南夷與漢通，得賞賜多，多欲願爲內臣妾，請吏，比南夷。天子問相如，相如曰：『邛、筰、冄、駹者近蜀，道亦易通，秦時嘗通爲郡縣，至漢興而罷。今誠復通，爲置郡縣，愈於南夷。』天子以爲然，乃拜相如爲中郎將，建節往使。……司馬長卿便略定西夷，邛、筰、冄、駹、斯榆之君皆請爲內臣。除邊關，關益斥，西至沫、若水，南至牂柯爲徼，通零關道，橋孫水以通邛都。」還報天子，

天子大說。……相如使時，蜀長老多言通西南夷不爲用，唯大臣亦以爲然。相如欲諫，業已建之，不敢，乃著書，籍以蜀父老爲辭，而己詰難之，以風天子，且因宣其使指，令百姓知天子之意。」

774 · 群生霑濡，洋溢乎方外。

陸善經曰：洋溢方外，言多也。

775 · 結軌還轅，東鄉將報。

陸善經曰：結軌旋車，其轍如結也。

776 · 蓋世必有非常之人，然後有非常之事；有非常之事，然後有非常之功。非常者，固常人之所異也。故曰：非常之先，黎民懼焉；

陸善經曰：非常之初，變易法制，故人懼也。

777 · 民人升降移徙，崎嶇而不安。

陸善經曰：人皆避水居丘阜也。

778 · 決江疏河，灑沉澹灾，東歸之於海，而天下永寧。

陸善經曰：灑，分也，謂分其流。字亦作「漸」，又作「灖」。澹，靜也，言能靜水灾也。

【校箋】據陸注，陸善經本《文選》正文作「灑沉」。

《廣雅·釋詁一》：「澹，安也。」

779 · 心煩於慮，而身親其勞；躬胝胼無胈，膚不生毛。

陸善經曰：躬，身也。一本無「胝」字。胝，胼胝也。胈，膚上細文也。

【校箋】《爾雅·釋詁下》：「躬，身也。」

780 · 故馳騖乎兼容并包，

陸善經曰：兼容并包，容納包含之也。

781 · 而勤思乎參天貳地。

陸善經曰：《禮》曰：「三王之德，參於天地。」參，三也。天地與聖人爲王，此言貳地，亦謂聖人與地二，并天則爲三也。

【校箋】引《禮》見《禮記·孔子閒居》子夏語。

782 · 而夷狄殊俗之國，遼絕異黨之域，舟車不通，人迹罕至，政教未

加，流風猶微。

陸善經曰：流風，謂風化流及也。

【校箋】《孟子‧公孫丑上》：「其故家遺俗，流風善政，猶有存者。」

783‧戾夫爲之垂涕，況乎上聖，又焉能已？

陸善經曰：戾夫，暴戾之人。

784‧故北出師以討強胡，南馳使以誚勁越。四面風德，二方之君，鱗集仰流，

陸善經曰：回首向風化。

785‧鏤靈山，梁孫原。

陸善經曰：鏤，謂鑿通也。

786‧夫拯民於沉溺，奉至尊之休德，反衰世之陵夷，繼周氏之絕業，天子之亟務也。

陸善經曰：亟，急也。

【校箋】《毛詩‧豳風‧七月》：「亟其乘屋，其始播百穀。」鄭玄箋：「亟，急。」

787‧觀者未覿旨，聽者未聞音，猶鷦鵬已翔乎寥廓之宇，而羅者猶視乎藪澤，悲夫！

陸善經曰：言觀聽者不覿其意也。

788‧敝冈靡徙，遷延而辭避。

陸善經曰：靡徙，靡然而退也。

卷九一

《豪士賦序》一首

789‧（是故苟時啓於天，理盡於民，）

陸善經曰：時啓於天，天將與之也。理盡於人，人皆歸之也。《左傳》云：「以是始賞。天啓之也。」

【校箋】《文選集注》正文缺，據胡刻、叢刊本補。據陸注，「民」或爲「人」。

《左傳》閔公元年：「以是始賞。天啓之矣。」

790‧（則申宮警守，以崇不畜之威；）

陸善經曰：□□□□□不素積故更崇之。

【校箋】正文缺，據胡刻、叢刊本補。

791‧（眾心日陊），危機將發，（而方）倨（仰）瞪（眄，謂）足以夸（世），

陸善經曰：陊，陊落也。言人心不□。

【校箋】正文所缺之字，據胡刻、叢刊本及陸注補。

《說文解字‧𨸏部》：「陊，落也。」

792‧（是以事窮運盡，必）於顛仆；風（起）塵合，而（禍）至常酷也。

陸善經曰：風起塵合，喻兵亂也。常酷，即誅戮也。

【校箋】正文所缺之字，據胡刻、叢刊本及陸注補。

793‧而

陸善經曰：

【校箋】此注內容皆漫漶，且無法斷定其字數。單注「而」字的可能性極小，或抄寫之誤，「而」字當在陸注一行之末。胡刻、叢刊「而」皆下屬於「大欲不乏於身」。則此乃前文「則巍巍之盛，仰邈前賢，洋（洋）之風，俯冠來籍」之注。

794‧大欲不乏於身，至（樂無愆乎）舊，節弥劭而德弥廣，（身）逾逸而名逾劭。

陸善經曰：《孟子》：「齊王曰：『將以求□□大欲。』」《莊子》云：「至樂迺假□。」

【校箋】正文所缺之字，據胡刻、叢刊本及陸注補。據《孟子》，「□□」當作「吾所」。

《孟子‧梁惠王上》：「（齊）王曰：『將以求吾所大欲也。』」引《莊子》，今本無此語。

795‧此之不為，（彼）之必（昧），

陸善經曰：此□□□□□□□□□也。

【校箋】正文「彼」、「昧」二字，據胡刻、叢刊本補。

顏延年《三月三日曲水詩序》一首

796 · 夫方策既載，皇王之迹已殊；鐘石畢陳，舞詠之情不一。

　　陸善經曰：方，板。策，簡也。皆記事所書□。

797 · 祐世貽統，固万葉而爲量者也。

　　陸善□□：□□□□□□□□□□□□國制人□□□□□□□□□
　　□□□□□也守明□□言其事既殊，所聞□□然立□□□□皆尙其□以
　　□其位欲後□之長□□□□宗得，故遠述焉。

　　【校箋】「善」後「□□」當作「經曰」。

798 · 有宋函夏，帝圖弘遠。

　　陸善經曰：帝圖，帝王圖錄也矣。

　　【校箋】李善注引《孝經鉤命决》：「丘乃授帝圖，掇秘文。」

799 · 高祖以聖武定鼎，規同造物；

　　陸善經曰：《宋書》云：「高祖武皇帝諱裕。」定鼎，□登帝位。

　　【校箋】見《宋書 · 武帝紀》。「□」或當作「謂」。

800 · 皇上以叡文承歷，景屬宸居。

　　陸□□□：□□□□□□□□□□□□□□□□□□□。

　　【校箋】「陸」後「□□□」當作「善經曰」。

801 ·（隆周）之卜既永，宗漢之兆在焉。

　　陸善經曰：文帝以宜都王入纂天位，如漢文從代卜得□橫之兆（兆）也。

　　【校箋】正文「隆周」二字，據胡刻、叢刊本補。「□」當作「大」。後「兆」
　　字衍。

　　《宋書 · 文帝紀》：「永初元年，封宜都王。……（景平二年八月）丁酉，還
　　於中堂即皇帝位。」《史記 · 孝文本紀》：「卜之龜，卦兆得大橫。占曰：『大
　　橫庚庚，余爲天王，夏啓以光。』代王曰：『寡人固已爲王矣，又何王？』
　　卜人曰：『所謂天王者乃天子。』」

802 · 正體毓德於少陽，王宰宣哲於（元）輔。

　　陸善經曰：王宰，謂彭城王義□爲冢宰。元輔，上公也。《宋書》云：
　　「立皇子邵爲太子。」

【校箋】正文「元」字，據胡刻、叢刊補。「□」當爲「康」。「邵」當作「劭」。

《宋書・文帝紀》:「(元嘉六年) 三月丁巳，立皇子劭爲皇太子。……(元嘉九年六月) 戊寅，司徒、南徐州刺史彭城王義康改領揚州刺史。……(元嘉十六年春正月)庚寅，司徒、錄尚書事、揚州刺史彭城王義康進位大將軍，領司徒，餘如故。」此文作於元嘉十一年三月，其時彭城王義康權勢正盛。

803・晷緯昭應，山瀆効靈。

陸善經曰：昭應，謂其行不著。効靈，見祥瑞。

804・五方雜遝，四隩来暨。

陸善經曰：□□□□也。

805・選賢（建戚，則宅之於茂典）；施命發號，必酌之於故實。

陸善經曰：《礼記》云：「□酌□□。」

【校箋】正文所缺之字，據胡刻、叢刊本補。□酌□□，當作「上酌民言」。

《禮記・坊記》:「子云：『上酌民言，則下天上施。』」

806・章程明密，品式周備。

陸善經曰：如淳《漢書》注云：章者，暦數章術。程者，權衡尺丈□斗之平法也。

【校箋】□，當作「斛」。

《漢書・高帝紀》:「張蒼定章程。」如淳曰：「章，曆數之章術也。程者，權衡丈尺斗斛之平法也。」

807・禎莖素毳，并柯共穗之瑞，史不絕書；棧山杭海，踰沙軼漠之貢，府無虛月。

陸善經曰：共穗、異畝同穎其事亦見《宋志》。

【校箋】《宋書・符瑞志下》:「嘉禾，五穀之長，王者德盛，則二苗共秀。於周德，三苗共穗。……孝建二年九月己丑朔，嘉禾異畝同穎生齊郡廣饒縣。」

808・烈燧千城，通驛万里。穹居之君，內首稾朔；卉服之酋，迴面受吏。

陸善經曰：《說文》云：「燧，塞上亭守燧火者。」酋，長也。受（是）吏，請置吏。

【校箋】「是」字涉下正文「是以」衍。《說文解字·火部》：「燧，燧燧，候表也，邊有警則舉火。」

809·是以異人慕響，俊民間出；

陸善經曰：異人，奇異之人。

【校箋】《漢書·公孫弘卜式兒寬傳》：「贊曰：『羣士慕嚮，異人並出。』」

810·警（躍清夷），表裏悅穆。

陸善經曰：既□□清平無所警戒，□外皆悅樂而和穆也。

【校箋】正文「躍清夷」，據胡刻、叢刊補。

811·將徙縣中宇，張樂岱郊。

陸善經曰：縣，天子所□□□□□□縣。

812·增類帝之壇，飾礼神之館，塗歌邑誦，以望屬車之塵者久矣。

陸善經曰：增封禪太山，加飾祭礼，則望幸也矣（也）。

【校箋】末尾「也」字衍。

813·日躔胃維，月軌青陸。

陸善經曰：維，謂初首也。

814·皇祇發生之始，后王布和之辰，

陸善經曰：《月令》：「（香）季春，天子布德行惠。」

【校箋】「香」字衍。

《禮記·月令》：「（季春之月，）天子布德行惠。」

815·思對上靈之心，以惠庶萌之願。加以二王于邁，出餞戒告，

陸善經曰：庶眾，萌民也。《詩》云：「周王于邁。」

【校箋】見《毛詩·大雅·棫樸》。

816·有詔掌故，爰命司曆，

陸善經曰：掌故，主故事，謂礼官司曆擇吉日也。

【校箋】《漢書·司馬相如傳》載《封禪書》：「宜命掌故悉奏其儀而覽焉。」

顏師古曰：「掌故，太常官屬，主故事者。」

817 · 南除輦道，北清禁林，左關巖陰，右梁潮源。

陸□□□：《宋略》云：「禊飲于樂遊苑，在覆舟山鍾山西，泛自湖□北改爲上林苑。」徐爰《釋問》云：「建康南卅里有□山，淮溪水上源西通城北，壅名湖溝，水上有橋梁。」

【校箋】「□□□」當爲「善經曰」。「□山」當爲「鍾山」。《文選·鍾山詩應西陽王教》李善注引徐爰《釋問略》曰：「建康北十里有鍾山。」

818 · 曶亭皋，跨芝厘，苑太液，懷曾山。

□善經曰：曶，巡行□名也。太液，西□池名。《書》云：「懷山襄陵。」注云：「懷，包也。」

【校箋】「善經」前「□」當爲「陸」。「□名」，當爲「之名」。「西□池」或當爲「西瑤池」。

《左傳》隱公五年：「吾將略地焉。」杜預注：「略，惣攝巡行之名。」引《書》及注見《尚書·堯典》

819 · 松石峻塏，蔥翠陰烟，游泳之所攢萃，翔驟之所往還。

陸善經曰：峻塏，險峻累塊也。游泳，鱗甲之屬。翔驟，鳥獸之類也（鳥獸之類也）矣。

【校箋】後「鳥獸之類也」衍。

820 · 於是離（宮設衛，別）殿周徹，

陸善經曰：於禊飲所設周衛也。

【校箋】正文所缺，據胡刻、叢刊本補。

821 · 旌門洞立，延帷接柸，

陸善經曰：洞，通。延，長也。

822 · 閱水環階，引池分席。

陸善經曰：分，布也。引流水於階席之間，列坐□□□□曲水也。

823 · 春官聯事，蒼靈奉塗。

陸善經曰：《月令》：春，其神句芒。注云：「蒼精之神，木官之臣也。」

【校箋】《禮記·月令》「孟春之月」、「仲春之月」、「季春之月」中皆有「其神句芒」。鄭玄注：「此蒼精之君，木官之臣。」

824·然後昇秘駕，胤緹騎，搖玉鸞，發流吹，

陸善經曰：秘駕，言嚴密。胤，繼續也。搖玉鸞，升車則鸞鳴。流吹，鼓吹聲流散也。

825·天動神移，淵旋雲被，以降于行所，礼也。

陸善經曰：天動神移，皆言似之淵旋，旋轉如迴淵雲被，如雲霊覆被也。

826·既而帝暉臨幄，百司定列，鳳盖俄軒，虹旗委旆。

陸善經曰：帝暉，言容光也。俄軒，傾委於車軒。《尒雅》：「長尋曰旂。繼旗曰旆。」旆，即流緩，若行則旆飛□，不行又無風則垂而委地也。

【校箋】《爾雅·釋天》：「長尋曰旂。繼旗曰旆。」

827·肴薂芬藉，觴醳泛浮。

陸□□□：□□□□□□□□□□□。

【校箋】「陸」字後「□□□」當爲「善經曰」。

828·三奏四（上）之調，六莖九成之曲。競氣繁聲，合（變爭節）。

陸善經曰：《周書》云：「巧食聲，食繁未巧□□□□□。」

【校箋】「上」及「變爭節」，據胡刻、叢刊本補。

《逸周書》無此文，當其佚文。

829·楊袂風山，舉袖陰澤。

陸善經曰：風山，言風成蕩薄於山。陰澤，陰生於澤也。

830·（故）以殷賑外區，煥衍都內者矣。

陸善經曰：殷賑，富盛也。外區，外方也。煥衍，流散也。都內，京都也。

【校箋】「故」，據胡刻、叢刊補。

831·金駕捴駟，聖儀載佇。

陸善經曰：金駕，駕金輅也。捴駟，馬惣在捴車也。載佇，少亭也。

832·悵鈞臺之未臨，慨酆宮之不縣。方且排鳳闕以高遊，開爵園而廣

宴。

　　陸善□□：□□不□臨□酆宮，故日有當時□宴也。

　　【校箋】「陸善」字後「□□」當爲「經曰」。

833・（並命在）位，展詩發志。

　　陸善經曰：展，陳也矣。

　　【校箋】「並命在」，據胡刻、叢刊補。

　　《左傳》襄公三十一年：「百官之屬，各展其物。」杜預注：「展，陳也。」

834・則夫誦美有章，陳信無愧者歟？

　　陸善經曰：誦，与「頌」同也。

王元長《三月三日曲水詩序》一首

835・臣（聞出豫爲象，鈞天之樂張）焉；時乘既位，御氣之駕翔焉。

　　陸善經曰：明古有作出遊之事，既位極位也（位也）。

　　【校箋】正文所缺，據胡刻、叢刊補。注文中後「位也」衍。

836・是以得一奉宸，逍（遙襄城之）域；

　　陸善經曰：宸，謂北辰居其所也。

　　【校箋】正文所缺，據胡刻、叢刊補。

837・然眢眇寂寥，其獨適者已。

　　陸善經曰：言黃帝及堯雖遊，然□求道自適而已。

　　【校箋】「然」後「□」當作「後」。

838・幽明獻期，雷風通饗，

　　陸善經曰：幽，謂鬼神。明，謂人事。□期，進受命之期。《周書》云：「王曰：『叔旦！今維天使予。維二神授朕靈期也。』」

　　【校箋】「期」前「□」當作「獻」字，據正文補。「予」當作「子」，據《逸周書》補。

　　《逸周書・度邑》：「王曰：『旦！……今維天使子。惟二神授朕靈期。』」

839・昭華之珥既徙，延喜之玉攸歸。

　　陸善經曰：《□□□□銓》云：禹開龍門，導積石，決岷山，流九貢，

玄圭出，刻曰延喜玉，受德天錫。

【校箋】□□□□鈐，當作「尙書琁璣鈐」。

《藝文類聚》卷十一引《尙書琁璣鈐》曰：「禹開龍門，導積石，玄圭出，刻曰延喜玉，受德天賜佩。」《文選・海賦》李善注引《尙書琁璣鈐》曰：「禹開龍門，導積石。」

840・革宋受天，保生萬國，

陸善經曰：《尙書大傳》云：「受命者，固受天，非受諸人也。」

【校箋】《尙書大傳》佚文。

841・駿發開其遠祥，定爾固其洪業。

陸善經曰：今以「駿」當「濬」。

【校箋】《毛詩・商頌・長發》：「濬哲維商，長發其祥。」又《周頌・噫嘻》：「駿發爾私。」

842・澤普氾而無私，（法）含（弘）而不殺。

陸善經曰：殺，減也。

【校箋】「法」、「弘」據胡刻、叢刊補。

《周禮・地官・廩人》：「若食不能人二鬴，則令邦移民就穀，詔王殺邦用。」鄭玄注：「殺，猶減也。」

843・秉靈圖而非泰，涉孟門其何嶮。

陸善經曰：言雖秉天子之圖，不敢以爲泰。涉孟門之嶮，不足比其懼也。

【校箋】《呂氏春秋・離俗》：「（舜）行德三年，而三苗服。孔子聞之曰：『通乎德之情，則孟門、太行不爲險矣。』」

844・斧藻至德，琢磨令範，

陸善經曰：《法言》云：「吾未見好斧藻其德，若斧藻其櫛者。」謂作器物以斧斤斵之，又以采藻飾之。

【校箋】《法言・學行》：「吾未見好斧藻其德，若斧藻其楶者。」

845・若夫族茂麟趾，宗固盤石，跨蹍昌姬，韜軼炎漢。

陸善經曰：蹍，（陸善經曰蹍）踐蹸。昌，盛也矣。（也）

【校箋】「陸善經曰蹍」及末尾「也」字，皆衍文。

846・書笏珥彤，紀言事於仙室。

　　陸善經曰：《禮記》云：笏所以書思對命。崔豹《古今注》云：白筆，
　　古珥筆之遺象。言事謂左史，記言右史，記事也矣焉（也）。

　　【校箋】末尾「也」字衍。崔豹《古今注》詳見前卷四八《爲賈謐作贈陸機》
　　「珥筆華軒」之陸善經注。

　　《禮記・玉藻》：「史進象笏，書思對命。」

847・褰帷斷裳，危冠空履之吏；

　　陸善經曰：《鹽鐵論》云：「子路解長劍，去危冠，屈節於夫子之門也。」

　　【校箋】《鹽鐵論・殊路》：「故子路解長劍，去危冠，屈節於夫子之門。」
　　又《莊子・盜跖》：「子以甘辭說子路而使從之，使子路去其危冠，解其長
　　劍，而受教於子。」

848・黟搖武猛，扛鼎揭旗之士。

　　陸善經曰：《論衡》云：「夫壯士力多者，扛鼎揭旗也。」

　　【校箋】見《論衡・効力》。

849・勤恤民隱，糺逖王慝。

　　陸善經曰：言廉吏勤人，武士靜難。

850・讒蒡蔑聞，攘爭撝息，

　　陸善經曰：《詩》云：「讒言罔極也」。

　　【校箋】《毛詩・小雅・青蠅》：「讒人罔極。」

851・耆年闕市井之遊，稚齒豐車馬之（好）；宮鄰昭泰，荒憬清夷。

　　陸善經曰：《漢官儀》云：「比周者，宮鄰金虎。言小人在位，比周相進，
　　与君爲鄰，而擁隔內外□通也。」《周官》云：「九州之外，謂之荒服也。」

　　【校箋】□，當爲「相」，據意補。

　　李善注引應劭《漢官儀》曰：不制之臣，相與比周。比周者，宮鄰金虎。
　　宮鄰金虎者，言小人在位，比周相進，與君爲鄰，堅若金，讒言人，惡若
　　虎。《周禮・秋官・大行人》：「九州之外，謂之蕃國。」《尚書・禹貢》：「五
　　百里荒服。」

852・倈食來王，左言入侍，

陸善經曰：《周書》曰：「東越侮食。」謂其食言不信也。

【校箋】李善注亦引此，《逸周書》無此語，唯《王會》篇有「東越海蛤」，或爲其佚文。

853・離身反踵之君，髽首貫胷之長，屈膝厥角，請受纓縻。

陸善經曰：離身，盖頭飛之人。《淮南子》曰：「三苗髽首鐻耳。」纓，繩。縻，繫也。

【校箋】《淮南子・齊俗》：「三苗髽首，羌人括領。」高誘注：「髽，以枲束髮也。」

854・文鈇碧砮之琛，奇幹善芳之賦，

陸善經曰：琛，寶賦貢也。《蜀都賦》云：「碧砮芒清。」劉逵曰：「碧石生越巂，可作箭鏃也。」

【校箋】《蜀都賦》：「碧砮芒消。」劉逵注：「碧石生越巂郡無會縣，砮可作箭鏃。」（見《文選集注》一・三三）

855・盈衍儲邸，充仞郊虞；甌牏（相）尋，鞮譯無廣。

陸善經曰：自奇幹已下皆國名。儲邸，待客之舍。仞，滿也。郊虞，謂□獻禽獸郊野，虞人掌之。

【校箋】「相」字據胡刻、叢刊本補。

856・一尉候於西（東，合）車書於南北。暢轂埋轔轔之轍，綏斾卷悠悠之斿。

□□□□：□轍卷斿，言武征伐也。《毛詩》注云：暢轂，長轂也。《礼記》云：「武車綏斾。」注云：「武車，兵車也。」

【校箋】「東」、「合」，據胡刻、叢刊本補。「□□□□：□」當作「陸善經曰：埋」。因上文與叢刊本、朝鮮五臣本劉良注相符，且第三個「□」似「經」字，其後文字不見於叢刊本、朝鮮五臣本劉良注。依《文選集注》之體例，當即陸善經注。

《毛詩・秦風・小戎》：「文茵暢轂，駕我騏駵。」毛傳：「暢轂，長轂也。」

《禮記・曲禮》：「兵車不式，武車綏旌。」鄭玄注：「武車，亦兵車。」

857・于時青鳥司開，條風發歲，粵上斯巳，惟暮之春。

陸善經曰：《玉燭寶典》曰：「初用上□，後来惟用三日也。」

【校箋】「□」，當作「巳」。

《玉燭寶典・三月季春》：「但止取三日，不復用巳耳。」

858・求中和而經處，（揆景緯）以裁基。飛觀神行，虛擔雲構。

陸善經曰：中和，謂土中陰陽□所和也。《詩》云：「經始雲臺。」又云：「爰居爰處。」虛擔，飛擔也。

【校箋】正文所缺據胡刻、叢刊補。

《毛詩・大雅・靈臺》：「經始靈臺。」「爰居爰處。」見《邶風・擊鼓》及《小雅・斯干》。

859・負朝陽而抗殿，跨靈沼而浮榮，

陸善經曰：負朝陽□□殿，謂殿在山之東也。

【校箋】□□，當作「而抗」，據正文補。

860・鏡文虹於綺疏，浸蘭泉於玉砌。

陸善經曰：鏡，照也。傅玄《陽春賦》云：「文虹鏡□。」古詩云：「交疏結綺窓。」蘭泉，蘭生於泉□。《□□草木疏》云：「蘭，香草，舊漢諸池苑皆種之。」

【校箋】「鏡」後「□」，當作「天」。「草木」前「□□」當作「毛詩」。

李善注引傅玄《陽春賦》曰：「丹霞播景，文虹竟天。」《藝文類聚》卷三引晉傅玄《陽春賦》曰：「丹霞橫景，文虹竟天。」「交疏結綺窓」，見古詩十九首之《西北有高樓》。《毛詩・鄭風・溱洧》：「方秉蕑兮。」毛傳：「蕑，蘭也。」《毛詩草木鳥獸蟲魚疏》卷上：「蕑，即蘭，香草也。……漢諸池苑及許昌宮中皆種之。」

861・幽幽叢薄，袟袟斯干，曲拂遭迴，潺湲徑複。

陸善經曰：曲拂遭迴，以像渦涪也。

862・雜夭采乎柔黃，亂嬰聲於綿羽。

陸善經曰：夭采，謂桃夭之采也。

863・禁軒承幸，清宮俟宴。

陸善經曰：禁軒，謂所臨軒檻也。

864・既而（滅宿）澄霞，登光辨色，

陸善經曰：滅宿澄霞，謂天明星滅，霞色澄清也矣。

【校箋】「滅宿」，據胡刻、叢刊及陸注補。

865・徐鑾警節，明鍾暢音。

陸善經曰：《月令》：「春乘鸞路。」《尚書大傳》云：「天子將出，□□□之鍾，右五鍾皆應之。」

【校箋】□□□，當作「撞黃鍾」。

《禮記・月令》：「孟春之月，乘鸞路。」《周禮・春官・樂師》鄭玄注引《尚書傳》曰：「天子將出，撞黃鍾之鍾，右五鍾皆應。」見《尚書大傳》卷三。

866・七萃連鑣，九斿由齊軌，

陸善經曰：《周官》：「金路建大旗九斿也。」

【校箋】《周禮・秋官・大行人》：「建常九斿。」

867・轟轟隱隱，紛紛軷軷，羌難得而稱計。

陸善經曰：皆言文物之盛也。

868・尔乃迴輿駐罕，岳鎮淵渟，

陸善經曰：至禊所而駐車旗也矣。

869・桑榆之陰不居，草露之滋方渥。

陸善經曰：言歡洽而景不留。

卷九三

870・頌

陸善經曰：褒美其人之德。

【校箋】《漢書・王褒傳》：「褒既爲刺史作頌。」顏師古注：「以美盛德，故謂之頌也。」

《聖主得賢臣頌》一首

871・曰夫荷旃被毳者，難与道純綿之麗密；

陸善經曰：喻鄙賤之人不能說盛德也。《周官・掌皮》云：「供毳爲氈。」

毳，細也。絁，即「氈」宁，純以絲爲之，即今之絹也。

【校箋】《周禮·天官·掌皮》:「共其毳毛爲氈。」

872· 羹藜唅糗者，不足與論大牢之滋味。

陸經善曰:《韓子》云:「藜藿之羹。」《書》云:「峙乃糗糧。」注曰:
糗，糒也。謂麦屑。

【校箋】「經善」，當作「善經」。

「藜藿之羹」見《韓非子·五蠹》。《尚書·費誓》:「峙乃糗糧。」僞孔傳:
「糗，糒。」《漢書·王褒傳》顏師古注:「糗，即今之熬米麥所爲者。」

873· 不足以塞厚望，應明旨。

陸善經曰:言不足以爲頌也。

874· 雖然，敢不略陳愚，而抒情素！

陸善經曰:抒，舒也，通也。

【校箋】《後漢書·孝和孝殤帝紀》:「及掖庭宮人，皆爲庶民，以抒幽隔鬱
滯之情。」李賢注:「抒，舒也。」

875· 記曰:恭惟春秋法五始之要，在乎審己正統而已。

陸善經曰:言得賢則無爲。記曰，猶傳曰。

876· 器用利，則用力少而就効眾。

陸善經曰:効，見也。

877· 及至巧冶鑄干將之璞，清水淬其鋒，越砥斂其鍔，

陸善經曰:令名探鑄家爲冶，干將本劍師，因以名劍。淬，取堅也。
砥，礪□也。越者，尤佳也矣。（也）

【校箋】正文「砥」，當作「砥」。後「也」字衍。

《吳越春秋·闔閭內傳》:「干將者，吳人也，與歐冶子同師，俱能爲劍。越
前來獻三枚，闔閭得而寶之，以故使劍匠作爲二枚:一曰干將，二曰莫耶。
莫耶，干將之妻也。」

878· 如此則使離婁督繩，公輸削墨，雖崇臺五層，延袤百丈而不溷
者，工用相得也。

陸善經曰:削，利。正之崇高也。

879・庸人之御駑馬，亦傷吻弊筴而不進於行，匈喘膚汗，人極馬倦。

　　陸善經曰：傷吻，叱怒之也。不進於行，行不進也。

880・縱騁馳騖，忽如景靡，過都越國，蹶如歷塊；

　　陸善經曰：景靡（靡）、歷塊，言易而疾也。

　　【校箋】後「靡」字衍。

　　《漢書・王襃傳》顏師古注：「景靡者，如光景之徙靡也。」又「如經歷一塊，言其速疾之甚。」

881・周流八極，萬里一息。何其遼哉！人馬相得也。

　　陸善經曰：言馳騁遠也。

　　【校箋】《漢書・王襃傳》顏師古注：「遼，謂所行遠。」

882・夫竭智附賢者，必建仁策；

　　陸善經曰：言竭盡智能之人，招附賢者，必能建立仁人之策也。

883・昔周公躬吐捉之勞，故有圄空之隆；

　　陸善經曰：圄空，謂刑措不用也。

　　【校箋】《文子・精誠》：「法寬刑緩，囹圄空虛。」又見《淮南子・主述》

884・由此觀之，君人者勤於求賢而逸於得人。人臣亦然。

　　陸善經曰：亦當求賢君以事也。

885・進仕不得施効，斥逐又非其僭。

　　陸善經曰：効，功也。

　　【校箋】《玉篇・力部》：「効，俗『效』字。」《淮南子・脩務》：「夫聖人之心，日夜不忘於欲利人，其澤之所及者，效亦大矣。」高誘注：「效，功也。」

886・是故伊尹勤於鼎俎，太公困於皷刀，

　　陸善經曰：《韓詩外傳》云：伊尹負鼎操俎而立為相，其遇湯也；呂望屠牛朝歌為天子師，遇文王也。

　　【校箋】《韓詩外傳》卷七：「伊尹，故有莘氏僮也，負鼎操俎調五味，而立為相，其遇湯也。呂望行年五十賣食棘津，年七十屠於朝歌，九十乃為天子師，則遇文王也。」

887 · 剖符錫壤，而光祖考，傳之子孫，以資說士。

　　陸善經曰：言遊說士以此爲資，謂談其德也。

888 · 蟋蟀俟秋吟，蜉蝣出以陰。

　　陸善經曰：皆言相感應也。

889 ·《詩》曰：「思皇多士，生此王國。」

　　陸善經曰：皆相感應之事。

　　【校箋】此注與上一條注，基本相同，據文意此注當誤。

890 · 獲稷契皋陶伊尹呂望，明明在朝，穆穆列布，

　　陸善經曰：《書》云：「穆穆在上，明明在下也。」

　　【校箋】《尚書·呂刑》：「穆穆在上，明明在下。」

891 · 雖伯牙操遞鍾，逢門子彎烏號，猶未足以喻其意也。

　　陸善經曰：遞，与「號」同。逢門，即逢蒙，傳羿之射法也。

　　【校箋】《吳越春秋·勾踐陰謀外傳》勾踐十三年：「（陳音曰：『弧父）以其道傳於羿，羿傳逢蒙。』」

892 · 何必偃仰詘信若彭祖，呴嘘呼吸如喬松，眇然絕俗離世哉！

　　陸善經曰：言天下太平，則所濟者多不必獨善其身也。偃仰詘信，蒼生之兒。彭祖，古之壽考者。呴，呼吸服氣道引也。

　　【校箋】《史記·五帝本紀》：「……彭祖自堯時而皆舉用，未有分職。」《索隱》：「彭祖自堯時舉用，歷夏、殷封於大彭。」《漢書·王褒傳》如淳注引《列仙傳》：「彭祖，殷大夫也，歷夏至商末，壽年七百。」呴，同「呴」。《莊子·刻意》：「吹呴呼吸，吐故納新，熊經鳥申，爲壽而已矣。」

《趙充國頌》一首

893 · 明靈惟宣，戎有先零。

　　陸善經曰：有明德之靈者，乃惟宣帝也。

894 · 先零猖狂，侵漢西壃。

　　陸善經曰：《漢書》云：神爵元年，先零羌楊玉及諸羌背畔犯塞，攻城邑。

【校箋】《漢書·趙充國傳》:「於是兩府復白遣義渠安國行視諸羌,分別善惡。安國至,召先零諸豪三十餘人,以尤桀黠,皆斬之。縱兵擊其種人,斬首千餘級。於是諸降羌及歸義羌侯楊玉等恐怒,亡所信鄉,遂劫略小種,背畔犯塞,攻城邑,殺長吏。……是歲,神爵元年春也。」

895 · 天子命我,從之鮮陽。

陸善經曰:酒泉太守辛武賢奏請:分兵並出張掖、酒泉合擊罕、开在在鮮水上者。宣帝詔充國共並出討之。充國上書云:先擊罕羌,先零必助之,先誅先零,則罕开不煩兵而自服。璽書從充國計。充國請置屯田,爲必禽之具也。

【校箋】當脫「《漢書》云」。

《漢書·趙充國傳》:「酒泉太守辛武賢奏言:『分兵並出張掖、酒泉合擊罕、开在鮮水上者。』……(充國)乃上書謝罪,因陳兵利害,曰:『先擊罕羌,先零必助之。……先誅先零已,則罕、开之屬不煩兵而服矣。』……六月戊申奏,七月甲寅璽書報從充國計焉。……充國奏曰:『臣愚以爲屯田內有亡費之利,外有守禦之備·騎兵雖罷,虜見萬人留田爲必禽之具,其土崩歸德,宜不久矣。』」

896 · 鬼方賓服,冈有不庭。

陸善經曰:《易》云:宋代鬼方,三千克之也。

【校箋】宋代,當作「宗伐」,且「宋」字前脫一「高」字。千,當作「年」。

《周易·既濟》:「高宗伐鬼方,三年克之。」

897 · 在漢中興,充國作武。赳赳桓桓,亦紹厥後。

陸善經曰:言宣帝中興,充國爲漢武臣繼其後也。

《出師頌》一首

898 · 西零不順,東夷邁逆。

陸善經曰:東夷,(夷)高駒麗。

【校箋】後「夷」字衍。駒,當作「句」。

899 · 蒼生更始,朔風變楚。

陸善經曰:朔風變楚,言南北同也。

900・薄伐獫狁，至于大原。詩人歌之，猶歎其艱。況我將軍，窮域極邊。

陸善經曰：「薄伐獫狁」，《小雅・六月》之詩，美宣王北伐也。薄，詞也。至太原，猶歎其艱，況今極邊遠乎。

【校箋】正文「大原」，當作「太原」。

《毛詩・小雅・六月》：「薄伐玁狁。」

901・鼓無停響，旗不暫褰。澤沾遐荒，功銘鼎鉉。

陸善經曰：鼓無停響，言勤勞也。功銘鼎鉉，書功於鼎也。鉉，鼎也。

【校箋】《說文解字・金部》：「《易》謂之鉉，《禮》謂之鼏。」

902・天子餞我，路車乘黃。言念伯舅，恩深渭陽。

陸善經曰：乘黃，馬名。

【校箋】《毛詩・鄭風・大叔于田》：「叔于田，乘乘黃。」毛傳：「四馬皆黃。」又《秦風・渭陽》：「何以贈之，路車乘黃。」毛傳：「乘黃，四馬也。」

903・今我將軍，啓土上郡。

陸善經曰：啓土，謂受封上郡名都也。

【校箋】《尚書・武成》：「惟先王建邦啟土。」

《酒德頌》一首

904・劉伯倫

陸善經曰：《晉書》曰：「劉靈身長六尺，貌甚陋。然放情肆志，以細宇宙齊万物爲心。雖陶几昏放，而機應不差。未嘗措意文翰，唯著《酒德頌》。」

【校箋】靈，當作「伶」。

《晉書・劉伶傳》：「劉伶字伯倫，沛國人也。身長六尺，容貌甚陋。放情肆志，常以細宇宙齊萬物爲心。……伶雖陶兀昏放，而機應不差。未嘗厝意文翰，惟著《酒德頌》一篇。」

905・有大人先生，

陸善經曰：大人先生，自寄也。

906 · 以天地爲一朝，萬期爲須臾。日月爲扃牖，八荒爲庭衢。

陸善經曰：万期，万歲之遠期。扃，戶。牖，窗也（戶牖窗也矣也矣也）矣。

【校箋】「戶牖窗也矣也矣也」八字衍。

907 · 止則操巵執觚，動則契榼提壺。

陸善經曰：《竹林傳》云：「伶常乘一鹿車，携一壺酒，使人荷臿随之，以爲死便埋其側。」觚，八棱盞。

【校箋】《晉書·文苑·袁宏傳》：「（宏）撰《後漢紀》三十卷及《竹林名士傳》三卷、詩賦誄表等雜文凡三百首，傳於世。」又名《竹林七賢傳》。《晉書·劉伶傳》：「常乘鹿車，攜一壺酒，使人荷鍤而隨之，謂曰：『死便埋我。』」《史記·酷吏列傳》：「漢興，破觚而爲圜，斲雕而爲朴。」索隱引應劭云：「觚，八棱有隅者。」

908 · 有貴介公子，縉紳處士。

陸善經曰：貴介、縉紳，皆假以言之也。

909 · 乃奮袂攘衿，怒目切齒。

陸善經曰：怒目切齒，心不平之。

910 · 陳說礼法，是非鋒起。

陸善經曰：陳說禮法，以責讓也。

911 · 先生於是方捧罌承槽，銜杯漱醪。

陸善經曰：槽，壓酒床也。

912 · 無思無慮，其樂陶陶。

陸善經曰：無思無慮，謂辭也。

913 · 靜聽不聞雷霆之聲，熟視不見太山之形。

陸善經注云：思慮既無，所以視聽亦泯。《禮記》云：「意不在焉，視之而不見，聽之而不聞。」

【校箋】《文選集注》校勘記：陸善經本有「靜聽不聞雷霆之聲，熟視不見太山之形」二句。注云：思慮既無，所以視聽亦泯。《禮記》云：「意不在焉，視之而不見，聽之而不聞。」

《禮記·中庸》·「子曰:『鬼神之為德,其盛矣乎。視之而弗見,聽之而弗聞。』」

914·二豪侍側,焉如螺蠃之與螟蛉。

陸善經曰:焉知螺蠃之與螟蛉,言二豪欲化之而不從也。

《漢高祖功臣頌》一首

915·頌曰:芒芒宇宙,上墋下黷。

陸善經曰:墋、黷,昏黑皃,喻秦末世亂。

【校箋】李善注:「墋,不清澄之貌也。」《玉篇·黑部》:「黷,黑也。」

916·波振四海,塵飛五岳。

陸善經曰:波振、塵飛,言不安也。

917·九服徘徊,三靈改卜。

陸善經曰:九服,九州。徘徊,無所依也。改卜,求主也。

【校箋】《周禮·夏官·職方氏》:「乃辨九服之邦國,方千里曰王畿,其外方五百里曰侯服,又其外方五百里曰甸服,又其外方五百里曰男服,又其外方五百里曰采服,又其外方五百里曰衛服,又其外方五百里曰蠻服,又其外方五百里曰夷服,又其外方五百里曰鎮服,又其外方五百里曰藩服。」

918·沉迹中卿,飛名帝錄。

陸善經曰:言已在帝王之圖錄。

919·慶雲應輝,皇階授木。

陸善經曰:慶雲,謂於芒、碭山上有雲氣也。

【校箋】《漢書·天文志》:「若煙非煙,若雲非雲,郁郁紛紛,蕭索輪囷,是謂慶雲。慶雲見,喜氣也。」又《史記·高祖本紀》:「秦始皇帝常曰『東南有天子氣』,於是因東游以厭之。高祖即自疑,亡匿,隱於芒、碭山澤巖石之閒。呂后與人俱求,常得之。高祖怪問之。呂后曰:『季所居上常有雲氣,故從往常得季。』」

920·彤雲畫聚,素(雲)靈夜哭。

陸善經曰:彤雲謂,《史記》:「呂后曰:『季所居上常有雲氣。』」以漢

火德其色赤，故言彤。

【校箋】正文中「彤」，當作「彤」，據文選集注中各注改。「素」後「雲」字衍，當刪。陸注中，「謂」後或有脱文。引《史記》見前注。

921‧金精仍頹，朱光以渥。

陸善經曰：渥，厚潤也。

【校箋】《廣雅‧釋詁三》：「渥，厚也。」

922‧万邦宅心，駿民効足。

陸善經曰：駿民，即蕭曹等也。

923‧外濟六師，內撫三秦。

陸善經曰：天子六軍，故曰六師也。項羽分秦爲三，漢王平之。

【校箋】《史記‧項羽本紀》：「而三分關中，王秦降將以距塞漢王。」

924‧拔奇夷難，邁德振民。

陸善經曰：夷難，謂信謀反，呂后用何計而誅之。邁德振民，勉行其德振在人上。

925‧體國垂制，上穆下親。

陸善經曰：體國垂制，謂營未央宮。上穆下親，言朝庭和也。

【校箋】《史記‧高祖本紀》：「蕭丞相營作未央宮，立東闕、北闕、前殿、武庫、太倉。」

926‧爰淵爰嘿，有此武功。

陸善經曰：《史記》：「曹參擇郡國吏，重厚長者，召除爲丞相史。」即樂道淵默也。

【校箋】《史記‧曹相國世家》：「擇郡國吏木詘於文辭，重厚長者，卽召除爲丞相史。」《莊子‧在宥》：「淵默而雷聲。」

927‧長驅河朔，電擊壤東。

陸善經曰：《史記》：曹參從入漢中，還擊三秦軍壤東。魏豹反，參以假丞相別与韓信東攻魏，破之。從韓信破趙下齊，長驅河朔。謂此也。

【校箋】《史記‧曹相國世家》：「（曹參）從至漢中，……擊三秦軍壤東及高

櫟，破之。……魏干豹反，以假左丞相別與韓信東攻魏將軍孫遫軍東張，
大破之。……因從韓信擊趙相國夏說軍於鄔東，大破之，斬夏說。韓信與
故常山王張耳引兵下井陘，擊成安君，而令參還圍趙別將戚將軍於鄔城中。
戚將軍出走，追斬之。乃引兵詣敖倉漢王之所。韓信已破趙，爲相國，東
擊齊。參以右丞相屬韓信，攻破齊歷下軍，遂取臨菑。還定濟北郡，攻著、
漯陰、平原、鬲、盧。已而從韓信擊龍且軍於上假密，大破之，斬龍且，
虜其將軍周蘭。定齊，凡得七十餘縣。」

928‧ 怡顏高覽，弭翼鳳戢。託迹黃老，辭世却粒。

陸善經曰：黃老，黃帝、老子養生之道。

929‧ 遊精杳漠，神迹是尋。

陸善經曰：《史記》云：「平少時，本好黃帝、老子之術，方其割肉俎上
之時，其意固已遠矣也。」

【校箋】《史記‧陳丞相世家》：「太史公曰：『陳丞相平少時，本好黃帝、老
子之術。方其割肉俎上之時，其意固已遠矣。』」

930‧ 奇謀六奮，嘉慮四迴。

陸善經曰：奇謀六奮，即「規主於足」以下。嘉慮四迴，言四迴高帝之
心。

931‧ 規主於足，離項于懷。

陸善經曰：懷，謂懷抱之人，即亞父、鍾離昧、龍且、周殷之屬。以平
反間，羽果疑亞父、種離昧等。亞父以不用其策，怒去之，疽發背而死
也。

【校箋】「種離昧」，當作「鍾離昧」。所述之事詳見《史記‧陳丞相世家》。

932‧ 灼灼淮陰，靈武冠世。

陸善經曰：靈武，威靈武略。

933‧ 肇彼梟風，翻爲我扇。

陸善經曰：布楚梟將，故言梟風。

934‧ 天命方輯，王在東夏。

陸善經曰：《書》云：「尹絃東夏。」

【校箋】絃，當作「茲」。

《尚書・微子之命》：「尹茲東夏。」

935・張耳之賢，有聲梁魏。

陸善經曰：魏自安邑徙大梁，故稱梁魏。耳官魏爲外黃令，名由此益賢。

【校箋】《史記・張耳陳餘列傳》：「張耳者，大梁人也。……乃宦魏爲外黃令。名由此益賢。」

936・士也罔極，自詒伊媿。

陸善經曰：罔極，言無中也。

【校箋】《毛詩・衛風・氓》：「士也罔極，二三其德。」毛傳：「極，中也。」

937・悴葉更輝，枯條以肆。

陸善經曰：肆，餘也。

【校箋】《左傳》襄公二十九年：「晉國不恤周宗之闕，而夏肆是屏。」杜預注：「肆，餘也。」

938・盧綰自微，婉孿我皇。

陸善經曰：婉孿，好兒。

【校箋】《毛詩・齊風・甫田》：「婉兮孿兮。」毛傳：「婉孿，少好貌。」

939・我圖四方，殷廌其勳。

陸善經曰：殷，盛也。

【校箋】《周易・豫》：「先王以作樂崇德，殷薦之上帝，以配祖考。」

940・恢恢廣野，誕節令圖。

陸善經曰：《史記》云：「酈食其好讀書，家貧落魄，無以爲衣食業，爲里監門吏。沛公至高陽，食其曰：『陳留天下之衝，今其城多積粟。足下舉兵攻之，臣爲內應。』沛公引兵隨之，遂下陳留也。」

【校箋】《史記・酈生陸賈列傳》：「酈生食其者，陳留高陽人也。好讀書，家貧落魄，無以爲衣食業，爲里監門吏。……酈生曰：『夫陳留，天下之衝（中「重」爲「童」），四通五達之郊也，今其城又多積粟。……足下舉兵攻之，臣爲內應。』於是遣酈生行，沛公引兵隨之，遂下陳留。號酈食其

為廣野君。」

941 · 柔遠鎭迩，寔敬攸考。

陸善經曰：柔遠，謂与匈奴和親也。寔，實也。

【校箋】《禮記·坊記》：「寔受其福。」孔穎達疏：「寔，實也。」

942 · 刑可以暴，志不可淩。

陸善經曰：《史記》云：「楚下滎陽城，生得周苛。頃王謂苛：『為我將，以公為上將軍，封三万戶。』苛罵曰：『若非漢王敵也。』項羽怒享周苛。」

【校箋】頃，當作「項」。享，當作「烹」。《史記·項羽本紀》：「楚下滎陽城，生得周苛。項王謂周苛曰：『為我將，我以公為上將軍，封三萬戶。』周苛罵曰：『若不趣降漢，漢今虜若，若非漢敵也。』項王怒，烹周苛。」

943 · 貞軌偕沒，亮迹雙升。

陸善經曰：亮，明也。

【校箋】《後漢書·蘇竟傳》：「且火德承堯，雖昧必亮。」李賢注：「亮，明也。」

944 · 大人于興，利在攸往。

陸善經曰：風動而物效，響猶大人作。而眾士呈材，利有攸往，往見大人也。

945 · 弘海者川，崇山惟壤。

陸善經曰：弘海、崇山，喻能容納，則成其大也。

946 · 韶護錯音，袞龍比象。

陸善經曰：錯音、比象，言皆錯比以成樂章文采也。

947 · 劒宣其利，鑒獻其朗。

陸善經曰：劒，喻武；鑒，喻文也。

948 · 文武四充，漢祚克廣，

陸善經曰：四充，四面充塞也。

卷九四

《東方朔畫賛》一首

949・苟出不可以直道也，故頡頏以傲世。

陸善經曰：頡頏，謂隨事沉浮也。

【校箋】《毛詩・邶風・燕燕》：「燕燕于飛，頡之頏之。」毛傳：「飛而上曰頡，飛而下曰頏。」

950・明節不可以久安也，故詼諧以取容。

陸善經曰：《漢書》云：「公卿在位，朔皆敖弄。詼啁而已也。」

【校箋】《漢書・東方朔傳》：「自公卿在位，朔皆敖弄，無所爲屈。……朔嘗至太中大夫，後常爲郎，與枚皋、郭舍人俱在左右，詼啁而已。」

951・合變以明筭，幽賛以知來。

陸善經曰：謂合變通以明筭數，幽賛神明以知來事，言其善《易》也。

952・周給敏捷之辯，支離覆逆之數。

陸善經曰：周，遍。給，足也。《莊子》：「支離疏皷筴播精，足以食十人。」說者以爲卜筮也。

【校箋】《玉篇・糸部》：「給，足也。」《莊子・人間世》：「支離疏者，……鼓筴播精，足以食十人。」

953・經目而諷於口，過耳而闇於心。

陸善經曰：諷，誦也。

【校箋】《說文解字・言部》：「諷，誦也。」

954・雄節邁倫，高氣盖世，

陸善經曰：邁，超。倫，匹也。

955・談者又以先生嘘吸冲和，吐故納新；

陸善經曰：嘘吸、吐納，養□也。

【校箋】□，當作「形」。李善注、五臣注皆有「養形」之語。

956・神交造化，靈爲星辰。

陸善經曰：神交、造化，言其神識与造化爲交也。《漢武內傳》云：

「西王母遣使致桃三枚。使至之日，方朔死。上疑，問使者。對曰：『朔是木精爲歲星，下游人中，非陛下臣也。』」

【校箋】《漢武內傳》，《隋書・經籍志》著錄爲三卷，《宋史・藝文志》著錄爲二卷。

957・徘徊路寢，見先生之遺像；

陸善經曰：路寢，郡之廨舍也。

【校箋】《毛詩・魯頌・閟宮》：「松桷有舄，路寢孔碩。」鄭玄箋：「路寢，正寢也。」

958・臨世濯足，希古振纓。

陸善經曰：臨世濯足，謂滄浪之水濁，可以濯其足。言微世也。希古振纓，謂滄浪之水清，可以濯其纓。言慕古也矣。

【校箋】《楚辭・漁父》：「漁父莞爾而笑，鼓枻而去，乃歌曰：『滄浪之水清兮，可以濯吾纓。滄浪之水濁兮，可以濯吾足。』」

959・涅而無滓，既濁能清。

陸善經曰：既濁能清，道其變也。

960・無滓伊何，高明克柔。

陸善經曰：言所以處涅而無滓者，以高明而能柔也。

961・能清伊何，視汙若浮。

陸善經曰：汙，穢也。若浮，言不以爲事也。

【校箋】唐玄應《一切經音義》卷三引《字林》：「汙，穢也。」

962・跨世淩時，遠蹈獨遊。

陸善經曰：遠蹈獨遊，說者言其登仙也。

963・邈邈先生，其道猶龍。

陸善經曰：《史記》：「孔子謂弟子曰：『吾今日見老子，其猶龍耶！』」

【校箋】《史記・老子韓非列傳》：「孔子去，謂弟子曰：『吾今日見老子，其猶龍邪！』」

964・染迹朝隱，和而不同。

陸善經曰：染迹朝隱，染汙其迹，處朝庭如隱也。

965 · 我来自東，言適茲邑。

陸善經曰：謂自京而東也。

966 · 敬問墟墳，企佇原隰，

陸善經曰：企佇，想望之。

【校箋】《文選·求通親親表》：「寔懷鶴立企佇之心。」

967 · 民思其軌，祠宇斯立。

陸善經曰：軌，則也。謂後人思□立祠也。

968 · 徘徊寺寢，遺像在圖。

陸善經曰：寺，府舍也。

969 · 昔在有德，罔不遺靈。

陸善經曰：言昔在有德，其人雖謝，精靈猶存。故王子晉於緱山，安期生於阜鄉，並有祠也。

【校箋】《史記·孝武本紀》正義引《列仙傳》云：「安期生，琅邪阜鄉亭人也。」《文選·別賦》李善注引《列仙傳》曰：「王子晉吹笙作鳳鳴，遊伊、洛之間，道士浮丘公接上嵩高。三十餘年後，……舉手謝世人。數日去，祠於緱山下。」

970 · 仿佛風塵，用垂頌聲。

陸善經曰：今我仿佛於下風遺塵，贊揚其聲芳也。

《三國名臣序贊》一首

971 · 袁彥伯

陸善經曰：《晉書》曰：「彥伯有逸才，文章絕美。」

【校箋】見《晉書·文苑·袁宏傳》。

972 · 然則三五迭隆，歷世承基，

陸善經曰：謂三皇五帝更興，及歷代繼體之君。

973 · 揖讓之与干戈，文德之与武功，

陸善經曰：揖讓，堯舜。干戈，湯武也矣（也）。

【校箋】後「也」字衍。《孔叢子・居衛》：「子思（謂曾子）曰：『舜、禹揖讓，湯、武用師，非故相詭，乃各時也。』」

974・莫不宗匠陶鈞而群才緝熙，

陸善經曰：言皆法於造物，爲政而羣才緝熙以成之也。

975・元首經暑而股肱肆力。

陸善經曰：《左傳》云：「天子經暑。」謂經營天下，略有四海也。

【校箋】《左傳》昭公七年：「天子經略。」杜預注：「經營天下，暑有四海故曰經暑。」

976・遭離不同，迹有優劣。

陸善經曰：遭離不同，謂遇主各異，故其事迹有優劣也。

977・至於體分冥固，道契不墜；

陸善經曰：謂其君臣體分，宜符固定，道相契合而不隕墜。

978・風美所扇，訓革千載，其揆一也。

陸善經曰：風教致美，所扇及遠，謨訓改革，流於千載者，揆度其事一也。

979・接輿以之行歌，魯連以之赴海。

陸善經曰：《史記》：魯連謂新垣衍曰：彼秦者，弃礼義而上首功之國也。彼即肆而然爲帝，則連有蹈東海而死耳。吾不忍爲之民也。

【校箋】《史記・魯仲連鄒陽列傳》：「魯連（謂新垣衍）曰：彼秦者，弃禮義而上首功之國也，權使其士，虜使其民。彼即肆然而爲帝，過而爲政於天下，則連有蹈東海而死耳，吾不忍爲之民也。」

980・夫未遇伯樂，則千載無一驥。

陸善經曰：言亦在遭遇也。

981・高祖雖不以道勝御物，群下得盡其忠；

陸善經曰：高祖嫚而侮人，不以道勝也。然攻城略地所降下者，因以与之，下得盡忠也。

【校箋】媼,當作「慢」。

《史記·高祖本紀》:「高起、王陵對曰:『陛下慢而侮人,項羽仁而愛人。然陛下使人攻城略地,所降下者因以予之,與天下同利也。』」

982 · 蕭曹雖不以三代事主,百姓不失其業。

陸善經曰:三代事主,直道而行,蕭曹則雖以權譎。

【校箋】從語意判斷,「權譎」後似有脫文。

983 · 万物思治,則默不如語。

陸善經曰:思治,謂新國。

984 · 雖亡身明順,識亦高矣!

陸善經曰:《魏志》云:「董昭等謂太祖宜進爵國公、九錫,密以諮或。或以爲太祖本興義兵以匡朝寧國。君子愛人以德,不宜如此。太祖由是心不平。會征孫權,或疾留壽春,以憂薨。明年,太祖遂爲魏公。」

【校箋】或,皆當爲「彧」。「九錫」後脫「備物」二字。

《三國志·魏書·荀彧傳》:「(建安)十七年,董昭等謂太祖宜進爵國公,九錫備物,以彰殊勳,密以諮彧。彧以爲太祖本興義兵以匡朝寧國,秉忠貞之誠,守退讓之實;君子愛人以德,不宜如此。太祖由是心不能平。會征孫權,表請彧勞軍于譙,因輒留彧,以侍中光祿大夫持節,參丞相軍事。太祖軍至濡須,彧疾留壽春,以憂薨,時年五十。諡曰敬侯。明年,太祖遂爲魏公矣。」

985 · 至如身爲漢隸,而跡入魏幕,

陸善經曰:《魏志》曰:何進秉(致)政,拜攸黃門侍郎。太祖曰:「公達非常人也,以爲軍師。」太祖稱:「荀令君之舉善,不進不休;荀軍師之去惡,不去不止。」

【校箋】「致」,衍文。

《三國志·魏書·荀攸傳》:「何進秉政,徵海內名士攸等二十餘人。攸到,拜黃門侍郎。……太祖素聞攸名,與語大悅,謂荀彧、鍾繇曰:『公達,非常人也,吾得與之計事,天下當何憂哉!』以爲軍師。」裴松之注引《傅子》曰:或問近世大賢君子,答曰:「……太祖稱『荀令君之進善,不進不休,荀軍師之去惡,不去不止』也。」

－141－

986・所以存亡殊致，始終不同，將以文若既明且哲，名教有寄乎？

陸善經曰：名教有寄，謂止董昭，不令魏武受九錫。

987・夫仁義不可不明，則時宗舉其致；

陸善經曰：言明於仁義之分，則時宗舉其極致，必在行之，謂苟或殺身也。

【校箋】或，當爲「彧」。

988・生理不可不全，故達識攝其契。

陸善經曰：生理當全，故識達之士，持其要契，全身爲尚，謂荀攸也。

989・然而先賢玉摧於前，来哲攘袂於後，豈非天懷發中，而名教束物者乎？

陸善經曰：言先賢履仁義而亡身，来哲行之不息者，者以天然之懷，發於中心，而又来於名教故也。

【校箋】「者以」，當作「則以」。

990・夫一人之身，所昭未異，而用舍之間，俄有不同，況沉跡溝壑，遇与不遇者乎？

陸善經曰：昭，明見也。言不遇者未必非才。

【校箋】《毛詩・大雅・文王》：「文王在上，於昭于天。」毛傳：「昭，見也。」

991・若夫出處有道，名體不滯，

陸善經曰：出處苟依於道，則名體不爲淪滯。

992・王經字承宗

陸善經曰：《世語》云：「經，字彥緯。」與此不同，盖有二字。

【校箋】《三國志・魏書・夏侯玄傳》注引《世語》曰：「（王）經，字彥緯。」

993・火德既微，運纏大過。

陸善經曰：《易》曰：「大過，棟橈。」

【校箋】見《周易・大過》。

994・洪颷扇海，二溟楊波。

陸善經曰：振海、楊波，喻兵乱。

995・虬虎雖驚，風雲未和。

陸善經曰：虬虎驚，喻英雄起也。未和，未清平也矣（也）。

【校箋】句末「也」字衍。

996・鳳不及栖，龍不暇伏。谷無幽蘭，嶺無亭菊。

陸善經曰：喻求賢才也。

997・文明映心，鑽之愈妙。

陸善經曰：《易》云：「內文明而外柔順。」

【校箋】見《周易・明夷》。

998・達人兼善，廢己存愛。

陸善經曰：廢己存愛，謂拯捄生民，而不顧身害也。

999・始救生人，終明風槩。

陸善經曰：終明風槩，謂不令曹公受九錫，而己憂卒。

1000・爰初發跡，邁此顛沛。

陸善經曰：發跡，謂謀誅董卓也。

【校箋】《三國志・魏書・荀攸傳》：「董卓之亂，關東兵起，卓徙都長安。攸與議郎鄭泰、何顒、侍中种輯、越騎校尉伍瓊等謀曰：『董卓無道，甚於桀紂，天下皆怨之，雖資彊兵，實一匹夫耳。今直刺殺之以謝百姓，然後據殽、函，輔王命，以號令天下，此桓文之舉也。』事垂就而覺，收顒、攸繫獄，顒憂懼自殺，攸言語飲食自若，會卓死得免。棄官歸，復辟公府，舉高第，遷任城相，不行。」

1001・亹亹通韻，跡不暫停。雖懷尺璧，顧哂連城。

陸善經曰：懷尺璧、笑連城，喻有才能，不爲祿位而傾奪。

【校箋】《史記・廉頗藺相如列傳》：「趙惠文王時，得楚和氏璧。秦昭王聞之，使人遺趙王書，願以十五城請易璧。」

1002・恂恂德心，汪汪軌度。

陸善經曰：《東觀漢記》云：「召馴，字伯春。博通經書，鄉里號曰：

『德行恂恂召伯春也矣（也）。』」

【校箋】句末「也」字衍。《東觀漢記》云：「召馴，字伯春。以志行稱，鄉里號之曰：『德行恂恂召伯春。』以明經有智讓，能講論，拜議郎。章和中爲光祿勳。」《後漢書·儒林·召馴傳》：「召馴字伯春，……馴少習韓詩，博通書傳，以志義聞，鄉里號之曰：『德行恂恂召伯春。』。」

1003 · 操不激切，素風愈鮮。

陸善經曰：《魏志》曰：渙家无所儲，終不問產業之財，不爲激察之行也。

【校箋】激，當作「皦」。

《三國志·魏書·袁渙傳》：「(渙)家無所儲，終不問產業，乏則取之於人，不爲皦察之行，然時人服其清。」

1004 · 邈哉崔生，體正心直。天骨疎朗，牆宇高嶷。

陸善經曰：《魏志》云：琰爲東曹時，太祖教曰：「君有伯夷之風，史魚之直。」又云：「琰聲姿高暢，眉目疎朗，其有威重也。」

【校箋】其，當作「甚」。

《三國志·魏書·崔琰傳》：「太祖爲丞相，琰復爲東西曹掾屬徵事。初授東曹時，教曰：『君有伯夷之風，史魚之直。』……琰聲姿高暢，眉目疏朗，鬚長四尺，甚有威重。」

1005 · 人惡其上，時不容哲。

陸善經曰：哲，智也。

【校箋】《爾雅·釋言》：「哲，智也。」

1006 · 嘉謀肆廷，讜言盈耳。

陸善經曰：《魏志》云：群前後陳得失，每上事，輒削草，時人莫知也。

【校箋】《三國志·魏書·陳群傳》注引《魏書》曰：「群前後數密陳得失，每上封事，輒削其草，時人及其子弟莫能知也。」

1007 · 玉生雖麗，光不踰把。德積雖微，道映天下。

陸善經曰：玉以比德，故有此喻。《世說》云：「毛（詩）曾与夏侯泰初並坐，人謂『蒹葭倚玉樹』也。」

【校箋】「詩」字衍。

《三國志‧魏書‧夏侯玄傳》:「玄字太初。」《世說新語‧容止》:「魏明帝使后弟毛曾與夏侯玄共坐,時人謂『蒹葭倚玉樹』。」

1008‧宗子思寧,薄言解控。

　　陸善經曰:《詩》曰:「控于大邦。」

　　【校箋】見《毛詩‧鄘風‧載馳》。

1009‧崇善愛物,觀始知終。

　　陸善經曰:觀始知終,謂其有人倫鑒也。

1010‧綢繆哲后,無妄惟時。

　　陸善經曰:先主將圖蜀,是無妄之時也。

1011‧亦既羈勒,負荷時命。

　　陸善經曰:羈勒,喻從事也。

1012‧公衡沖達,秉心淵塞。媚茲一人,臨難不惑。

　　陸善經曰:此一人,指劉璋也。《蜀志》□:「張松建議,宜迎先主。權諫曰:『今欲以部曲遇之,則不滿其心;欲以賓客待之,則一國不容二君。若客有太山之安,則主有累卵之危。請閉境以待。』璋不聽,遣使迎先主。先主遂襲取益州。」

　　【校箋】□,當作「云」。

　　《三國志‧蜀書‧黃權傳》:「時別駕張松建議,宜迎先主,使伐張魯。權諫曰:『左將軍有驍名,今請到,欲以部曲遇之,則不滿其心,欲以賓客禮待,則一國不容二君。若客有泰山之安,則主有累卵之危。可但閉境,以待河清。』璋不聽,竟遣使迎先主。」

1013‧六合紛紜,民心將變。鳥擇高梧,臣須顧昒。

　　陸善經曰:將變,謂求所事也。臣須顧昒(昒),當擇君也。《後漢書》:「馬援曰:『當今非但君擇臣,臣亦擇君也。』」

　　【校箋】後「昒」字衍。

　　《後漢書‧馬援傳》:「(馬援)曰:『當今之世,非獨君擇臣也,臣亦擇君矣。』」

1014‧卓卓若人,曜奇赤壁。三光參分,宇宙暫隔。

陸善經曰：三光參分，謂三國並照也。

1015 · 王略威夷，吳魏同寶。遂獻宏謨，匡此霸道。

陸善經曰：《吳志》云：「昭每得北方士大夫書，歸美於昭，昭欲默而不宣則懼有私，宣之則非宜，進退不安。策聞之，曰：『昔管子相齊，一則仲父，二則仲父，而桓公為霸。今子布賢，我能用之，其功名獨不在我乎也！』」

【校箋】《三國志·吳書·張昭傳》：「昭每得北方士大夫書疏，專歸美於昭，昭欲嘿而不宣則懼有私，宣之則恐非宜，進退不安。策聞之，歡笑曰：『昔管仲相齊，一則仲父，二則仲父，而桓公為霸者宗。今子布賢，我能用之，其功名獨不在我乎！』」

1016 · 屢摧逆鱗，直道受黜。嘆過孫陽，放同賈屈。

陸善經曰：《韓子》云：「龍之為虫也，擾可狎而騎，然其喉下有逆鱗，人嬰之則必殺人。人主亦有逆鱗也。」

【校箋】《韓非子·說難》：「夫龍之為蟲也，柔可狎而騎也，然其喉下有逆鱗徑尺，若人有嬰之者則必殺人。人主亦有逆鱗，說者能無嬰人主之逆鱗則幾矣。」

1017 · 整轡高衢，驤首天路。

陸善經曰：喻得騁其才力也矣。

1018 · 仰挹玄流，俯弘時務。

陸善經曰：言挹彼遠流，□弘時政，庶幾似之也。

【校箋】□，當作「俯」。

1019 · 名節殊塗，雅致同趣。

陸善經曰：名節雖殊，志趣則一，欲見其志也。

1020 · 尚想遐風，載挹載味。後生擊節，懦夫增氣。

陸善經曰：想其風，皆自激厲也。

卷九八

《晉紀總論》一首

1021・性深阻有如城府，而能寬綽以容納，行任數以御物，而知人善采拔。

陸善經曰：深沉□□有城府，言不可于《詩》云：「寬兮綽子。」

【校箋】《毛詩・衛風・淇奧》：「寬兮綽兮。」

1022・淮浦再擾，而許、洛不震，咸黜異圖，用融前（烈）。

陸善經曰：震，驚也。許、洛，國都所在，言無驚懼也。

【校箋】正文「烈」字，據胡刻、叢刊本補。

1023・名器崇於周公，權制嚴於伊尹。至於世祖，遂享皇極。

陸善經曰：伊、周皆令攝君位，言今過之也。

1024・聿修祖宗之志，思輯戰國之苦，

陸善經曰：輯，安也。謂欲安撫其人也。

1025・故至於咸寧之末，遂排羣議而杖王杜之決，

陸善經曰：杜預亦上疏曰：「此舉十有八九利也。」

【校箋】《晉書・杜預傳》：「帝報待明年方欲大舉，預表陳至計曰：『……凡事當以利害相較，今此舉十有八九利，其一二止於無功耳。』」

1026・牛馬被野，餘糧栖畝，行旅草舍，外闈不閉。

陸善經曰：《子思子》云：「東戶季子之世，道行不（也）拾遺，餘糧栖於畝首。」

【校箋】「也」字衍。

《初學記・帝王部》引《子思子》曰：「東戶季子之時，道上鴈行而不拾遺，耕耦餘糧宿諸畝首。」又《淮南子・謬稱》：「東戶季子之世，道路不拾遺，耒耜餘糧宿諸畮首，使君子小人各得其宜也。」高誘注：「東戶季子，古之人君。」

1027・楊駿被誅，母后廢黜，

陸善經曰：《晉書》：「楊駿以后父，爲太傅，錄朝政。賈后欲預政事，而憚駿。乃令黃門董猛与殿中中郎孟觀、李肇啓帝，作制廢駿，以候就第。因令東安公繇率殿中兵随其後，以討駿。觀、肇等受賈后密旨，誅其黨，死者數千人。駿弟衛將軍瑤，太子太傅濟，中護軍張邵，散

騎段廣、楊邈，左將軍劉預，河南尹李斌，中書令將俊，東夷校尉文淑，尚書武茂等皆夷三族。廢太后爲庶人，送永寧宮，絕膳而崩也。」

【校箋】《晉書‧楊駿傳》：「殿中中郎孟觀、李肇，素不爲駿所禮，陰搆駿將圖社稷。賈后欲預政事，而憚駿未得逞其所欲，又不肯以婦道事皇太后。黃門董猛，始自帝之爲太子即爲寺人監，在東宮給事於賈后。后密通消息於猛，謀廢太后。……觀、肇乃啓帝，夜作詔，中外戒嚴，遣使奉詔廢駿，以侯就第。東安公繇率殿中四百人隨其後以討駿。……觀等受賈后密旨，誅駿親黨，皆夷三族，死者數千人。」又《孝惠帝紀》：「（永平元年）三月辛卯，誅太傅楊駿，駿弟衛將軍珧，太子太保濟，中護軍張劭，散騎常侍段廣、楊邈，左將軍劉預，河南尹李斌，中書令蔣俊，東夷校尉文淑，尚書武茂，皆夷三族。壬辰，大赦，改元。賈后矯詔廢皇太后爲庶人。」又《楊皇后傳》：「駿既死，詔使後軍將軍荀悝送后于永寧宮。……初，太后尚有侍御十餘人，賈后奪之，絕膳而崩。」

1028 · 李辰石氷，傾之於荊揚，

陸善經曰：《晉陽秋》云：「義陽平氏縣吏張昌，有罪逃江夏，變姓名曰李辰。許以山都叛吏丘沉爲主，民從之如歸也。」

【校箋】《晉陽秋》，今亡佚。《晉書‧孫盛傳》：「著《魏氏春秋》、《晉陽秋》，并造詩賦論難復數十篇。《晉陽秋》詞直而理正，咸稱良史焉。」《晉書‧張昌傳》：「張昌，本義陽蠻也。少爲平氏縣吏，……昌乃易姓名爲李辰。……山都縣吏丘沈遇於江夏，昌名之爲聖人，盛車服出迎之，立爲天子，置百官。……江夏、義陽士庶莫不從之。」

1029 · 廿餘年而河洛爲墟。戎羯俋制，二帝失尊，山陵無所。

陸善經曰：羯，羊也。羊性很，戎狄亦很戾，言似之。

【校箋】《玉篇‧人部》：「很，戾也。本作『狠』。」

1030 · 何哉？樹立失權，託付非才，四維不張，而苟且之政多也。

陸善經曰：託付非才，謂惠帝也。

1031 · 故于時天下非虛弱也。軍旅非無素也。彼劉淵者，離石之將兵都尉；王彌者，青州之散吏也。

陸善經曰：《晉書》云：「惠帝末，妖賊劉柏根起於東萊，弥從之，根

以爲長史也。」

【校箋】根以爲，當作「柏根以爲」。

《晉書・王彌傳》：「惠帝末，妖賊劉柏根起於東萊之惤縣，彌率家僮從之，柏根以爲長史。」

1032・將相侯王，連頭受戮，乞爲奴僕而猶不獲。

陸善經曰：《晉書》云：「劉曜、王弥、石勒同冠洛陽，大將軍吳王晏、光祿大夫竟陵王懋、尚書左僕射和郁等皆遇害，百官士庶死者三万人。」

【校箋】《晉書・孝懷帝紀》：「（光熙五年）六月癸未，劉曜、王彌、石勒同寇洛川，……吳王晏、竟陵王楙、尚書左僕射和郁、右僕射曹馥、尚書閻丘沖、袁粲、王緄、河南尹劉默等皆遇害，曜等遂焚燒宮廟，逼辱妃后，百官士庶死者三萬餘人。」

1033・后嬪妃主，虜辱於戎卒，豈不哀哉！

陸善經曰：曜焚燒宮室，逼辱妃后。劉曜以惠帝羊皇后爲皇后。

【校箋】《晉書・羊皇后傳》：「曜僭位，以（羊皇后）爲皇后。」

1034・昔周之興也，后稷生於姜嫄，而天命昭顯，文武之功，起於后稷。

陸善經曰：《史記》云：「周后稷，其母有邰氏之女，曰姜原。」

【校箋】《史記・周本紀》：「周后稷，名弃。其母有邰氏女，曰姜原。」

1035・又曰：「實穎實栗，即有邰家室。」

陸善經曰：毛傳曰：「穎，穗也。栗，堅實皃。堯見（見）天因邰而生后稷，故國后稷於邰。」

【校箋】正文見《毛詩・大雅・生民》。後「見」字衍。

毛傳：「穎，垂穎也。栗，其實栗栗然。邰，姜嫄之國也。堯見天因邰而生后稷，故國后稷於邰。」

1036・至于公劉遭夏人之亂，去邰之豳，身服厥勞。故其詩曰：「乃裹糇粮，于橐于囊。」

陸善經曰：裹粮，將移居也。

1037・以至于王季，能貊其德音。

　　　陸善經曰‧《史記》云：「古公卒，季歷立，是爲公李。」

　　　【校箋】李，當作季。見《史記‧周本紀》。

1038‧至于文王，儉修舊德，而惟新其命。

　　　陸善經曰：《史記》云：「公季卒，子昌立，是爲西伯。遵后稷、公劉之業。

　　　【校箋】《史記‧周本紀》：「公季卒，子昌立，是爲西伯。西伯曰文王，遵后稷、公劉之業。」

1039‧尊敬師傅，服澣濯之衣，修煩辱之事，化天下以婦道。

　　　陸善經曰：煩辱，謂卑鄙之事。

1040‧故其詩曰：「刑于寡妻，至于兄弟，以御于家邦。」

　　　陸善經曰：寡妻，寡薄之妻，謙也。

1041‧是以漢濱之女，守潔白之志；中林之士，有純一之德。

　　　陸善經曰：毛傳曰：中林，林中也。

　　　【校箋】見《毛詩‧周南‧兔罝》：「肅肅兔罝，施于中林。」之毛傳。

1042‧故自后稷之始基靜民，十五王而文始平之，十六王而武始居之，十八王而康克安之，

　　　陸善經曰：其十六王武始居之，令昇之辞。

1043‧今晉之興也，功列於百王，事捷於三代，盖有爲以爲之矣。

　　　陸善經曰：《礼記》：「子夏問三年之喪，既卒哭，金革之事無避礼與？孔子曰：『昔者魯公伯禽，有爲之。』」

　　　【校箋】《禮記‧曾子問》：子夏問曰：「三年之喪卒哭。」……子夏曰：「金革之事無辟也者，非與？」孔子曰：「吾聞諸老聃曰：『昔者魯公伯禽，有爲爲之也。』」

1044‧宣景遭多難之時，務伐兵雄，誅庶桀以便事，

　　　陸善經曰：庶桀，眾桀暴者也。

1045‧高貴沖人，不得復子明辟；

　　　陸善經曰：《書》云：「惟予沖人不及知。」

【校箋】《尚書・金縢》：「惟予沖人弗及知。」

1046 · 是其創基立本，異於先代者也。又加之以朝寡純德之士，鄉乏不二之老。

陸善經曰：《書》云：「則亦有熊羆之士，弗二心之臣，保乂王家。」

【校箋】又，當作「乂」。

《尚書・康王之誥》：「則亦有熊羆之士，不二心之臣，保乂王家。」

1047 · 劉頌屢言治道，傅咸每糺邪正，皆謂之俗吏。

陸善經曰：《晉書》云：「時朝廷寬弛，吏交私請託。咸奏免河南尹澹、左將軍倩、廷尉高光等。」

【校箋】《晉書・傅玄傳附子咸傳》：「時朝廷寬弛，豪右放恣，交私請託，朝野溷淆。咸奏免河南尹澹、左將軍倩、廷尉高光、兼河南尹何攀等，京都肅然，貴戚懾伏。」

1048 · 其倚杖虛曠，依阿無心者，皆名重海內。若夫文王日昃不暇食，仲山甫夙夜匪懈者，

陸善經曰：謂王夷甫等也。

1049 · 由是毀譽亂於善惡之實，情愿奔於貨慾之塗，選者爲人擇官，官者爲身擇利。

陸善經曰：匪，謂情之隱者。《三略》云：「爲人擇官者亂，爲官擇人者治。」

【校箋】《三略》，卽《黃石公三略》，下邳神人撰，當爲僞書。《隋書・經籍志》、《舊唐書・經籍志》、《新唐書・藝文志》皆著錄爲三卷。《舊唐書・竇誕傳》：「（太宗）乃手詔曰：『朕聞爲官擇人者治，爲人擇官者亂。』」亦見《新唐書・竇誕傳》。

1050 · 而秉鈞當軸之士，身兼官以十數。大極其尊，小錄其要，機事之失，十恒八九。

陸善經曰：兼大官以極其尊名，兼小官以極其錄，其要務所兼既多，故事恒失。

1051 · 子眞著崇讓而莫之省，

陸善經曰：《晉書》云：「劉寔歷吏部郎，以時多進趣，廉遜道缺，著《崇讓論》以矯之也。」

【校箋】《晉書·劉寔傳》：「劉寔字子眞，平原高唐人也。……後歷吏部郎，……以世多進趣，廉遜道闕，乃著《崇讓論》以矯之。」

1052・子雅制九班而不得用，

陸善經曰：劉頌轉吏部尙書，建九班之制，欲令百官希遷，考課能否，明其賞罰。賈郭專朝，仕者欲速，竟不施用也。

【校箋】《晉書·劉頌傳》：「劉頌字子雅……轉吏部尙書，建九班之制，欲令百官居職希遷，考課能否，明其賞罰。賈郭專朝，仕者欲速，竟不施行。」

1053・其婦女莊櫛織紝，皆取成於婢僕，

陸善經曰：莊，謂飾其身也。

1054・先時而婚，任情而動，故皆不恥淫逸之過，不拘妬忌之惡。有逆于舅姑，有反易剛柔，有殺戮妾媵，有黷亂上下，

陸善經曰：《晉陽秋·武紀》云：「初制，女子年十七，父母不嫁，長史配之也。」

【校箋】《晉書·武帝紀》：「制，女年十七，父母不嫁者，使長史配之。」

1055・禮法刑政，於此大壞，如室斯構而去其鑿契，如水斯積而決其隄坊，如火斯畜而離其薪燎也。

陸善經曰：契，要也，謂結構之所也。

1056・故觀阮籍之行，而覺禮教崩弛之所由；

陸善經曰：《晉書》云：「阮籍不師常檢，裴楷来予籍，散髮箕踞，醉而直視。」

【校箋】《晉書·阮籍傳》：「裴楷往弔之，籍散髮箕踞，醉而直視。」

1057・考平吳之功，而知將帥之不讓；

陸善經曰：《晉書》云：「王渾兵出橫江，孫晧遣使送印節詣渾降。既而王濬破石頭，降孫晧。渾意甚不平，（不頻）奏濬不受節度，有司按（按）濬檻車徵，帝弗許也。」

【校箋】「不頻」、後「按」字皆衍文。

《晉書‧王渾傳》:「及大舉伐吳,渾率師出橫江,……孫皓司徒何植、建威將軍孫晏送印節詣渾降。既而王濬破石頭,降孫皓,……意甚愧恨,有不平之色,頻奏濬罪狀,時人譏之。」又《王濬傳》:「渾恥而且忿,乃表濬違詔不受節度,誣罪狀之。有司遂按濬檻車徵,帝弗許。」

1058‧覽傅玄劉毅之言,而得百官之邪;

陸善經曰:《晉紀》:「尚書左僕射劉毅上書言:『治理者,以官才爲本。魏立九品,未見得人,而有八損也。』」

【校箋】《晉書‧劉毅傳》:「遷尚書左僕射。……毅以魏立九品,權時之制,未見得人,而有八損,乃上疏。」

1059‧辛有必見之於祭祀,季札必得之於聲樂,

陸善經曰:得之聲樂,知其將亡也。

1060‧懷帝承亂得位,羈於強臣。

陸善經曰:《晉書》云:「孝懷皇帝自豫章王爲皇太弟,即位,東海王越輔政也。」

【校箋】《晉書‧孝懷帝紀》:「以太傅、東海王越輔政。……其後竟以豫章王爲皇太弟。」

1061‧由此推之,亦有徵祥,而皇極不建,禍辱及身。豈上帝臨我而貳其心,

陸善經曰:上帝,天也。言天旣与之徵祥,當終享帝位,而禍敗相及,豈天貳其心,將二(二)帝不能弘道乎也?

【校箋】後「二」字衍。

1062‧淳耀之烈未渝,故大命重集于中宗元皇帝。

陸善經曰:《大史公自序》:「司馬氏黎之後。」故云:淳耀之烈也。

【校箋】大,當作「太」。

《史記‧太史公自序》:「昔在顓頊,命南正重以司天,北正黎以司地。唐虞之際,紹重黎之後,使復典之,至于夏商,故重黎氏世序天地。其在周,程伯休甫其後也。當周宣王時,失其守而爲司馬氏。」《國語‧鄭語‧史伯爲桓公論興衰》:(史伯)對曰:「且重、黎之後也,夫黎爲高辛氏火正,以淳耀敦大,天明地德,光照四海,故命之曰『祝融』,其功大矣。」

《後漢書皇后紀論》一首

1063・終於五子作亂，冢嗣邁屯。

　　陸善經曰：《國語》曰：「晉獻公伐驪戎，獲姬，有寵，立以為夫人，生奚齊。竟譖殺太子申生，而立奚齊也。」

　　【校箋】《國語・晉語一・史蘇論驪姬必亂晉》：「（晉）獻公伐驪戎，克之，滅驪子，獲驪姬以歸，立以為夫人，生奚齊。」又《晉語二》有《驪姬譖殺太子申生》篇。

1064・高祖帷薄不修，孝文衽席無辯。

　　陸善經曰：帷箔不脩，言內宮無制度也。

　　【校箋】《後漢書・皇后紀》：「高祖帷薄不修。」李賢注引《大戴禮》曰：「大臣坐污穢男女無別者，不曰污穢，曰帷薄不修。」今《大戴禮記》無此文。《漢書・賈誼傳》：誼數上疏陳政事，多所欲匡建，其大略曰：「古者大臣有坐不廉而廢者，不謂不廉，曰『簠簋不飾』；坐汙穢淫亂男女亡別者，不曰汙穢，曰『帷薄不修』。」

1065・然而選納尚簡，飾翫少華。自武元之後，世增淫費，至乃掖庭三千，增級十四。

　　陸善經曰：《漢武故事》云：「上起明光宮，發燕趙美女二千人充之。率取十五以上廿以下，還掖庭。令惣其（其）籍，死者隨補之也。」

　　【校箋】後「其」字衍。

　　《漢武故事》：「上起明光宮，發燕趙美女二千人充之。率皆十五以上二十以下，年滿三十者出嫁，之掖庭。總籍凡諸宮美女萬有八千。」

1066・恩隆好合，遂忘濁蠹。自古雖主幼時艱，王家多釁，委成冢宰，簡求忠貞，未有專任婦人，斷割重器。

　　陸善經曰：淄，黑色。蠹，木虫。言寵能敗德，亦如之。

　　【校箋】《說文解字・蚰部》：「蠹，木中蟲。」

卷一〇二

《四子講德論》一首并序

1067・非有積素累舊之歡，皆塗覯卒遇，而以為親者也。

陸善經曰：言士有不因介紹而達也。

1068 · 故毛嬙西施，善毀者不能蔽其好；

陸善經曰：《越絕書》云：「越飾美女西施，獻之於吳也。」

【校箋】《越絕書》卷十二：「越乃飾美女西施、鄭旦，使大夫種獻之於吳王。」

1069 · 苟有至道，何必介紹？夫子曰：「咨，夫特達而相知者，千載之一遇也。紹賢而處友者，眾士之常路也。是以空柯無刃，公輸不能以斷；但懸曼繒，蒲苴不能以射。

陸善經曰：紹賢，因賢為介紹也。

1070 · 衝蒙涉田而能致遠，未若遵塗之疾也。

陸善經曰：蒙，謂捼梗。

1071 · 咏歎中雅，轉運中律，嘽闡緩舒繹，曲折不失節。

陸善經曰：中律，合聲調也。

1072 · 礼文既集，文學、夫子降席而稱曰：「俚人不識，寡見尠聞，曩從末路，望聽玉音，竊動心焉。

陸善經曰：《蒼頡》篇云：「俚，下邑也。」

【校箋】《漢書·藝文志》：「《蒼頡》一篇。上七章，秦丞相李斯作；《爰歷》六章，車府令趙高作；《博學》七章，太史令胡母敬作。」又「杜林《蒼頡訓纂》一篇，杜林《蒼頡故》一篇。」《隋書·經籍志》：「梁有《蒼頡》二卷，後漢司空杜林注，亡。」《舊唐書·經籍志》、《新唐書·藝文志》皆有：「《蒼頡訓詁》二卷。」

1073 · 德澤洪茂，黎庶和睦，天人並應，屢降瑞福，故作三篇之詩以歌咏之也。」文學曰：「君子動作有應，從容得度，南容三復白珪，孔子睹其慎戒；

陸善經曰：謂天應以瑞，人應以和也。

1074 · 吾所以咏歌之者，美其君術明而臣道得也。君者中心，臣者外體。外體作，然後知心之好惡；臣下動，然後知君之節趨。

陸善經曰：言覩其臣而知其君也。

1075‧良丁砥之，然後知其和寶也。

陸善經曰：砥，磨也矣。

【校箋】《廣雅‧釋詁三》：「砥，磨也。」

1076‧巧冶鑄之，然後知其幹也。

陸善經曰：幹，謂良材也。

1077‧文學曰：「《書》云：『迪一人使四方若卜筮。

陸善經曰：一人為道，使四方之人神之若卜筮，謂以政曉示人也矣（也）。

【校箋】文尾「也」字衍。

1078‧夫忠賢之臣，臣導主志，承君惠，據盛德而化洪，天下安瀾，比屋可封，

陸善經曰：安瀾，無波也。

1079‧處把握而却寥廓，乃欲圖大人之樞機。道方伯之失得，不亦遠矣？」

陸善經曰：《禮記》云：「千里之外設方伯也。」

【校箋】見《禮記‧王制》。

1080‧陳丘子見先生言切，恐二客懟，膝步而前曰：「先生詳之：

陸善經曰：詳之，令安緩也。

1081‧邪論不能惑孔異墨。今刺史質敏以流惠，舒化以楊君，采詩以顯至德，歌詠以董其文，受命如絲，明之如縉，

陸善經曰：質直通敏，以流行恩惠。舒布風化，以贊揚君美。董，督。縉，繩也。

【校箋】《爾雅‧釋詁下》：「董、督，正也。」

1082‧亦未巨過也。願二子措意焉。」夫子曰：「否。夫雷霆必發，而潛底震動，抱鼓鏗鏘，介士奮竦。故物不震不發，士不激不勇。今文學之言，欲以議愚感敵，舒先生之憤，願三生亦勿疑。」

陸善經曰：潛底，謂蟄蟲也。此皆愚者所疑，故文學以發斯議。

1083·三代以上，皆有師傅；五伯以下，各自取友。

陸善經曰：謂若神農師悉諸、黃帝師封鉅等。

【校箋】《呂氏春秋·紀部·尊師》：「神農師悉諸，黃帝師大撓。」《史記·孝武本紀》：「公王帶曰：『然風后、封鉅、岐伯令黃帝封東泰山。』」《集解》引應劭曰：「封鉅，黃帝師。」

1084·晉文有各犯趙衰，取威定霸，以尊天子。

陸善經曰：尊天子，謂納襄王也矣。

【校箋】《史記·晉世家》：「（晉文公）二年春，秦軍河上，將入王。趙衰曰：『求霸莫如入王尊周。周晉同姓，晉不先入王，後秦入之，毋以令于天下。方今尊王，晉之資也。』三月甲辰，晉乃發兵至陽樊，圍溫，入襄王于周。」

1085·欲以立威，則百蠻不足攘也。今聖主冠道德，履純仁，被六藝，佩礼文，

陸善經曰：冠，謂戴之也。

1086·屢下明詔，舉賢良，求術士，招異倫，拔俊茂。

陸善經曰：《漢書·宣紀》制曰：「遣太中大夫彊等十二人循行天下，舉茂才異倫之士也矣。」

【校箋】《漢書·宣帝紀》：「遣大中大夫彊等十二人循行天下，存問鰥寡，覽觀風俗，察吏治得失，舉茂材異倫之士。」

1087·是以海內勸慕，莫不風馳雨集，雜襲並至，填庭溢闕。含淳咏德之聲盈耳，登降揖讓之禮極目，

陸善經曰：言自勸勉而慕聖化也。

1088·進者樂其條暢，怠者欲罷不能。

陸善經曰：言化感之深也。

1089·惻隱身死之腐人，悽愴子弟之累首。

陸善經曰：腐，敗爛也。

【校箋】《說文解字·肉部》：「腐，爛也。」

1090·先生獨不聞秦之時耶？違三王，背五帝，滅詩書，壞礼義；信任

群小，憎惡仁智，詐僞者進逵，佞諂者容入。宰相刻峭，大理峻法。

陸善經曰：大理，廷尉也。

【校箋】《史記．孝景本紀》：「（中六年三月），更命廷尉爲大理。」

1091．夫名自正而事自定也。今南郡獲白虎，亦偃武興文之應也。獲之者張武，武張而猛服也。是以北狄賓合，邊不恤寇，甲士寢而旍旗仆也。

陸善經曰：《宣紀》曰：匈奴今求和親，將眾来降。單于稱臣，奉珎朝賀，北方晏然，無有兵革（革）也矣。

【校箋】後「革」字衍。

《漢書．宣帝紀》：「（五鳳元年）詔曰：『虛閭權渠單于請求和親，……將眾五萬餘人來降歸義。單于稱臣，使弟奉珍朝賀正月，北邊晏然，靡有兵革之事。』」

1092．收秋於奔狐馳菟，穫刈則顛倒殪仆。

陸善經曰：顛倒殪仆，謂奔敵如農之穫刈也。

1093．是以三王不能懷，五伯不能綏，驚邊抏士，屢犯芻蕘，詩人所歌，自古患之。

陸善經曰：《漢書》云：「周懿王時，王室遂衰，戎狄交侵，中國被其苦，詩人哥之曰：『靡室靡家，獫狁之故』；『豈不日戒，獫狁孔棘』也。」

【校箋】哥，誤，當作「歌」。

《漢書．匈奴傳》：「至穆王之孫懿王時，王室遂衰，戎狄交侵，暴虐中國。中國被其苦，詩人始作，疾而歌之，曰：『靡室靡家，獫允之故；』『豈不日戒，獫允孔棘。』」《毛詩．小雅．采薇》：「靡室靡家，玁狁之故。」又「豈不日戒，玁狁孔棘。」

1094．乾坤之所開，陰陽之所接，編結沮顏，燋齒梟瞷，翦髮黥首，文身裸袒之國，

陸善經曰：燋齒，盖黑如燋也。

1095・靡不奔走貢獻，懽忻來附，婆娑嘔吟，皷掖而笑。

　　陸善經曰：皷掖，蓋其抃舞之容。

1096・夫鴻均之世，何物不樂？飛鳥翕翼，淵魚奮躍。

　　陸善經曰：鴻均，大平也。

卷一一三

《夏侯常侍誄》一首　并序

1097・夏侯湛，字孝若，譙國譙人也。少知名，弱冠辟太尉府，

　　陸善經曰：大尉，賈充也。

　　【校箋】大，當作「太」。買，當作「賈」。

　　《晉書・夏侯湛傳》：「（湛）少為太尉掾。」又《賈充傳》：「（充）尋轉太尉、行太子太保、錄尙書事。」

1098・事君直道，與朋信心。雖實唱高，猶賞尒音。

　　陸善經曰：今唱曲實高，賞音者亦多也。

1099・忠節允著，清風載興。

　　陸善經曰：載興，風化興立也（也）。

　　【校箋】文尾「也」字衍。

1100・設官建輔，妙簡邦良。用取唯舌，相尒南陽。

　　陸善經曰：喉舌，謂中書郎也。

　　【校箋】正文「唯」當作「喉」，筆誤。

　　《晉書・夏侯湛傳》作「除中書侍郎」，《世說新語・文學》劉孝標注引《文士傳》亦作「歷中書侍郎」。

1101・乃眷北顧，辭祿延喜。

　　陸善經曰：北顧，謂罷南陽還東京也。

1102・班白攜手，何懽如之！

　　陸善經曰：《晉書》云：潘岳爲眾所疾，逐栖遲十餘年。湛與岳友善，每行止同輿接茵。

【校箋】《晉書‧潘岳傳》：「岳才名冠世，爲眾所疾，遂栖遲十年。」又《夏侯湛傳》：「與潘岳友善，每行止同輿接茵。」

1103‧執戟疲揚，長沙投賈。

陸善經曰：行高爲眾所疾也。揚雄疲於執戟，賈誼謫於長沙，故以誡也。

【校箋】《文選‧曹子建與楊德祖書》：「昔楊子雲先朝執戟之臣耳。」《史記‧屈原賈生列傳》：「乃以賈生爲長沙王太傅。……（賈生）又以適去，意不自得。」

1104‧子乃洗然，變色易容。慨焉歎曰：道固不同。

陸善經曰：岳誠以從眾，而湛稱道不同，各守其志也。

1105‧莫涅匪淄，莫磨匪磷。子獨正色，居屈志申。

陸善經曰：言無涅而不緇者，無磨而不磷者，子則不也。正色，不苟合也矣。

1106‧雖不介以，猶致其身。獻替盡規，媚茲一人。

陸善經曰：不介，以不見用也。

1107‧望子舊車，覽尔遺衣。愊抑失聲，迸涕交揮。

陸善經曰：愊億，盈滿也。

【校箋】愊億，同「愊抑」。《漢書‧陳湯傳》：「策慮愊億。」顏師古曰：「愊億，憤怒之貌也。」《廣雅‧釋詁一》：「愊，滿也。」

1108‧前思未弭，後感仍集。積悲滿懷，逝矣安及！嗚呼哀哉！

陸善經曰：逝者日遠不可追及。

《汧馬督誄》一首　并序

1109‧俾百姓流亡，頻於塗炭。

陸善經曰：頻（煩），言數也。

【校箋】「煩」字衍。

1110‧建威喪兀於好畤，州伯宵遯乎大谿。

陸善經曰：州伯，謂刺史也矣。

1111· 剖符專城，紆青拖紫之司，奔走失其守者，相望於境。

陸善經曰：《晉書》曰：「齊万年反，諸軍將覆敗相繼。」剖符專城，牧伯之位也。

【校箋】《晉書·孟觀傳》：「氐帥齊萬年反於關中，眾數十萬，諸將覆敗相繼。」

1112· 秦隴之僭，鞏更為魁，

陸善經曰：魁，帥也。

【校箋】《尚書·胤征》：「殲厥渠魁，脅從罔治。」偽孔傳：「魁，帥也。」

1113· 子以眇尒之身，介乎重圍之裏；

陸善經曰：介，間也矣。

【校箋】《左傳》襄公九年：「天禍鄭國，使介居二大國之間。」杜預注：「介，猶間也。」

1114· 甕陳焦之麦，柿桷梠之松。

陸善經曰：柿，謂削之為札也。梠，連簷也。今江東呼為櫋梠。

【校箋】《方言》卷十三：「屋梠謂之櫋。」郭璞注：「雀梠，即屋檐也。」

1115· 凶醜駭而疑懼，乃闕掘地而攻。子命穴浚壍，寘壺鑪瓶瓾以偵之。

陸善經曰：《字書》云：「鑪，古壘字也。」

1116· 然潔士之聞穢，其庸致思乎？

陸善經曰：言潔白之士聞有玷穢於己者，憤而自死，豈復用心致思求自免乎？

1117· 若乃下吏之肆其噤害，則皆妬之徒也。嗟乎！妬之期善，抑亦賊首之讎也。

陸善經曰：妬，謂疾其功也。

1118· 保此汧城，救我邊危。彼邊奚危？城小粟富。子以眇身，而裁其守。兵無加衛，墉不增築。貪婪群狄，犲虎競逐。

陸善經曰：裁，謂裁制其事。婪，謂貪而愛惏之。

【校箋】惏，同「婪」。

1119 · 蠢蠢犬羊，阻□眾淩寡。

陸善經曰：犬羊，謂氐羌也。

1120 · 愜愜窮城，氣若無假。昔命懸天，今也惟馬。

陸善經曰：愜愜，氣息小皃。無假，言將絕也矣。

1121 · 偵以瓶壺，劋以長塹。

陸善經曰：劋，謂穿城內爲塹也。

1122 · 舌未見鋒，火以起焰。薰尸滿窟，掊穴以斂。

陸善經曰：言氐□攻舌未見其□□，以爲城內所薰而死也矣。

1123 · 木石匱竭，其稈空虛。瞛然馬生，傲若有餘。

陸善經曰：其，豆莖。芉，草莖也。瞛然，□決皃。

【校箋】《說文解字·艸部》：「其，豆莖也。」

1124 · 弩梁爲礎，柹松爲蓻。守不乏械，歷有鳴駒。

陸善經曰：械，兵器也。

1125 · 悠悠列將，覆軍喪器。戎釋我徒，顯誅我師。以生易死，疇克不二。

陸善經曰：列將，謂解系、盧播之屬也。

【校箋】列將，胡刻、叢刊本作「烈將」。

《晉書·周處傳》：「肜復命處進討。乃與振威將軍盧播、雍州刺史解系攻萬年於六陌。……自旦及暮，斬首萬計，弦絕矢盡。播、系不救。」

1126 · 聖朝西顧，關右震惶。分我汧庾，化爲寇粮。實賴夫子，思暮弥長。咸使有勇，致命知方。

陸善經曰：分，謂意分失之。

1127 · 矧乃吾子，功深疑淺。兩造未具，儲隸盖尠。孰是勳庸，而不獲免？

陸善經曰：儲隸，謂私隸數口也。

1128 · 猬哉部司，其心反側。斷善害能，醜正惡直。

　　陸善經曰：反側，言用法偏也。斷，謂傷害之也。

1129 · 聞穢鷹揚，曾不戢翼。

　　陸善經曰：此謂州司，譏其不能鷹揚戢翼，致討於姦穢，反陷正直也矣。

1130 · 忘尒大勞，猜尒小利。苟莫開懷，于何不至？

　　陸善經曰：小利，私隸儲穀也。部司不開錄善之懷，故誣構何所不至？

《陽給事誄》一首

1131 · 瓚少稟志節，資性忠果，奉上以誠，率下有方。朝嘉其能，故授以邊事。永初之末，佐守滑臺。

　　陸善經曰：《十三州記》云：「滑臺，禹堙洪水所筑也矣。」

　　【校箋】《隋書·經籍志》：「《十三州志》十卷。闞駰撰。」《舊唐書·經籍志》、《新唐書·藝文志》著錄爲十四卷。《魏書·闞駰傳》：「撰《十三州志》，行於世。」

1132 · 值國禍荐臻，王略中否。獫虜間釁，劘剝司兗；

　　陸善經曰：國禍，謂高祖崩也。薰，謂薰粥，匈奴之別名。劘，削也矣。

　　【校箋】《漢書·匈奴傳》：「唐虞以上有山戎、獫允、薰粥。」顏師古曰：「皆匈奴別號。」

1133 · 而瓚誓命沉城，佻身飛鏃，兵盡器竭，斃于旗下。

　　陸善經曰：沉，謂當沒於敵也。

1134 · 貞不常祜，義有必甄。處父勤君，怨在登賢。

　　陸善經曰：言爲忠貞者，不必常蒙祜福。有行義者，必見甄表。處父登賢見敜，是貞不常祜也（敜是）。

　　【校箋】文尾「敜是」衍。

1135 · 苫夷致果，題子行間。

　　陸善經曰：題，謂爲之名目也。

1136‧如彼竹栢，負雪懷霜。如彼騑駬，配服驂衡。

　　陸善經曰：言瓚有志節，思効其用也。

1137‧昔惟華國，今實邊亭。憑巘結關，負河縈城。金柝夜擊，和門畫扃。

　　陸善經曰：言昔爲華夏之國，今居宋魏之境。《括地志》曰：「馬故關，漢白馬津也。」《周官》注曰：「軍門曰和也。」

　　【校箋】《舊唐書‧濮王泰傳》：「（貞觀）十五年，泰撰《括地志》功畢，表上之，詔令付祕閣。」《新唐書‧藝文志》著錄爲五百五十卷。《周禮‧夏官‧大司馬》：「遂以狩田，以旌爲左右和之門。」鄭玄注：「軍門曰和。」

1138‧翳翳窮壘，嗷嗷群悲。師老變形，地孤援闊。

　　陸善經曰：翳翳，微劣也。變形，言瘠。援闊，無終也。

1139‧賁父殞節，魯人是志。汧督効貞，晉策攸記。

　　陸善經曰：志，亦「記」也矣。

卷一一六

1140‧《陳太丘碑文》一首并序

　　陸善經曰：太丘，今譙郡永城東北也。

1141‧四爲郡功曹，五辟豫州，六辟三府，再辟大將軍，宰聞喜半歲，太丘一年。

　　陸善經曰：《後漢書》云：「司空黃瓊辟選治劇，補聞喜長，旬月，以朞喪去官。復再遷除太丘長。修德清靜，百姓安治。以沛相賦斂違法，及解印去，吏人追思之。」

　　【校箋】《後漢書‧陳寔傳》：「司空黃瓊辟選理劇，補聞喜長，旬月，以朞喪去官。復再遷除太丘長。修德清靜，百姓以安。……以沛相賦斂違法，及解印綬去，吏人追思之。」

1142‧會遭黨事，禁固廿年，樂天知命，澹然自逸。

　　陸善經曰：《後漢書》云：「後逮捕黨人，事亦連寔。餘人多逃避求免，

寔曰：『吾不就獄，眾無所恃也。』」

【校箋】見《後漢書・陳寔傳》。

1143・故時人高其德，重乎公相之位也。

陸善經曰：言重公相之位，思以居其人也。

1144・年八十有三，中平三年八月丙午，遭疾而終。臨沒顧命，留葬所
卒，

陸善經曰：《後漢書》：寔卒于家也。

【校箋】《後漢書・陳寔傳》：「中平四年，年八十四，卒于家。」

1145・文爲德表，範爲士則，存誨沒号，不亦宜乎！

陸善經曰：言存務誨物，故沒有美号也矣。

1146・含光醇德，爲士作呈。資始既正，守終又令。

陸善經曰：資始，資生之始，謂立身也。

【校箋】《周易・乾》：「萬物資始。」

1147・遠近會葬，千人以上。河南尹种府君臨郡，

陸善經曰：謝承《後漢書》：种府君名拂，种暠之子。种，与「仲」同。

【校箋】《後漢書・种暠傳》：「种暠字景伯，河南洛陽人，仲山甫之後
也。……二子：岱，拂。」李善注引謝承《後漢書》曰：「劉翊，潁川
人。河南尹种拂嘗來臨郡，翊爲主簿迎之。到官，深敬待之。」

《褚淵碑文》一首

1148・公諱淵，字彥回，河南陽翟人也。微子以至仁開基，宋段以功高
命氏。

陸善經曰：王僧孺《百家譜》云：宋恭公子石食荣於褚，其德可師，
因而氏焉。

【校箋】《百家譜》三十卷，王僧孺撰。《隋書・經籍志》、《舊唐書・經籍
志》、《新唐書・藝文志》皆著錄之。《新唐書・宰相世系表二下》：「褚氏
出自子姓。宋共公子段，字子石，食采於褚，其德可師，號曰『褚師』，
生公孫肥，子孫因爲褚氏。」

1149・爰隶兩漢，儒雅繼及；

陸善經曰：《史記》有褚先生。

【校箋】《史記集解》引張晏曰：「《武紀》，褚先生補作也。褚先生名少孫，漢博士也。」《史記索隱》按：「褚先生補《史記》，合集武帝事以編年，今止取《封禪書》補之，信其才之薄也。」又引張晏云：「褚先生潁川人，仕元成閒。」

1150・魏晉以降，弈世重暉。乃祖太傅元穆公，

陸善經曰：《百家譜》：晉初，有褚礐平東將軍。

【校箋】《新唐書・宰相世系表二下》：「漢梁相褚大，元、成間有褚先生少孫，裔孫重，始居河南陽翟。裔孫招，安東將軍、揚州都督、關內侯。孫礐，字武良，晉安東將軍，始徙丹楊。」《元和姓纂》卷六：「晉褚礐，安東將軍。」

1151・神茂初學，業隆弱冠。

陸善經曰：初學，謂十歲就傅也。業，謂經術德業。

1152・袁陽源才氣高奇，綜覈精裁；

陸善經曰：《宋書》：袁淑字陽源。

【校箋】見《宋書・袁淑傳》。

1153・具瞻之範既著，台衡之望斯集。

陸善經曰：言少而有公輔之才望也矣。

1154・恪居官次，智効唯穆。

陸善經曰：穆，敬也矣。

【校箋】《尚書・金縢》：「我其為王穆卜。」僞孔傳：「穆，敬。」

1155・事寧，領太子右衛率，固讓不拜。尋領驍騎將軍。以帷幄之功，膺庸祗之秩，封雩都縣開國伯，食邑五百戶。

陸善經曰：雩都，今屬南安也矣。

【校箋】南安，當作「南康」。據《舊唐書・地理志》，雩都、南安同屬南康郡。

1156・丁所生母憂，謝職。毀疚之重，因心則至。

陸善經曰：《齊書》：淵所生郭氏也。

【校箋】《南齊書・褚淵傳》：「遭庶母郭氏喪，有至性，數日中，毀頓不可復識。」

1157・亦猶稷契之臣虞夏，荀裴之奉魏晉。

陸善經曰：《晉書》云：荀顗爲侍中，武帝受禪遷司空。

【校箋】《晉書・荀顗傳》：「擢拜散騎侍郎，累遷侍中。……咸熙中，遷司空。」

1158・故能騁績康衢，延慈哲后。義在資敬，情同布衣；

陸善經曰：言爲齊高祖所任遇也。資敬，事父之敬以事君也。同布衣，捨君臣之礼也矣。

1159・參以酒德，間以琴心。

陸善經曰：劉靈作《酒德頌》也。

【校箋】靈，當作「伶」。

1160・曖有餘暉，遙然留想。君垂冬日之溫，臣盡秋霜之戒，

陸善經曰：秋霜，言如履霜也。

1161・追贈太宰，侍中錄尚書公如故，給節羽葆皷吹增班劍爲六十人，謚曰文簡，礼也。

陸善經曰：公，謂司徒也。

1162・經始圖終，式免祇悔。誰云克儉，公實有焉。

陸善經曰：悔，過也。言當禪代之際，忘心於貴賤，乃能免禍也。

1163・故吏某甲等，感逝川之無舍，哀清暉之眇默。

陸善經曰：眇默，言無象也矣。

1164・辰精感運，昴靈發祥。

陸善經曰：言齊氏之將興，而生彥回爲助也矣。

1165・（永言必孝，因心則友。仁洽兼濟，愛深善誘。）

陸善經曰：言其孝友仁愛皆侴也矣。

【校箋】正文《文選集注》全缺，據胡刻、叢刊本補。

1166‧內暮帷幄，外曜台階。

陸善經曰：台階，三台太階，宰輔之位也矣。

1167‧跡屈朱軒，志隆衡館。

陸善經曰：跡屈朱軒，言屈跡於朱軒，如志在衡門之館也。

2 陸善經及其注釋《文選》

2.1 陸善經生平索隱

　　陸善經生卒年歲，現海內外文獻均無明文所載。然其人其事，猶雪泥鴻爪，尚能從由些許點滴資料管中窺豹，鉤沉索隱出二三模糊片斷。

　　據《元和姓纂》，陸善經乃晉太常卿陸始、齊度支郎中陸匡丞之後。高祖敬，唐蘇州刺史陸孜兄〔註1〕。《晉書・陸曄傳》載，陸始歷任晉侍中、尚書，為陸曄弟玩之子。曄，吳郡吳人也。伯父喜，吳吏部尚書。喜父瑁。又《三國志・吳書・陸瑁傳》：「陸瑁字子璋，丞相遜弟也。」故陸善經為江東名門陸氏一族。

　　《白氏長慶集・唐贈尚書工部侍郎吳郡張公神道碑銘并序》：「（張公）夫人吳郡陸氏，貞元二年某月某日，終于某所，春秋六十六。……夫人陸氏，即國子司業集賢殿學士善經之女。賢明有法度。初，公既歿，諸子尚幼。夫人勤求衣食，親執詩書，諷而導之。」是陸善經之女卒於貞元二年（786 年），春秋六十六，應生於開元九年（721 年）。既已生子女，陸善經其時必已成年。若以是時善經為二十至三十歲，則當生於武則天天授二年（691 年）至大足元年（701 年）之間。

　　湖南平江有「六相隱平江」之說。六相指侍郎劉光謙、侍郎徐安貞、陳侍郎、侍郎白琪、侍郎陸善經、侍郎李安甫。清嘉慶、同治兩朝的《平江縣

〔註 1〕　《元和姓纂》作「唐蘇州刺史陸孜兄元孫善敬，國子司業」，岑仲勉校記曰：
　　　　善經與善敬同音、同官、同時，「敬」字訛也。

志》皆言唐天寶中，侍郎陸善經隱居於縣西八十里的芭蕉寺，且有其陸善經墓。更有一說，天寶十四年（755年），因「安史之亂」，徐安貞等四人避居平江。次年春，陸善經、李安甫訪徐，也定居當地〔註2〕。考《舊唐書·徐安貞傳》，徐安貞天寶初卒，當無天寶末隱居平江之事。唯徐安貞、劉光謙與陸善經同注過《禮記·月令》。若《舊唐書》不誤，則徐氏隱居之言當僞，但陸善經墓却未必非眞。善經終老平江也可暫備一說。

《新唐書·藝文志二》：「《開元禮》一百五十卷開元中，通事舍人王喦請改《禮記》，附唐制度，張說引喦就集賢書院詳議。說奏：『《禮記》，漢代舊文，不可更，請脩貞觀、永徽五禮爲《開元禮》。』命賈登、張烜、施敬本、李銳、王仲丘、陸善經、洪孝昌撰緝，蕭嵩總之。」又《舊唐書·禮儀志一》載，王喦上疏在開元十四年（726年），初令學士右散騎常侍徐堅及左拾遺李銳、太常博士施敬本等檢撰，歷年不就。說卒後，蕭嵩代爲集賢院學士，始奏起居舍人王仲丘撰成一百五十卷，是爲《大唐開元禮》。據《資治通鑒》，《開元禮》成於開元二十年九月乙巳。張說卒於開元十八年（730年）。善經當在開元十八至二十年間參預此事。

《玉海》卷四十六引韋述《集賢注記》：「史館舊有令狐德棻所撰《國史》及《唐書》，皆爲紀傳之體。令狐斷至貞觀，牛鳳及迄於永淳。及吳長垣在史職，又別撰《唐書》一百一十卷，下至開元之初。韋述綴輯二部，益以垂拱後事，別欲勒成紀傳之書。蕭令嵩欲早就，奏賈登、李銳，太常博士褚思光助之。又奏陸善經、梁令瓚入院，歲餘不就。」預修撰史書之事的賈登、李銳及蕭嵩同見於修《開元禮》之事，則修史起始之時當與修禮幾乎同時。

《新唐書·藝文志二》：「《六典》三十卷開元十年，起居舍人陸堅被詔集賢院脩『六典』，玄宗手寫六條，曰理典、教典、禮典、政典、刑典、事典。張說知院，委徐堅，經歲無規制，乃命母煚、余欽、咸廩業、孫季良、韋述參撰。始以令式象《周禮》六官爲制。蕭嵩知院，加劉鄭蘭、蕭晟、盧若虛。張九齡知院，加陸善經。李林甫代九齡，加苑咸。二十六年書成。」《舊唐書·張九齡傳》稱，張說卒後，召拜九齡爲祕書少監、集賢院學士，副知院事。《舊唐書·玄宗紀上》：「（開元二十四年）十一月壬寅，中書令張九齡爲尚書右丞相，並罷知政事。兵部尚書李林甫兼中書令。」《舊唐書·

〔註2〕《平江姓氏》之《遷徙考究》，載平江網 www.hnpj.com/Article/ShowArticle.asp?ArticleID=2339

李林甫傳》載其代九齡爲中書、集賢殿大學士、修國史。則陸善經開始參修《六典》當在開元十八至二十四年之間。

《玉海》卷五十四引韋述《集賢注記》：「（開元二十年）五月，令智明、元成、陸善經專注《文選》，事竟不就。」

《新唐書·藝文志一》：「御刊定《禮記·月令》一卷集賢院學士李林甫陳希烈徐安貞、直學士劉光謙齊光乂陸善經、脩撰官史玄晏待制官梁令瓚等注解。」李林甫爲集賢殿大學士在開元二十四年（736 年），則陸善經以集賢院直學士身份注《月令》之事當在此之後。李林甫《進御刊定禮記月令表》載，陸善經當還有河南府倉曹參軍的頭銜。

開元二十七年（739 年），太常議禘祫禮，禮部員外郎崔宗之駁下太常，令更詳議，令集賢學士陸善經等更加詳覈，善經亦以其議爲允。此時，陸善經已擢升集賢學士。

據《會稽掇英總集》卷二，天寶三年（744 年），太子賓客賀知章歸老，唐玄宗爲之餞行，並賦詩相贈。陸善經亦預茲宴，和詩云：

> 至貴不忘初，辭榮返舊居。
> 霓裳因寵錫，鶴駕欲凌虛。
> 丹禁傾三事，青門祖二疏。
> 函關遇眞隱，應演道家書。

楊守敬《日本訪書志》「《古鈔蒙求》」條載：「天寶五年八月一日，饒州刺史李良上表，令國子司業陸善經爲表，表未行，而良授贊事（疑當是「受替」，「事」字屬下）因寢。」查《敦煌古籍敘錄新編》收錄伯二七一〇號《李氏蒙求》確有此語。

清同治《平江縣志》載有陸善經《寓泊羅芭蕉寺》詩一首：

> 寒泉瀉破青山腹，青山不改寒泉綠。
> 幽人一派泉石心，倚溪著此數椽屋。
> 窗外飄噴萬斛珠，枕邊玲瓏一片玉。
> 山閒金龍嘯欲飛，澗底銀蟾清可掬。
> 敲磬愁驚曉鷺眠，停經坐看昏鴉浴。
> 香浮茗雪滋肺腑，響入松濤震崖谷。
> 清淨耳聆絕絃琴，廣長舌相無生曲。
> 客來坐此亦忘歸，溪南溪北千竿竹。

2.2 陸善經學術背景探賾

陸善經著作除已上所述之外，《新唐志三》還著錄有：陸善經注《孟子》七卷。《宋史·藝文志》同。《崇文總目》卷五：「《孟子》七卷，陸善經注。善經，唐人。以軻書初爲七篇，因刪去趙岐章旨與其注之繁重者，復爲七篇云。」孫奭撰《孟子正義·序》：「其書由炎漢之後，盛傳於世。爲之注者，則有趙岐、陸善經；爲之音者，則有張鎰、丁公著。自陸善經已降，其所訓說雖小有異同，而共宗趙氏。」宋晁說之《景迂生集》卷十五《答賈子莊書》「足下試以唐陸善經《孟子》，對今孫宣公所校定《孟子》，斷可見其文之異同也。」

孫奭《孟子注疏》卷一下引陸善經云：「折枝，折草樹枝。」

明陳士元《孟子雜記》卷四「爨鍾」條，引陸善經《孟子音義》：「爨，許刃切。」「志壹則動氣，氣壹則動志」條，引陸善經云：「志氣閉，而爲壹志。閉塞則氣不行，氣閉塞則志不通。」（《孟子注疏·公孫丑章句上》趙岐注同）「岑樓」條引陸善經云：「岑樓，山之銳嶺者。」（《孟子注疏·告子章句下》趙岐注同）「子莫執中」條引陸善經云：「子等無執中也，指楊墨言。」

清程大中《四書逸箋》卷四「龍斷」條：「趙註：龍斷，謂堁斷而高者也。今《集註》祇以『岡壟』易『堁』字。秀水朱氏《經義考》謂：龍斷義，趙註未詳。今《集註》本陸氏善經未細檢趙註耳。」卷五「湍水」條：「趙註：湍水，圓也，謂湍縈水也。孫氏疏云：縈回之水。陸氏善經註云：湍，波流也。《集註》蓋兼從之。」

清梁詩正、蔣溥、汪由敦奉勅撰《欽定叶韻彙輯》卷三十七「理」條：「《韻注》：『落代切。』《孟子》：『稽大不理于口。』陸善經讀『頼』。」頼，賴之俗字。今《孟子注疏·盡心章句下》趙岐注：「理，賴也。」

綜上所述，今本《孟子注疏》至少有三條陸注被混同爲趙注。

宋晁公武《郡齋讀書志》卷十四：「《同姓名錄》三卷，梁元帝撰。纂類歷代同姓名人，成書一卷。唐陸善經續增廣之。」《梁書·元帝紀》作《古今同姓名錄》，《金樓子·著書》作《同姓名錄》。《隋志》、兩《唐志》皆作《同姓名錄》，著錄爲一卷。又陳振孫《直齋書錄解題》卷十一：「《古今同姓名錄》一卷，梁元帝撰。有陸善經者續之至五代時。」陳氏所言「續之至五代」當誤。

《宋本廣韻》卷一「狓」下注：「出《新字林》。」「𤲃」下注：「出陸該

《字林》。」卷二「烊」下注：「出陸善經《字林》。」「撽」下注：「出陸氏《字林》。」卷三「紕」、「睍」、「呎」、「對」下注：「出《新字林》。」

宋毛晃增注、毛居正重增《增修互註禮部韻略》卷五「昧」下注：「陸善經《字林》作『昧。』」

《新字林》、陸該《字林》、陸善經《字林》、陸氏《字林》當爲同一書。黃奭輯有陸善經《新字林》一卷，其疑「該」爲陸善經之名。

日本書目所載陸善經之作甚眾。《日本國見在書目》上有：《周易》八卷，陸善經注；《古文尚書》十卷，陸善經注；《周詩》十卷，陸善經注；《三禮》卅卷，陸善經注；《春秋三傳》卅卷，陸善經注；《論語》六卷，陸善經注；《孟子》七（卷），陸善經注；《列子》八（卷），陸善經注。據虞萬里介紹，日人水澤利忠蒐輯日本古刊、古抄本《史記》中陸善經注一百多條，成《陸善經史記注佚文拾遺》一種。是陸善經又曾注釋《史記》〔註3〕。

陸善經的著作（據《舊唐書·經籍志》分類）：

經部：《周易注》、《古文尚書注》、《周詩注》、《三禮注》、《禮記·月令注》（參修）、《春秋三傳注》、《論語注》、《新字林》

史部：《史記注》、《開元禮》（參修）、《六典》（參修）

子部：《孟子注》、《列子注》

集部：《文選注》、《和唐玄宗〈送賀知章歸四明〉詩》、《寓泊羅芭蕉寺詩》、《代李良上〈蒙求〉表》

綜上觀之，陸善經遍注九經、《論語》及子史，兼通小學，詩作也頗有根柢。其注《文選》，實極具相當深厚的學術功底。

2.3 陸善經之前的《文選》注釋

昭明編纂《文選》以成，幾近百年，方有其族人蕭該入隋所撰《文選音義》，此乃至今文獻所載最早的《文選》注釋。高步瀛稱之爲「蕭氏家學」〔註4〕。繼之而起者，爲揚州江都曹憲，亦撰有《文選音義》。《新唐書·儒

〔註3〕 《唐陸善經行歷索隱》，載虞萬里《榆枋齋學術論集》，江蘇古籍出版社，2001 年。
〔註4〕 《隋書·儒林·蕭該傳》：「蘭陵蕭該者，梁鄱陽王恢之孫也。……開皇初，賜爵山陰縣公，拜國子博士。……後撰《漢書》及《文選》音義，咸爲當時所貴。」又高步瀛《文選李注義疏》卷一：「鄱陽王恢即梁武帝之弟，是該即昭明太子從父兄弟之子。而《文選》注以該爲最先，亦可謂蕭氏家學矣。」

學‧曹憲傳》：「憲始以梁昭明太子《文選》授諸生，而同郡魏模、公孫羅、
江夏李善相繼傳授，於是其學大興。句容許淹者，自浮屠還為儒，多識廣聞，
精故訓，與羅等並名家。羅官沛王府參軍事、無錫丞。模，武后時為左拾遺，
子景倩亦世其學，以拾遺召，後歷度支員外郎。」《舊唐書》其傳曰：「初，
江淮間為《文選》學者，本之於憲。又有許淹、李善、公孫羅，復相繼以《文
選》教授，由是其學大興。」《文選》學自曹憲始有其名，至李善、公孫羅
等已蔚為大觀。顯慶三年（658 年）九月，李善表上《文選注》。六年正月
二十七日，善注《文選》六十卷藏於秘府。是為官方對《文選》及其學的正
式認可。到開元六年（718 年），又有呂延祚表上五臣集注《文選》。留存至
今的還有一敦煌本《文選注》寫卷（一截藏日本東京永青文庫、一截藏天津
藝術博物館），岡村繁斷為初唐人所著〔註 5〕。五臣之後，陸善經獨注之前
亦有注釋《文選》的明確舉動（詳見後文）。足見唐代《選》學之盛。

　　《文選》的流行，乃至在隋唐以《選》學之名勃然大興，實與科舉的考
試內容轉變密切關聯。一部沉思翰藻的純文學作品，反緣干祿之塗廣為流
佈，《選》中自有千鍾粟啊！《唐會要》卷七十五《貢舉上‧帖經條例》載：
「永隆二年八月敕：如聞明經射策，不讀正經，抄撮義條，纔有數卷；進士
不尋史籍，惟誦文策，詮綜藝能，遂無優劣。自今已後，明經每經帖十得六
已上者，進士試雜文兩首，識文律者，然後令試策。其明法並書算舉人，亦
準此例。」雜文兩首，《登科記考》卷二有明確解釋：「按雜文兩首，謂箴銘
論表之類，開元間始以賦居其一，或以詩居其一，亦有全用詩賦者，非定制
也。雜文之專用詩賦，當在天寶之間。」永隆二年為公元 681 年，恰在李善、
五臣表上《文選》注之間。從雜文的內容看，箴、銘、論、表、賦、詩在《文
選》中都有眾多前代的典範之作。甚或可謂科考的內容與《選》學在一定程
度上互為表裏。後來，到開成元年（836 年），詔禮部高侍郎鍇復司貢籍，曰：
「……其所試賦，則準常規；詩則依齊梁體格。」那時，明確以齊梁體格作
為評判科考詩的標準。而《文選》最為齊梁作品之集大成者。

2.4 陸善經注釋《文選》簡論

　　陸善經注《文選》一事，現僅見於《玉海》轉引之《集賢注記》。陸注

〔註 5〕羅國威箋證，《敦煌本〈文選注〉箋證‧序》，巴蜀書社，2000 年。

《文選》，現今所存中外書目均無所載，誠珍貴之極。

《玉海》卷五四引《集賢注記》曰：「開元十九年三月，蕭嵩奏王智明、李元（玄）成、陳居注《文選》。先是馮光震奉敕入院校《文選》，上疏以李善舊注不精，請改注。從之。光震自注得數卷。嵩以先代舊業，欲就其功，奏智明等助之。明年五月，令智明、玄成、陸善經專注《文選》，事竟不就。」

又《大唐新語》卷九《著述》曰：「開元中，中書令蕭嵩以《文選》是先代舊業，欲注釋之，奏請左補闕王智明、金吾衛李玄成、進士陳居等注《文選》。先是，東宮衛佐馮光震入院校《文選》，兼復注釋，解『蹲鴟』云：『今之芋子，即是着毛蘿蔔。』院中學士向挺之、蕭嵩撫掌大笑。智明等學術非深，素無修撰之藝，其後或遷，功竟不就。」

《大唐新語》所言注《文選》事，當與《集賢注記》所載爲同一事。然《大唐新語》未提及陸善經參與其中。韋述爲善經同時代之人，其所載當不誤。當時，陸善經雖未與他人一起共同注完《文選》。其後，他並未放棄，終憑一己之力，獨自完成。書成，當在一定範圍內流傳，得以漂泊日本，千年之後再爲世人所覩。

陸善經注有「武昌屬江夏」及「雩都，今屬南康也」二條。循新美寬的考證路徑，查《舊唐書·地理志》：「鄂州上隋江夏郡。武德四年，平蕭銑，改爲鄂州。天寶元年，改爲江夏郡。乾元元年，復爲鄂州。」又「虔州中隋南康郡。武德五年，平江左，置虔州。天寶元年，改爲南康郡。乾元元年，復爲虔州。」武昌屬江夏、雩都今屬南康，皆當在天寶元年（742年）至乾元元年（758年）之間。故陸善經注《文選》亦當在此之間。

小　結

陸善經，或名曰該，大致生於武則天天授二年（691年）至大足元年（701年）之間。歷官集賢院直學士、河南府倉曹參軍，集賢學士，國子司業等職。學識淵博，猶精於禮。經史子集四部書籍，其皆有所注，共注書 11 部（含參修一部）。另參修 2 部，著有《新字林》一書，尚存詩 2 首，表 1 篇。在天寶元年（742年）至乾元元年（758年）之間完成《文選》注。可能於安史之亂後，隱居平江，並終老當地。

3 《文選》陸善經注文本分析

3.1 《文選》陸善經注概況

　　《文選》陸善經注存於《文選集注》中。據《唐鈔文選集注彙存》,《文選集注》現有 24 卷〔註1〕。除第 43 卷僅存吉光片羽無陸善經注,其餘 23 卷均有陸注。經統計,現有陸注 1167 條,19159 字,漫漶 217 字,衍文 171 字（詳見下表）。

表 3.1 《文選》陸善經注概況統計表

卷　次	陸注條數	陸注字數	漫漶字數	衍文字數
卷八	36	542		
卷九	73	1421		
卷四七	10	176		
卷四八	76	1045	2	59
卷五六	56	811		14
卷五九	61	837	1	4
卷六一	69	1284	6	1
卷六二	26	412	7	

〔註 1〕 斯波六郎在《文選諸本研究》中指出,元德二年（1330 年）書寫的東寺觀智院藏舊鈔本《文選》卷二十六的標記,旁記中所引《陸善經注》,以及書陵部藏舊鈔《文選》斷簡紙背中所記《陸善經注》,也被認為採自《文選集注》。《唐鈔文選集注彙存》中無卷二十六或五十二、一〇四之類,前者當不在 24 卷之列;後者無卷次信息則未可知。

卷六三	102	1561	5	
卷六六	98	1324	2	8
卷六八	34	442		
卷七一	33	672	16	2
卷七三	14	194	20	
卷七九	21	537	4	35
卷八五	45	648		4
卷八八	34	778	2	
卷九一	81	1442	141	18
卷九三	79	1311	1	10
卷九四	72	1371	4	4
卷九八	46	1050	2	6
卷一○二	30	353		2
卷一一三	43	554	4	4
卷一一六	28	394		
總計	1167	19159	217	172

陸注往往言簡意賅，或三言兩語地解釋詞意，或簡潔地疏通文意，或引經據典，或略辨真偽。其用語謹嚴，不故弄玄虛，不清楚之處則作「未詳」。

平均每條陸注約 16 字。最長的一條有 163 字，最短的則為 2 字〔註2〕。條數和字數最多的是第 63 卷，有 102 條、1561 字；最少的是第 47 卷，為 10 條、176 字。第 9、48、61、63、66、91、93、94、98 卷等 9 卷字數在 1000 字以上。第 47、73 卷等兩卷均不到兩百字。其餘 12 卷字數均在 353～837 之間。每卷陸注所存字數多少，大致與該卷的完整程度成正比。即越完整的卷次，陸注字數也越多。漫漶字數最多的是第 91 卷，有 141 字。衍文字數最多的是第 48 卷，有 59 字。第 9、47、68、116 等 4 卷最為完整，既無衍文，也無漫漶的文字。衍文和漫漶的字數占陸注總數的 2%，且所占條數極少，再者一些漫漶之字可據其他資料補出，故絕大多情況都能完整釋讀。

23 卷陸注中，共有詩文 120 篇〔註3〕。其中 117 篇皆有陸注，只有卷四

〔註2〕 最長、最短一條的字數皆包括漫漶之字，但不含衍文。卷九一《豪士賦序》中有一條無從判明字書多數，以 0 字計，不加入字數多少的比較。
〔註3〕 以一個篇題計一篇（如陶淵明《雜詩》二首、鮑明遠《擬古》三首、曹子建《七啓》八首均只計一首，鮑明遠《樂府》八首及江文通《雜體詩》卅首則

八之潘正叔《贈河陽》、卷五九之謝玄暉《直中書省》和沈休文《應王中丞思遠詠月》3 篇全無陸注。在《文選集注》中，李善注及《文選鈔》的內容較多，五臣次之，陸注最少〔註4〕。而且，陸注多是補注李善注不詳之處。比如陸注字數最多的第 63 卷，即屈平《離騷經》上半部分，就全無李善注。那是否能就此認爲，陸注的主要目的是補充李善注呢？

這種印象的形成，是《文選集注》的體例所致。集注以注者時代先後列爲李善、鈔、音決、五臣、陸善經。越在前面的注家，其內容相對也越多。鈔和音決唯存集注本之孤本，無從比較其是否有無刪節，五臣注則足以說明問題。與叢刊本中的五臣注及朝鮮五臣本中的注釋對比，《文選集注》中的五臣注要少一些。而陸注更在五臣之後，其被刪節的內容不會比五臣注少。綜合以上情況，足以推斷陸善經完成了整部《文選》的注釋。從現存的陸注看，其兼采李善注徵引詳贍和五臣串講文意的特徵非常明顯。考慮到陸善經精通經史的學術背景，完整的陸注是在適應唐代科舉取仕的基礎上，向學術一定程度的回歸，對普及《文選》和研究《文選》的提高均有一定作用。故可以說陸注參考了前人的成果，而不能判定它僅僅是對李善注的簡單補充。

陸善經對《文選》類目、篇題、作者、注者、正文皆有注釋。前 4 項可統歸爲解題。對正文的注釋則包括訓釋語詞、釋句、引典、注明典制、講解文法、辨誤校勘、注音等內容。

3.2 解　題

陸善經注中的解題，包括其於類名、篇名、作者名下的注釋。從內容上，可分爲解釋類名、解釋篇題、介紹作者、徵引舊注共四類。

3.2.1 解釋類名

簡單釋詞，直接對類名進行詞語解釋。如：

> 難，詰問之。（難）〔註5〕

按實際篇題分別計 8 首、18 首），序文皆併入正文總計一篇，《三都賦序》單獨計一篇，不足一篇的殘卷亦計爲一篇。

〔註 4〕《音決》主要是注音，故不列入比較。

〔註 5〕「難」字位于「咸使知聞」之後，從文意上判斷，「難」字無法上屬，當有獨立含義。有陸善經的注釋，又可判定其并非衍文。定爲一個獨立的類名，似

襃美其人之德。（頌）

令，命也。（令）

述其來由，敘述類目的緣起或變化。如：

□□天子諸侯並稱之。至秦唯□□□□□□□□皇后太子用之。
（令）

漢武帝始立其科。（策秀才文）

3.2.2 解釋篇題

簡單釋詞，解釋題名中的普通詞語、地名、年號等。如：

孺子，幼少稱也，猶礼人也。（陸厥《中山王孺子妾歌》）

敘曰：招者，召也。以手曰招，以言曰召。（宋玉《招魂》）

此亭今在崑山縣南百五十里，与華亭相延也。（陸機《於承明作與士
龍》）

太丘，今譙郡永城東北也。（蔡邕《陳太丘碑文》）

永明，齊武帝年号。（王融《永明九年策秀才文》）

探析題意，用簡潔的話語描述題目的含義或揣測寫作時間。如：

謂見放弃也。（鮑照《放歌行》）

此詩自送。（陶淵明《挽歌詩》）

覩時物凋傷而興屬。（盧諶《時興》）

序其讀之意也。（陶淵明《讀山海經》）

《君子有所思》本古題，今將此以代之，言君子之人見微如着物，禁
太盛，思自減損也。（鮑照《代君子有所思》）

尋詩之意，蓋擬在匈奴中作。（江淹《雜體詩・李陵)

詳詩意，馮時在斥丘也矣。（陸機《贈馮文羆》）

述題緣起，指出題名的最早出處或作文的緣由。如：

《左傳》云：公孫夏命其徒歌虞殯。注曰：葬歌曲也。則古巳有其
事，非起田橫也。（謬襲《挽歌詩》）

無甚大礙。但《唐鈔文選集注彙存》中，其餘的類名均獨立成行，無一附於
前文文尾，在體式上殊爲可疑。或爲漏抄後補寫，亦未可知。

蓋古有此曲也。(劉琨《扶風歌》)

《史記》云：是時邛筰之君長聞南夷與漢通，得賞賜多，欲願爲内臣，請吏，比南夷。天子問相如，相如言其便，乃拜相如爲郎中將，建節往。便略定西夷，邛、筰、冉、駹、斯榆之君皆請爲内臣。邊關益斥，西至沫、若水，南至牂柯爲徼，以通邛都。還報天子，天子大悦。相如使時，蜀長老多言通西南夷之不爲用，唯大臣亦以爲然。相如欲諫，業已建之，不敢，乃著書，籍以蜀父老爲辭，而己詰難之，風天子，且因宣其使指，令百姓知天子之意也。(司馬遷《難蜀父老》)

援《集》釋題，援引相應的詩文集說明題意或其在原集中的情況。如：

《集》曰：王侯挽歌。(陸機《挽歌詩》)

《集》云：《扶風歌》九首，以兩韻爲一首，今撰者併爲一篇也。(劉琨《扶風歌》)

《集》有十首，此第一。(陶淵明《讀山海經》)

《集》云：代陸平原《君子有所思》。(鮑照《代君子有所思》)

3.2.3 介紹作者

陸善經對作者的解釋，往往直接引自史書。如：

《魏志》曰：魏國建，拜粲侍中也。(江淹《雜體詩·王粲》)

《晉書》云：成都王表機起爲平原内史。(江淹《雜體詩·陸機》)

《晉書》云：齊王冏命爲記室，辭疾，不就也。(江淹《雜體詩·左思》)

《晉書》云：永嘉初，徵爲黃門郎。託疾不就。(江淹《雜體詩·張協》)

《晉書》云：璞卒後，贈弘農太守也。(江淹《雜體詩·郭璞》)

《晉書》曰：彦伯有逸才，文章絕美。(袁宏《三國名臣序贊》)

《宋書》：傅亮後遷至散騎常侍、開府儀同三司。初，亮与徐羨之等廢滎陽王，立文帝。文帝即位，追討其罪。元嘉三年，收付廷尉，賜死也。(傅亮《爲宋公脩張良廟教》)

《史記》云：淮南王安爲人好書鼓瑟，不喜弋獵馳騁，亦欲以行陰

德撫脩百姓，流譽天下。招致賓客方術之士數千人，作爲内書廿一篇，外書甚眾。時時怨望厲王死，時欲圖畔。數召伍被与謀。被初不許，後爲畫計其事。頗聞漢庭推王，伍被自詣吏，具告与王謀反。武帝使宗正以符節治王，未至自殺。(劉安《招隱士》)

《典略》云：楊脩，字德祖，少謙恭有材學，早流奇譽。魏武爲丞相，轉主簿。軍國之事，皆預焉。脩思謀深長，常豫爲荅教。故猜而忌焉。初臨淄侯植有代嫡之議，脩厚自委昵。深爲植所親重。太子亦愛其才。武帝慮脩多謫，恐終爲禍乱。又以袁氏之甥，遂因事誅之。(楊脩《荅臨淄侯牋》)

《晉書》曰：「劉靈身長六尺，貌甚陋。然放情肆志，以細宇宙齊万物爲心。雖陶几昏放，而機應不差。未嘗措意文翰，唯著《酒德頌》。」(劉伶《酒德頌》)

前 5 條均是解釋題名中的稱謂，分別簡單說明了爲何名王侍中、陸平原、左記室、張黃門、郭弘農。後 4 條則簡略地介紹了作者的生平。

沒有明確注明引自史書的，僅一條：

逸，字叔師，南郡宜城人。後校書郎中，注楚調。後爲豫章太守也。(屈原《離騷經》)

其來源可能同樣來自史書，或爲抄者所漏。

還有引用史書介紹作者，並說明、辨析作者眞僞的。如：

《晉書》云：「趙至論議精辨，縱橫才氣。遼西舉郡計史，到洛，與父相遇。時母已亡，父欲令其官立，弗之告，仍戒以不歸，至乃還遼西。太康中，以良吏赴洛，方知母亡，號慟歐血。」干寶《晉紀》以爲呂安與嵇康書。詳其書意，自「吾子植根芳苑」已下，則非与康明矣。(趙至《與嵇茂齊書》)

3.2.4 徵引舊注

指明《三都賦》有綦毌邃注 [註6]，並介紹其他注者的情況：

舊有綦毌邃注。(左思《三都賦》序)

〔註 6〕綦毌邃注詳情見羅國威著《左思〈三都賦〉綦毌邃注發覆——〈文選〉舊注新探之一》，載《古籍整理研究學刊》，1994 年第 6 期。

－182－

臧榮緒《晉書》云：劉逵注《吳》、《蜀》，張載注《魏都》。蔡母遠序注本及《集》題云：張載注《蜀都》，劉逵注《吳》、《魏》。今雖列其異同且依臧爲定。劉逵自尚書郎爲陽翟令，与傅咸（當作「咸」）、陸機、杜育同時。（左思《蜀都賦》）

明確指出劉逵注亦有損益：

劉逵舊注今所存者損益亦多也。（左思《吳都賦》）

說明楚辭中的序爲誰所作：

此序及《九歌》、《九章》等序，並王逸所作。（屈原《離騷經》）

3.3 訓釋語詞

對詞語的解釋，陸注中最多的是解釋普通詞彙，人名、地名、動物、植物的解釋也不在少數。

3.3.1 釋普通詞

釋普通詞的形式，分所釋之詞在前或在後兩種。前者是最主要的形式，可分爲「A，B（也）」〔註7〕、「A，即B」、「A，亦B」、「A，与B同」、「A，蓋B」、「A，言B」、「A，謂B」、「A，猶B」、「A，喻（比、興）B」、「A，B兒」、「A，今B」、「A，詞（辭）」、引字書釋詞、引古籍舊註釋詞等；後者的數量較少，大致有「B，（故）曰A」、「B，爲A」這兩種形式。

A，B（也）。句末的「也」字無意義，多因位于句末而加。故有無此字，並不影響注釋的形式和內容。這種形式主要用於直接解釋詞意。如：

揚，舉。擢，校量也。（左思《蜀都賦》）

褐，衣之弊者，染爲褐色也。（曹植《贈徐幹》）

甸，郊甸也。（謝朓《郡内登望》）

靡徙，靡然而退也。（司馬相如《難蜀父老》）

殷，盛也。（陸機《漢高祖功臣頌》）

大理，廷尉也。（王褒《四子講德論》）

眇，遠。（陸機《爲顧彥先贈婦》）

〔註7〕A代表所釋之詞，B代表解釋內容。後同。

直置，任眞。蕭散，自放遺於思慮。（江淹《雜體詩‧殷仲文》）

太尉，賈充也。（潘岳《夏侯常侍誄》）

揖讓，堯舜。干戈，湯武也矣。（袁宏《三國名臣序贊》）

後兩條注的情形稍有不同，是在結合上下文解釋詞語的指代意。

A，即B。這種形式一般用於解釋詞語的指代意。如：

良訊，即此詩也。（陸機《贈馮文羆》）

簪玉、鳴金，即端飾也。（謝惠連《搗衣詩》）

佳人，即良友也。（江淹《雜體詩‧曹植》）

常酷，即誅戮也。（司馬相如《難蜀父老》）

駿民，即蕭曹等也。（陸機《漢高祖功臣頌》）

斾，即流縿，若行則斾飛□，不行又無風則垂而委地也。（顏延年《三月三日曲水詩序》）

最後一條，在簡單解釋後，又作了更詳細地說明。

A，亦B。這類形式是用同義詞來進行解釋。如：

豌，亦「敟」。（屈原《離騷經》）

志，亦「記」也矣。（顏延年《陽給事誄》）

《揚荷》，亦爲「《陽阿》」。（宋玉《招魂》）

A，與B同。此類似形式在於說明通假字的情況。如：

影，與「飄」同。（袁淑《效曹子建樂府白馬篇》）

誦，與「頌」同也。（顏延年《三月三日曲水詩序》）

籏，与「號」同。（王襃《聖主得賢臣頌》）

采，古「深」也。（孫楚《爲石仲容與孫皓書》）

最後一條，形式略有不同，但都是在指出通假字。

A，盖B。此形式比較少見，表示一種可能的解釋。如：

離身，盖頭飛之人。（王融《三月三日曲水詩序》）

燋齒，盖黑如燋也。（王襃《四子講德論》）

鼓掖，盖其拊舞之容。（王襃《四子講德論》）

A，言B。此類形式用於兩種情形，一是徑直釋詞。如：

自與，言自爲之。（左思《吳都賦》）

步驟，言卑賤之職也。（趙至《與嵇茂齊書》）

風山，言風成蕩薄於山。（顏延年《三月三日曲水詩序》）

神交、造化，言其神識与造化爲交也。（夏侯湛《東方朔畫贊》）

二是結合文意進行解釋。如：

曜質，言盛也矣。（陸機《答賈長淵》）

飛棟，言高也。（曹植《贈徐幹》）

促中小心，言偏狹也。（嵇康《與山巨源絕交書》）

神州中岳，言得正統也。（孫楚《爲石仲容與孫皓書》）

A，謂 B。多用於解釋字面之意或文中具體所指。如：

凝，謂結爲霜也。（左思《蜀都賦》）

士，謂達人也。（鮑照《放歌行》）

綠水，謂秦淮也。（謝朓《鼓吹曲》）

群動，謂鱗羽等眾物也。（陶淵明《雜詩》）

靈脩，謂懷王也。（屈原《離騷經》）

幽，謂鬼神。明，謂人事。（王融《三月三日曲水詩序》）

喉舌，謂中書郎也。（潘岳《夏侯常侍誄》）

資始，資生之始，謂立身也。（蔡邕《陳太丘碑文》）

A，猶 B。或以同義詞而釋，或言其引申義。如：

居然，猶安然也。（左思《三都賦》序）

綿，猶經歷也。（左思《蜀都賦》）

瑤華，猶言瓊華也。（謝靈運《南樓中望所遲客》）

曲直，猶是非也。（江淹《雜體詩》）

潛志，猶深思也。（江淹《雜體詩·嵇康》）

偃蹇，猶天矯昇仙之狀。（江淹《雜體詩·郭璞》）

萎絕，猶將死也。（屈原《離騷經》）

離榭，猶離宮。（宋玉《招魂》）

記曰，猶傳曰。（王褒《聖主得賢臣頌》）

至太原，猶歎其艱，況今極邊遠乎。（史岑《出師頌》）

A，喻（比、興）B。用比喻的方式進行解釋。如：

寶弃，喻幹有才而未見用，過在和氏，自責。（曹植《贈徐幹》）

南崗，喻吳也。（潘安仁《爲賈謐作贈陸機》）

崏山，喻王朝。瑤，玉之美者，喻機。珉，石之次玉者，以自比也。
（潘尼《贈陸機出爲吳王郎中令》）

風起，喻初起事時。雲飛揚，喻從臣。（劉邦《歌》）

弘海、崇山，喻能容納，則成其大也。（陸機《漢高祖功臣頌》）

虬虎驚，喻英雄起也。（袁宏《三國名臣序贊》）

艷陽，以興諂媚之人。皎潔，以比貞素之士。（鮑照《學劉公幹體》）

蕙草晚，興盛年將過。（江淹《雜體詩·古離別》）

A，B皃（之意）。用於解釋修飾、形容之詞。如：

嵬嶷嵯屼，高峻皃。嶺溟鬱嵂，氣色皃。（左思《吳都賦》）

疊疊，漸進皃也。（盧諶《時興》）

曖曖，光漸微之皃。（屈原《離騷經》）

悀悀，氣息小皃。（潘岳《汗馬督誄》）

婉孌，眷戀之意也。（陸機《於承明作與士龍》）

A，今B。用當時的常見意義來解釋。如：

抵，擊也。即今之撫掌也。（左思《蜀都賦》）

無陰，謂葉無陰陽文也。今烏蓮葉亦然也。（左思《吳都賦》）

鸛巢層甍，天將大水，今江東以此爲候也。（江淹《雜體詩·張協》）

簿閥，譜諜簿書有先祖之功伐，猶今家狀也。（沈約《奏彈王源》）

㿷，即「氈」字，純以絲爲之，即今之絹也。（王褒《聖主得賢臣頌》）

桮，連簷也。今江東呼爲樘桮。（潘岳《汗馬督誄》）

A，詞（辭）。解釋虛詞多用此形式。如：

抑，語詞也。（左思《吳都賦》）

胥，月辭也。（陸機《答賈長淵》）

羌，發語辭。（屈原《離騷經》）

唯，辭也。（屈原《離騷經》）

些，送句之辭也。（宋玉《招魂》）

尔，語助也。（曹植《求自試表》）

薄，詞也。（史岑《出師頌》）

引字書釋詞。引小學之書進行解釋。如：

《字指》：「颸，不調風也。」（左思《蜀都賦》）

《説文》云：「燧，塞上亭守燧火者。」（顏延年《三月三日曲水詩序》）

《尒雅》：「長尋曰旐。繫旒曰旆。」（顏延年《三月三日曲水詩序》）

《蒼頡》篇云：「俚，下邑也。」（王褒《四子講德論》）

《字書》云：「鐳，古壘字也。」（潘岳《汧馬督誄》）

引古籍及其舊註釋詞。徑引古籍者。如：

楊雄《尚書箴》云：「龍惟納言，是曰機密」也。（潘安仁《爲賈謐作贈陸機》）

《樂汁圖徵》云：均，長八尺，施絃以調六律。（繁欽《與魏文帝牋》）

引經史子集舊注者。如：

《韓詩》云：以御嘉賓。薛君曰：御，享也。（左思《蜀都賦》）

《左傳》注曰：重錦，錦之熟細者。（孫楚《爲石仲容與孫皓書》）

鄭玄注《禮》云：「懸縊殺之曰磬。」（陳琳《檄吳將校部曲文》）

王逸曰：朕，夾脊肉也。血梅，言食人而血汙其梅指。（宋玉《招魂》）

B，（故）曰A。或爲直接解釋，或爲表明因果。如：

節有旄，故言飄。（袁淑《效曹子建樂府白馬篇》）

秦以造父封趙城，固姓趙氏。（曹植《求自試表》）

布楚梟將，故言梟風。（陸機《漢高祖功臣頌》）

澤傍曰皋。（屈原《離騷經》）

以遊女不可犯礼而求，故曰雲際。（曹植《七啟》）

鳥獸通名曰禽。（任昉《宣德皇后令》）

B，爲A。直接解釋詞義。如：

不能統壹天下皆為霸也矣。（陸機《答賈長淵》）

魚□水為薦藉。（江淹《雜體詩・李陵》）

正月為孟陬也。（屈原《離騷經》）

正曲為矯。（屈原《離騷經》）

3.3.2 解釋人名

羿，夏諸侯。《左傳》云：羿因夏人以代夏政。（屈原《離騷經》）

巫陽，古神巫。見《山海經》。（宋玉《招魂》）

彭祖，古之壽考者。（王褒《聖主得賢臣頌》）

謝承《後漢書》：种府君名拂，种暠之子。种，与「仲」同。（蔡邕《陳太丘碑文》）

《宋書》：袁淑字陽源。（王儉《褚淵碑文》）

3.3.3 解釋地名

武昌屬江夏，建業今江寧。（左思《蜀都賦》）

陵陽子明得仙於廣陽縣山，今在涇縣西也矣焉哉。（謝朓《郡內登望》）

赤岸，江北岸山名，今在廣陵。（曹植《求自試表》）

裴淵《廣州記》云：五嶺，桂陽、畸田、九眞、都庬、臨駕也。（陸機《贈顧交阯公眞》）

《括地志》曰：「馬故關，漢白馬津也。」（顏延年《陽給事誄》）

3.3.4 解釋動物

鱣与鮪，並今之黃魚。方俗異名耳。鱒，魚，目赤而體圓，一名鯇。鯑，鮎也。（左思《蜀都賦》）

侯鮐，其肝有毒。烏賊，魚，似筭袋，體有一骨。鯖，魚，似鯔，色青而大。然此等多出東海、南海中。鯔鯖，江湖中亦有之。侯鮐皆出於江中也。（左思《吳都賦》）

麕，獐也。麚，牡鹿也。（劉安《招隱士》）

《淮南子》云：鸚鶋，西方神鳥也。（曹植《七啟》）

乘黃，馬名。（史岑《出師頌》）

3.3.5 解釋植物

《南裔志》云：「荔支常以夏至，其實變赤，肉白，味甘美。」（左思《蜀都賦》）

薇，似小豆，野生。藿，豆也。（曹植《贈徐幹》）

江離，芎藭。辟，薜枝。芷，白芷也。皆芳草。（屈原《離騷經》）

陸善經曰：粢，粟米。穳，麥之早熟者。（宋玉《招魂》）

紫蘭，蘭初生之時其色紫也。（曹植《七啟》）

3.4 釋　句

3.4.1 釋句的句式

從句式上看，陸注釋句之文或徑直釋句，或用「……，故……」，或用「謂……」，或用「言……」，或用「喻……」。

徑直釋句，如：

率天下土而論其都也。（左思《吳都賦》）

戢翼未遇者，則希驥首而奮翼。乘流得便者，又畏曝鰓而失勢。（謝朓《觀朝雨》）

顯明之軌，轍跡無殊。幽冥之塗，魂魄豈異也？（袁淑《效古》）

盡爲綺繡之文，高遠若連結飛霞也。以琁土飾榱椽之頭，光明如納行月。（鮑照《學劉公幹體》）

徂歿者年已深遠，墳多拱抱之木，宿草森竦，上凌寒烟。（江淹《雜體詩·陸機》）

領會略要，歸於一致。（江淹《雜體詩·孫綽》）

君不察我中情，反信讒言而同怒己也。（屈原《離騷經》）

翡翠珠璣，以被於物，爛然同光。（宋玉《招魂》）

浮蟻泛泛在於酒上，如鼎之沸。（曹植《七啟》）

「……，故……」，如：

露沾莘，風吹葉，月則收光，風露猶在。故言歸莘委露，別葉辭風。（鮑照《翫月城西門解中》）

菟絲附草，浮萍隨水，猶婦人依於夫，故寄之以表志。（江淹《雜體詩·古離別》）

秦任刑法而霸，故借此言之。（王融《永明九年策秀才文》）

晉氏方欲遵湯武革命而非之，周孔以礼義教人而薄之，故不爲女所容也。（嵇康《與山巨源絕交書》）

非常之初，變易法制，故人懼也。（司馬相如《難蜀父老》）

「謂……」，如：

謂作器物以斧斤斲之，又以采藻飾之。（王融《三月三日曲水詩序》）

謂合變通以明籌數，幽贊神明以知来事，言其善《易》也。（夏侯湛《東方朔畫贊》）

謂三皇五帝更興，及歷代繼體之君。（袁宏《三國名臣序贊》）

謂欲安撫其人也。（干寶《晉紀總論》）

「言……」，如：

言民之好德者，雖狂狷亦主於聖。（陸機《答賈長淵》）

言形體變改，亦隨時而化也。（盧諶《時興》）

言必死於秦也。（荊軻《歌》）

言心尚幽遠，故与俗隔。（陶淵明《雜詩》）

言壯麗也。（宋玉《招魂》）

言在官不得簡率。（嵇康《與山巨源絕交書》）

言高材無不通而不營者，則可貴耳。如已欲離事，乃性之所乏也。（嵇康《與山巨源絕交書》）

言存務誨物，故没有美号也矣。（蔡邕《陳太丘碑文》）

「喻……」，說明比喻的修辭手法。如：

喻多士盈朝，材爲時頃也。（潘尼《贈侍御史王元貺》）

喻離人易感也。(鮑照《東門行》)

喻時不留己,將凋落,君無与成功也。(屈原《離騷經》)

喻鄙賤之人不能說盛德也。(王褒《聖主得賢臣頌》)

喻求賢才也。(袁宏《三國名臣序贊》)

3.4.2 釋句的方式

按釋句的方式,陸注則或沿字面涵義而釋,或不拘詞義而言其大意,或聯繫上下文進行串講,或結合典故疏通文意,或引申而出指明言外之意。

沿字面涵義而釋,如:

復重攬結茝也。(屈原《離騷經》)

風教致美,所扇及遠,謨訓改革,流於千載者,揆度其事一也。(袁宏《三國名臣序贊》)

今唱曲實高,賞音者亦多也。(潘岳《夏侯常侍誄》)

言放浪其迹,混一蚩妍,然後乃君子之道。(江淹《雜體詩·孫綽》)

言竭盡智能之人,招附賢者,必能建立仁人之策也。(王褒《聖主得賢臣頌》)

不拘詞義而言其大意,如:

五言起於李陵。漢都長安在關之西。魏氏居鄴,後漢都洛陽,在河之南,水南爲外。晉、宋、齊、梁皆居建業,在江之南。(江淹《雜體詩·序》)

陳辭於重華也。(屈原《離騷經》)

与漢祖相遇,如風雲之感龍虎也。(傅亮《爲宋公脩張良廟教》)

言宣帝中興,充國爲漢武臣繼其後也。(楊雄《趙充國頌》)

伊、周皆令攝君位,言今過之也。(干寶《晉紀總論》)

聯繫上下文進行串講,如:

布護以下皆草所在蔓生之形。(左思《吳都賦》)

皆壙中所有也。此巳下並爲亡者之意也。(陸機《挽歌詩》)

後慮之戒,謂「投人夜光」巳下。(趙至《與嵇茂齊書》)

上云「月出照園中」,則燕遊繼夜。此眾賓還城邑,乃未及黄昏,則

非一日矣。(江淹《雜體詩‧曹丕》)

結合典故疏通文意,如:

造於太伯,太伯避季歷於吳。宣於延陵,季札聘上國,始宣通也。(左思《吳都賦》)

郢人爲質,重明散暉,固已清朗。(江淹《雜體詩‧許詢》)

殷紂殺比干,以爲葅,又醢梅伯也。(屈原《離騷經》)

文帝以宜都王入纂天位,如漢文從代卜得大橫之兆也。(顏延年《三月三日曲水詩序》)

引申而出指明言外之意,如:

圖設景宿,以辨天文。料度物土,以入地理。其意言蜀土偏僻,於天文地理皆無霸王之徵也。(左思《吳都賦》)

雖契闊猶願成騑服,意歎不相離也。(陸機《贈弟士龍》)

意言不見收恤,欲自絕也。(鮑照《白頭吟》)

不知今是非,言久別形體成異也。(謝惠連《搗衣詩》)

言身居邊塞,心在朝廷。(袁淑《效古》)

言初退以養威,後舉必大尅。(陳琳《檄吳將校部曲文》)

3.5 引　典

對於典故的解釋,陸善經注主要採用徵引古籍的方式,大致分徑直釋典、標明出處、釋事三類。

3.5.1 徑直釋典

《抱朴子》云:通天犀有一白理如綖者,此角盛米,置群雞中。雞往啄,未至數寸,輒驚駭,故曰駭雞。(左思《吳都賦》)

《淮南子》云:千里之隄,以螻蟻之穴漏。(鮑照《代君子有所思》)

危冠空履之吏:

《鹽鐵論》云:「子路解長劍,去危冠,屈節於夫子之門也。」(王融《三月三日曲水詩序》)

《淮南子》云:「邯鄲樂師有出新曲者,託之李奇,人爭學之。後知其非人,皆弃其學。」《語林》云:「鍾士季嘗向人道:吾年少賤,一紙書語人道,是阮步兵書,皆字字生義。既知非是,便復不通也。」(江淹《雜體詩·序》)

《韓子》云:龍之爲虫也,擾可狎而騎,然其喉下有逆鱗,人嬰之則必殺人。人主亦有逆鱗也。(袁宏《三國名臣序贊》)

以上分別通過徵引,讓讀者能清楚地理解「駮雞」、「蟻壤漏山河」、「邯鄲託曲於李奇,士季假論於嗣宗」、「危冠」、「逆鱗」等典故的意義。

3.5.2 標明出處

《周官》文也。(左思《三都賦·序》)

《韓詩》云:以御嘉賓。(左思《蜀都賦》)

九辨,亦見《山海經》。(屈原《離騷經》)

「薄伐獫狁」,《小雅·六月》之詩。(楊雄《趙充國頌》)

《書》云:「惟予沖人不及知。」(干寶《晉紀總論》)

3.5.3 釋　事

《晉書》云:機入洛,張華薦之諸公,太傅楊駿辟祭酒也。(潘岳《爲賈謐作贈陸機》)

這是對「撫翼宰庭」具體史實的補充。

《漢書》云:孝成班婕妤,初,大幸。其後,趙飛燕姊弟浸盛。婕妤失寵,退處東宮也。(鮑照《白頭吟》)

詳細說明了「班去趙姬昇」的涵義。

《梁典》云:建武二年,高祖除司州刺史。(任昉《宣德皇后令》)

「擁旄司部」,即蕭衍出任司州刺史。

《竹林傳》云:「伶常乘一鹿車,携一壺酒,使人荷臿隨之,以爲死便埋其側。」(劉伶《酒德頌》)

以此注文與正文相互應證。

《史記》云:「楚下滎陽城,生得周苛。項王謂苛:『爲我將,以公

爲上將軍，封三万戶。』苛罵曰：『若非漢王敵也。』項羽怒亨周苛。」
（陸機《漢高祖功臣頌》）

注出史實，則周苛的形象更加栩栩如生。

3.6 注明典制

陸注中涉及的的典制包括禮制、宮室、輿服、律曆、天文、官制、軍制、稱謂等。

禮制，如：

觚，八棱盞。（劉伶《酒德頌》）

礼庶羞有鶉、鷃。（曹植《七啟》）

宮室，如：

文昌殿、迎風觀並在鄴。（曹植《贈徐幹》）

《洛陽記》：東宮有崇正殿、崇正門。（潘岳《爲賈謐作贈陸機》）

崇礼門在聽政殿前，升賢門東，尚書臺在其中也。（潘尼《贈侍御史王元貺》）

輿服，如：

《周官》：六服各有章數。（嵇康《與山巨源絕交書》）

律曆，如：

大呂，六呂之首。（宋玉《招魂》）

《樂汁圖徵》云：均，長八尺，施絃以調六律。（繁欽《與魏文帝牋》）

如淳《漢書》注云：章者，曆數章術。程者，權衡尺丈斛斗之平法也。（顏延年《三月三日曲水詩序》）

據《左傳》：釜，六斗四升。《考工記》：庾，二斗四升。（任昉《奏彈曹景宗》）

天文，如：

紫宮，中宮。營室，離宮也。（左思《吳都賦》）

商，心星也矣。（陸機《爲顧彥先贈婦》）

《周書》：三極：一曰唯天九星。孔晁注曰：九星，四方星及五星。（任昉《宣德皇后令》）

官制,如:

> 大理,廷尉也。(王褒《四子講德論》)

軍制,如:

> 天子六軍,故曰六師也。(陸機《漢高祖功臣頌》)

稱謂,如:

> 寡妻,寡薄之妻,謙也。(干寶《晉紀總論》)

3.7 講解文法

陸注講解文法的內容,往往寥寥數語,即點明作文之法。後世評點《文選》之屬,當可於此尋出些許端倪。其句式多「皆……」、「言……」、「興……」之類,亦有徑言其意者。

「皆……」,如:

初秋涼氣發,庭樹微銷落。凝霜依玉除,清風飄飛閣。朝雲不歸山,霖雨成川澤。黍稷委疇隴,農夫安所獲?

> 皆即事而言也。(曹植《贈丁儀》)

群木既羅戶,眾山亦對窗。

> 皆目所見事也。(謝靈運《田南樹園激流植援》)

東都已俶載,言歸望綠疇。

> 皆言物色之美也。(謝朓《和徐都曹》)

披庭騁絕國,長門失歡宴。相逢詠蘼蕪,辭寵悲團扇。

> 皆言怨也。(謝朓《和王主簿怨情詩》)

「言……」,如:

肇自初創,二儀烟熅。

> 欲言晉之德,故歷敘自古皇王也矣。(潘岳《為賈謐作贈陸機》)

苔滑誰能步,葛弱豈可捫?

> 言登陟之難也。(謝靈運《石門新營所住四面高山迴溪石瀨脩竹茂林》)

日闇牛羊下,野雀滿空園。

> 言觀物增思也矣。(王徽《雜詩》)

譬猶藍朱成彩，雜錯之變無窮。宮商為音，靡曼之態不極。

> 言變體多也。（江淹《雜體詩‧序》）

「興……」，如：

資粮既乏盡，薇蕨安可食？

> 興時哀亂。（劉越石《扶風歌》）

朝霞開宿霧，眾鳥相與飛。

> 朝霞開宿霧，興宗室初建。眾鳥相與飛，興佐命之人。（陶淵明《詠貧士》）

万族各有託，孤雲獨無依。曖曖虛中滅，何時見餘輝。

> 興微賤也。（陶淵明《詠貧士》）

胡風吹朔雪，千里度龍山。

> 以興士自遠而至，在君側得盡才用。（鮑照《學劉公幹體》）

徑言者，如：

伊昔有皇，肇濟黎蒸。先天創物，景命是膺。降及群后，迭毀迭興。邈矣終古，崇替有徵。

> 敘興亡之由也。（陸機《答賈長淵》）

訊此倦遊士，本家自遼東。

> 未詳其人，蓋假言耳也。（袁淑《效古》）

魯客事楚王，懷金襲丹素。

> 魯客、楚王，假設而言。（鮑明遠《擬古》）

3.8 辨誤校勘

陸注對少許《文選》正文和李善注提出了異議。校勘本質上也是在進行辨誤，故皆歸於一類。

正文辨誤：

> 《世語》云：「經，字彥緯。」與此不同，蓋有二字。（袁宏《三國名臣序贊》）

正文作「王經字承宗」，而《世語》所載不同，陸善經錄之以存疑。

對李善注辨誤：

> 榛，似栗而小也。（左思《蜀都賦》）

李善引杜預《左氏傳》注曰：「榛，小栗也。」榛，與「樼」同。以此釋「榛」字。陸注則認爲，榛似栗非栗。

　　《左傳》云：公孫夏命其徒歌虞殯。注曰：葬歌曲也。則古已有其事，非起田横也。（繆襲《挽歌詩》）

李善引譙周《法訓》，以挽歌起自田横自殺之時。陸注引《左傳》，而非之。

　　菜，木名也。（謝朓《觀朝雨》）

李善引毛傳曰：「菜，草也。」五臣呂向亦以「菜」爲草。陸則釋爲「木」。

　　韓詩外傳曰：宋燕相齊。《說苑》爲「宋衛」也。（鮑照《苦熱行》）

李善引《韓詩外傳》釋「君輕君尚惜，士重安可希」，陸注則據《說苑》提出有「宋衛」的異說。

校勘：

蕉葛升越

　　或以「升」爲「斗」。（左思《吳都賦》）

變變涼葉奪

　　「奪」當爲「脫」，音接進而誤也。（江淹《雜體詩・張協》）

長減淫（胡刻、叢刊作「顑頷」）亦何傷

　　顑頷，亦爲咸淫。（屈原《離騷經》）

發揚荷些

　　揚荷，亦爲陽阿。（宋玉《招魂》）

分前奴教子、當伯。

　　本狀云「奴教子、當伯」以下，並昭明所略。（任昉《奏彈劉整》）

漸沉（胡刻、叢刊作「灑沈」，叢刊注「五臣本作『漸』」）澹灾

　　灑，分也，謂分其流。字亦作「漸」，又作「瀝」。（司馬相如《難蜀父老》）

躬腠胝無胈，膚不生毛。

　　一本無「腠」字。（司馬相如《難蜀父老》）

駿發開其遠祥，定爾固其洪業。

　　今以「駿」當「濬」。（王融《三月三日曲水詩序》）

3.9 注　音

陸注中的注音，僅有 4 條，但有直音和反切兩類。

直音：

> 貚音渾。（左思《吳都賦》）
>
> 撱，音戛。（宋玉《招魂》）

這兩條，《音決》亦有注音，分別爲「貚，胡昆反」、「撱，大先反」。

反切：

> 長，或音丁丈反。（潘岳《爲賈謐作贈陸機》）
>
> 娉，匹也，普計反。（屈原《離騷經》）

小　結

陸善經注體例謹嚴，徵古有故，解釋詞義簡潔明瞭，疏通文意言簡意賅。解題中存有過去從未資料。解釋普通詞主要有 16 種不同的形式，還解釋了大量的人名、地名、植物、動物等專名。闡釋文意有 5 種句式和 5 種方式。引典、注明典制則多徵引古籍。講解文法的 3 種句式也璨然可觀。辨誤校勘好比站在巨人的肩膀上，數量雖少，但所言甚精。寥寥無幾的注音，更說明陸注涉獵之賅備。

4 陸善經注與其他《文選》注釋比較

  《文選集注》中，諸家注釋的順序是李善、鈔、音決、五臣、陸善經。如果詩文有舊注，則舊注位於李善之前。音決主要是注音，而不釋語詞之義，故難以與其他注家進行比較。眾家中，陸善經注最後出，其是否後出轉精，或者草草而成、平淡無奇？唯有與其他注家相比，方能辨出其特徵。以下分別與李善注、《文選鈔》、五臣注、舊注一一對比。由於陸善經注數量最少，對比就限於其他注釋與之同注之處，及有陸注而無他注的情形。

4.1 與李善注比較

  從注釋形式上，陸注可與李善注進行 7 方面的比較：陸注善注皆引出處、陸注善注皆釋詞、陸注釋詞善注亦釋詞且引出處、陸注善注皆釋句、陸注釋句善引出處、陸注對善注疏解、有陸注而無善注。

4.1.1 陸注善注皆引出處

  同是徵引出處，陸注和善注可比較者有以下 5 個方面：所引之書完全不同，所引之書相類，所引之書相同但內容不同，所引之書相同但書名不同，所引之書基本或完全相同。

  所引之書完全不同，陸注所引早於善注的，如：

①注「詩有六義」（左思《三都賦・序》），陸引《周官》，善引《詩序》。

②注「白露凝」（左思《三都賦・序》），陸引《礼・月令》：「孟秋，白露降。」善引《詩含神霧》曰：「陽氣終，則白露凝。」

③注「崇正」（潘岳《爲賈謐作贈陸機》），陸引《洛陽記》，善引臧榮緒
　　《晉書》。

④注「蟻壤漏山河」（鮑照《代君子有所思》），陸引《淮南子》，善引傅
　　玄《口銘》。

⑤注「冀闕」（江淹《雜體詩‧王粲》），陸引《史記》，善引《西征賦》。

⑥注「觀遊龍於神淵」（曹植《七啓》），陸引《礼》，善引《礼斗威儀》。

⑦注「鬼方」（楊雄《趙充國頌》），陸引《易》，善引《毛詩》。

⑧注「東夏」（陸機《漢高祖功臣頌》），陸引《書》，善引《漢書》。

⑨注「微子去商」（鍾會《檄蜀文》），陸引《論語》，善引《毛詩序》。

　　②、⑤陸注不如善注貼切。⑧陸重典源，善重今典。其餘各例在對文意
理解上，相差無幾。②、⑥陸皆引《禮記》，善則引緯書。

　　所引之書完全不同，陸注所引晚於善注的，如：

①注「駮雞」（左思《三都賦‧序》），陸引《抱朴子》，善引《孝經援神
　　契》及宋衷注。

②注「邈邈先生，其道猶龍」（夏侯湛《東方朔畫贊》），陸引《史記》，
　　善引《莊子》。

③注「杏花」（王融《永明九年策秀才文》），陸引崔寔《四民月令》，善
　　引《氾勝之書》。

④注「扛鼎揭旗之士」（王融《三月三日曲水詩序》），陸引《論衡》，善
　　引《法言》。

⑤注「淮徐獻捷，河兗凱歸」（任昉《奏彈曹景宗》），陸引《梁典》，善
　　引《尚書》、《左傳》、《周禮》。

⑥注「道恭云逝，城守累旬」（任昉《奏彈曹景宗》），陸引《梁典》，善
　　引《史記》。

⑦注「曲士」（左思《三都賦‧序》），陸注引《莊子》，善注引《文子》。

　　①陸注比善注更讓人明白，陸又未引緯書。④陸注比善注貼切。⑤、⑥
陸重今典，善重典源。⑦的情況最爲特殊。據《漢書‧藝文志》，文子乃老
子弟子，與孔子同時。則文子早於莊子。且《漢書‧藝文志》、《隋書‧經籍
志》皆《文子》在《莊子》前。但《舊唐書‧經籍志》、《新唐書‧藝文志》
皆《莊子》在《文子》前。這是因爲莊子和文子的地位在唐代發生了變化。
《舊唐書‧禮儀志》：「開元二十九年正月己丑，……其生徒令習道德經及莊

子、列子、文子等，……（天寶元年二月）丙申，詔：古今人表，玄元皇帝升入上聖。莊子號南華眞人，文子號通玄眞人，列子號沖虛眞人，庚桑子號洞虛眞人。改莊子爲南華眞經，文子爲通玄眞經，列子爲沖虛眞經，庚桑子爲洞虛眞經。」陸善經注書之時，莊子已位列文子之上，其書也尊列上位。因此，他不引《文子》而引《莊子》。

所引之書相類的主要集中在史部，如一引《史記》一引《漢書》，或一引《晉書》一引《晉紀》等。此外，集部有一例。

集部：

注「以御嘉賓」（左思《三都賦・序》），陸引《韓詩》，善引《毛詩》。

史漢之屬：

①注「劉安」（劉安《招隱士》），陸引《史記》，善引《漢書》。

②注「彤雲」（陸機《漢高祖功臣頌》），陸引《史記》，善引《漢書》。

③注「長驅河朔，電擊壤東」（陸機《漢高祖功臣頌》），陸引《史記》，善引《漢書》。

①陸注更詳，②善注略詳，③二者內容相近。漢武帝以前史實，陸善經引《史記》，較李善引《漢書》更重典源。

晉代史書之屬：

①注「惟公太宰，光翼二祖」（陸機《答賈長淵》），陸引《晉書》，善引臧榮緒《晉書》。

②注「爰應旍招，撫翼宰庭」（潘岳《爲賈謐作贈陸機》），陸引房玄齡等《晉書》，善引臧榮緒《晉書》。

③注「劉伯倫」（劉伶《酒德頌》），陸引房玄齡等《晉書》，善引臧榮緒《晉書》。

④注「楊駿被誅，母后廢黜」（干寶《晉紀總論》），陸引房玄齡等《晉書》，善引干寶《晉紀》。

⑤注「李辰石氷，傾之於荊揚」（干寶《晉紀總論》），陸引《晉陽秋》，善引干寶《晉惠紀》。

⑥注「將相侯王，連頭受戮，乞爲奴僕而猶不獲」（干寶《晉紀總論》），陸引房玄齡等《晉書》，善引干寶《晉紀》。

⑦注「子眞著崇讓而莫之省」（干寶《晉紀總論》），陸引房玄齡等《晉書》，善引干寶《晉紀》。

⑧注「故觀阮籍之行，而覺禮教崩弛之所由」（干寶《晉紀總論》），陸引房玄齡等《晉書》，善引干寶《晉紀》。

⑨注「考平吳之功，而知將帥之不讓」（干寶《晉紀總論》），陸引房玄齡等《晉書》，善引干寶《晉紀》。

①陸注所引不見於房玄齡等《晉書》，亦與臧榮緒《晉書》不同。從後陸善經引《晉書》的總體情況看，其所引《晉書》當是房玄齡等《晉書》。此處估計爲今本異文。②、③、⑦、⑧、⑨，二者所引意思相近。④、⑥陸注較詳。⑤則爲相互補充。後6例，李善引干寶《晉紀》注其《總論》，比陸注更爲合理。

前後史書之屬：

①注「伏波」（鮑照《苦熱行》），陸引《漢書》以伏波將軍爲路博德，善引范曄《後漢書》，以馬援爲伏波將軍。

②注「隆昌季年，勤王始著」（任昉《宣德皇后令》），陸引《梁典》，善引蕭子顯《齊書》。

③注「建武惟新，締構斯在」（任昉《宣德皇后令》），陸引《梁典》，善引蕭子顯《齊書》。

①陸注所引更早，但善注更合文意。②、③善注僅釋年號，陸注重史實，可相互補充。

所引之書相同但篇目不同，意思則基本相同。如：

①注「聰明」（王融《永明九年策秀才文》），陸引《尚書‧舜典》，善引《尚書序》。

②注「今夕」（左思《三都賦‧序》），陸引《詩》云：「樂酒今夕。」（見《毛詩‧小雅‧頍弁》）善引《毛詩》曰：「今夕何夕。」（見《毛詩‧唐風‧綢繆》）

③注「于邁」（顏延年《三月三日曲水詩序》），陸引《毛詩‧大雅‧棫樸》，善引《毛詩‧魯頌‧泮水》。

④注「一言」（鮑照《放歌行》），陸引《漢書‧車千秋傳》，善引《漢書‧王莽傳上》。

所引之書、篇目皆同，但內容不同。如：

①注「五嶺」（陸機《贈顧交阯公眞》），陸、善皆引裴淵《廣州記》，然內容相異。陸作「五嶺，桂陽、畸田、九眞、都厖、臨駕」，善作「大

庾、始安、臨賀、桂陽、揭陽」。

②注「布和」（顏延年《三月三日曲水詩序》），陸、善皆引《禮記・月令》，

③注「爰井開制」（王融《永明九年策秀才文》），陸、善皆引《漢書・食
貨志上》，然內容不同。

④注「及擁旄司部，代馬不敢南牧」（任昉《宣德皇后令》），陸、善皆引
《梁典》。

⑤注「推轂樊鄧，胡塵罕嘗夕起」（任昉《宣德皇后令》），陸、善皆引《梁
典》。

①、④、⑤其書今佚，姑且歸入此類。①中陸、善皆有誤，當從鈔曰：
五嶺者，南野城縣有大庾嶺，桂陽縣有疇田嶺，九眞縣有都龐嶺，臨賀縣有
崩序嶺，始安郡有越城嶺。②、③善注更貼切。④陸、善可相互補充。⑤陸
注更詳。

所引之書相同但書名不同。如：注「造姑蘇之高臺」（左思《三都賦・
序》）和「步光之劍」（曹植《七啓》），陸注皆引《越絕》，善注皆引《越絕
書》。前者善注略詳，後者陸注略詳。清徐時棟認爲《越絕》與《越絕書》
是兩書，《越絕》爲周人所撰，已亡佚；袁康、吳平所撰之《越絕書》是《越
絕》之傳。〔註1〕但余嘉錫以徐氏之說非，謂兩者係同一書，《直齋書錄解題》
說言「戰國後人所爲，而漢人又附益之耳」得之。〔註2〕陸善經所引前者，
今《越絕書》無，後者則基本相同。但李善所引前者，今《越絕書》亦無。
考慮此書的複雜性，二者所無皆當爲異文。余嘉錫之說甚是。又陸、善同引
《毛詩》的內容，陸注多作《詩》，善注往往作《毛詩》。是陸善經作注之時，
《詩》已定鼎於《毛詩》一家，故以此徑代之。

所引之書基本或完全相同，如：

①注「偏將涉隴，則建約梟夷，旆首萬里」（陳琳《檄吳將校部曲文》），
陸、善皆引《魏志》。

②注「嘉謀肆廷，讜言盈耳」（袁宏《三國名臣序贊》），陸、善皆引《魏
志》。

③注「畫野」（潘岳《爲賈謐作贈陸機》），陸、善皆引《漢書》。

〔註1〕〔東漢〕袁康、吳平輯錄，樂祖謀點校，《越絕書》之陳橋驛《序》，上海：
上海古籍出版社，1985年，第8頁。

〔註2〕余嘉錫《四庫提要辨證》，北京：中華書局，1980年，第380～383頁。

④注「三诣」（王融《永明九年策秀才文》），陸、善皆引《漢書》。
⑤注「玉池」（江淹《雜體詩‧嵇康》），陸、善皆引《衡山記》。
⑥注「尺捶」（江淹《雜體詩‧孫綽》），陸、善皆引《莊子》。
⑦注「茶炭」（孫楚《爲石仲容與孫皓書》），陸、善皆引《尚書》。
⑧注「侮食」（王融《三月三日曲水詩序》），陸、善皆引《周書》。

前4條所引基本相同。①二者所引具體文字差異較大，但意思基本相同。③、④則陸注詳於善注。後4條完全相同。⑤《文選集注》中陸、善所引並不相同，善引傅玄《擬楚篇》。謂其同，則是胡刻、叢刊本善注引《衡山記》，且內容全同。那究竟是陸注襲用善注，而《彙存》刪善存陸？還是後人誤陸注而入善注呢？前者於集注的體例不合，後者當有一定的可能性。

以上諸例中，李善有3例引緯書，陸善經竟無1例。李善引晉代史書有臧榮緒《晉書》、干寶《晉紀》；陸善經則主要用房玄齡等《晉書》。《隋書‧經籍志》著錄有《孝經援神契》，但已無《詩含神霧》和《礼斗威儀》。緯書在唐代已不多見。陸注不引緯書，晉代史書又用同時代人所著，蓋其注《文選》時，能利用的書估計比較有限，故多用常見圖書。在注引出處質量上，陸注並不弱於善注。

4.1.2 陸注善注皆釋詞

陸注與善注皆釋詞的陸注中基本上都是直接解釋，僅有1例引用前人舊注。善注除此之外，還有引舊注和字書釋詞的。以下分陸、善皆直接釋詞，陸直接釋詞善引舊注釋詞，陸直接釋詞善引字書釋詞，陸引舊注善直接釋詞4類進行分析。

陸、善皆直接釋詞，如：
①釋「恤」（左思《蜀都賦》）
　陸善經曰：恤，存恤也。李善曰：「恤，居也。」
②釋「罜」（左思《蜀都賦》）
　陸善經曰：罜，以網掩取之。李善曰：罜，以網取鳥也。
③釋「湛淡」（左思《吳都賦》）
　陸善經曰：湛淡，汎浮之皃。李善曰：湛淡，猶澹淡，任風隨波之皃也。
④釋「行暉」（鮑照《苦熱行》）

陸善經曰：行暉，謂行者之容暉也。李善曰：行暉，行旅之光暉也。

⑤釋「淪誤」（鮑照《擬古》）

　　陸善經曰：淪誤，言淪沒於誤計。李善曰：淪誤，謂沉淪謬誤也。

⑥釋「躡」（曹植《七啓》）

　　陸善經曰：躡之言疾。李善曰：躡之言疾也。

⑦釋「波振、塵飛」（袁宏《三國名臣序贊》）

　　陸善經曰：振海、揚波，喻兵乱。李善曰：揚波，喻乱也。

⑧釋「柧」（潘岳《汧馬督誄》）

　　陸善經曰：柧，連檐也。今江東呼爲欂柧。李善曰：柧，楣也。

①陸注明顯不如善注符合文意。②～⑦二者用語都差不多。⑧陸注以今名，略勝與善注。

陸直接釋詞善引舊注釋詞，如：

①釋「揚搉」（左思《蜀都賦》）

　　陸善經曰：揚，舉。搉，校量也。李善曰：許慎《淮南子》注曰：揚搉，粗略也。

②釋「沮」（左思《蜀都賦》）

　　陸善經曰：沮，沮洳也。李善曰：綦母邃《孟子》注曰：澤生草言蒩。沮與蒩同。

③釋「碕」（左思《吳都賦》）

　　陸善經曰：碕岸，頭也。李善曰：許慎《淮南子》注曰：碕，長邊也。

④釋「亹亹」（左思《吳都賦》）

　　陸善經曰：亹亹，流兒。李善曰：薛君《韓詩章句》曰：亹亹，進也。

⑤釋「適」（謝靈運《南樓中望所遲客》）

　　陸善經曰：適，至也。李善曰：杜預《左氏傳》注曰：適，歸也。

⑥釋「轉」（謝朓《和伏武昌登孫權故城》）

　　陸善經曰：轉，歌聲。李善曰：《淮南子》曰：秦、楚、燕、趙之歌也，異轉而皆樂。高誘曰：轉，音聲。

⑦釋「距」（曹植《七啓》）

　　陸善經曰：距，舐也，謂倚之也。李善曰：孔安國《尚書》傳曰：距，至也。

⑧釋「槽」（劉伶《酒德頌》）

陸善經曰：槽，壓酒床也。李善曰：劉熙《孟子》注曰：槽者，齊俗名之如酒槽也。

⑨釋「剨」（潘岳《汧馬督誄》）

陸善經曰：剨，謂穿城內為壍也。李善曰：徐爰《射雉賦》注曰：剨，割也。

①～④及⑧，陸注皆不如善注準確。①中陸注強拆雙音節單純詞，分別解之，反愈令人糊塗。②陸注以「沮洳」釋「沮」，顯不若善注容易理解。⑤～⑦，陸注則勝於善注。⑨善注略勝，但亦不太讓人明白。

陸直接釋詞善引字書釋詞，如：

①釋「麗」（左思《蜀都賦》）

陸善經曰：麗，附著也。李善曰：《博雅》曰：麗，奢靡也。

②釋「崛嵼嵲屼，嶾嶙鬱嵂」（左思《吳都賦》）

陸善經曰：崛嵼嵲屼，高峻皃。嶾嶙鬱嵂，氣色皃。李善曰：崛嵼，高峻皃也。《方言》曰：嵲，高也。《字指》曰：屼，禿山也。嶾嶙，幽昧皃也。鬱嵂，持起皃也。

③釋「宇宙」（左思《吳都賦》）

陸善經曰：宇宙，天地之間也。李善曰：《文子》曰：四方上下謂之宇。《說文》曰：宙，舟輿所極覆也。

④釋「四極」（陸機《挽歌詩》）

陸善經曰：四極，四角也。李善曰：《尔雅》曰：東至於泰遠，西至於邠國，南至於卜鈆，北至於祝栗，謂之四極。

⑤釋「厲」（曹植《七啟》）

陸善經曰：厲，勉也。李善曰：《說文》曰：厲，磨石也。言人自勗勉若金之受厲也。

⑥釋「佇」（傅亮《為宋公脩張良廟教》）

陸善經曰：佇，停也。李善曰：《尔雅》曰：佇，久也，謂停久也。

⑦釋「澹」（司馬相如《難蜀父老》）

陸善經曰：澹，靜也，言能靜水灾也。李善曰：《說文》：澹，水搖也。

⑧釋「柿」（潘岳《汧馬督誄》）

陸善經曰：柿，謂削之為札也。李善曰：《說文》曰：柿，削朴也。

⑨釋「題」（顏延年《陽給事誄》）

陸善經曰：題，謂爲之名目也。李善曰：《說文》曰：題，顯也。

①、②、④陸不如善，③、⑤、⑥、⑦善不如陸，⑧、⑨則二者大致相近。②之陸注解釋太過籠統，善注既有直解又引字書，內容豐富得多。③、⑤兩處善注則不若陸注簡潔明瞭。

陸引舊注釋詞善直接釋詞，如：

釋「好盡」（嵇康《與山巨源絕交書》）

陸善經曰：丘遲曰：好盡，謂好盡直言。李善曰：好盡，謂言則盡情，不知避忌也。

此例二者大致相近，善注相對更爲直白。

通過以上比較，善注有徵引較多的優點，但在解釋內容跟文意的相符上，其與陸注實際上是各有勝負。

4.1.3 陸注釋詞善注亦釋詞且引出處

從形式講，又釋詞又引出處比單純釋詞更能讓人追本溯源，以更好地理解文意。可如果釋詞不準確，有時則反害文意。在陸注釋詞，善注亦釋詞且引出處上，二者的內容仍然是互有得失。

①釋「嵾嶒」（左思《吳都賦》）

陸善經曰：嵾嶒，乍上乍下之兒也。李善曰：嵾嶒，不平兒也。後漢黎陽山碑曰：山河嵾嶒，有精英兮。

②釋「牢落」（左思《吳都賦》）

陸善經曰：牢落，分散意。李善曰：牢落，猶遼落也。上林賦曰：牢落陸離。

③釋「檀欒蟬蜎」（左思《吳都賦》）

陸善經曰：檀欒，遍布也。蟬蜎，好兒也。李善曰：檀欒，圓勁兒也。枚乘《兔園賦》曰：脩竹檀欒，夾池水旋兔園。蟬蜎，猶便娟，柔弱兒也。《楚辭》曰：便娟之修竹。

④釋「婉孌」（陸機《於承明作與士龍》）

陸善經曰：婉孌，眷戀之意也。李善曰：方言曰：惋，歡也。惋與婉古字通。說文曰：孌，慕也。班固《漢書》述哀紀曰：婉孌董公，惟亮天工。

⑤釋「弭」（江淹《雜體詩　潘岳》）

　　陸善經曰：弭，止也。李善曰：楚辭曰：聊抑志而自弭。賈逵國語注
　　曰：弭，忘也。

⑥釋「素絲質」（江淹《雜體詩・盧諶》）

　　陸善經曰：素絲質，不定也。李善曰：淮南子曰：墨子見練絲而泣之，
　　爲其可以黃，可以黑。高誘曰：閔其化也。

①、④陸注優於善注。「乍上乍下」比「不平」更爲形象生動。「眷戀」
也比分別釋爲「歡」、「慕」更清楚。②、⑥二者基本相近，善注引有出處，
更勝陸注一籌。③、⑤陸注皆不如善注準確。

4.1.4 陸注善注皆釋句

　　李善注重在徵引，其釋句的情形並不多，故可比較之處亦不多。如：
①中岡林薄。（左思《蜀都賦》）

　　陸善經曰：已皆中綱在於林薄。李善曰：言皆爲綱所罟在於林薄。

②懷往歡端絕端，悼來憂成緒。（陸機《於承明作與士龍》）

　　陸善經曰：言懷於往日遊之歡，今已絕无端際。悼於今別，思来憂生
　　成緒也。李善曰：言和悅纔往，歡已絕端，哀悼暨来，而便成緒。

③野風吹秋木，行子心傷斷。（鮑照《東門行》）

　　陸善經曰：言行者勤勞也。李善曰：言見風吹落葉更傷悲也。

④至若蘭芷傾頓，桂林移植，根萌未樹，牙淺絃急，常恐風波潛駭，危
　　機密發，斯所以怵惕於長衢，按轡而歎息也。（趙至《與嵇茂丝書》）

　　陸善經曰：蘭桂傾移，喻身之往遼土。根萌未樹，故恐風波潛駭。牙
　　淺弦急，故懼危機密發。皆慮未及安，而逢禍難。李善曰：喻身之危
　　也。根萌未樹，故恐風波潛駭。牙淺絃急，故懼危機密發也。

⑤然潔士之聞穢，其庸致思乎？（潘岳《汧馬督誄》）

　　陸善經曰：言潔白之士聞有玷穢於己者，憤而自死，豈復用心致思求
　　自免乎？李善曰：言潔士之聞己穢，其庸致思以求生乎？

　　①、②、⑤所釋意思基本相近，唯行文不太一致。③陸注略遜於善注。
④則二者有完全相同的文字，陸注襲用善注的可能極大。總體而言，此類情
形善注優於陸注。

4.1.5 陸注釋句善引出處

一爲釋句，一爲引出處，單從形式看，似乎二者幾乎毫不相關，其實并非全然如此。一些例子說明，他們之間還是有一定的關聯度。如：

①永安有昨軌，承明子弃予。（陸機《於承明作與士龍》）

陸善經曰：今到承明，子棄我去矣。李善曰：《毛詩》曰：弃予如遺。

②俯仰未能弭，尋念非但一。（江淹《雜體詩·潘岳》）

陸善經曰：俯仰之間，衰情未止，尋念平生罪但一事。李善曰：魏文帝《詩》曰：所憂非但一。

③假靈龜以託喻，寧掉尾於塗中。（曹植《七啓》）

陸善經曰：掉尾塗中，自善其身也。李善曰：《莊子》曰：楚王使大夫往聘莊子。莊子曰：吾聞楚有神龜，死已二千歲矣，王巾笥而藏之於廟堂之上。此龜者，寧其死爲留骨而貴乎？寧生而曳尾塗中乎？二大夫曰：寧生曳尾塗中。莊子曰：往矣，吾將曳尾於塗中也。

④三江五湖，浩汗無涯，假氣遊魂，迄于四紀。（孫楚《爲石仲容與孫皓書》）

陸善經曰：假氣遊魂，以病者爲喻，言近於滅亡。李善曰：魏明帝《善哉行》曰：權實堅子，儉則亡虜，假氣游魂，鳥魚爲伍。

⑤身雖胡越，意存斷金。（趙至《與嵇茂齊書》）

陸善經曰：身雖遠而心意同。李善曰：淮南子曰：自其異者視之，肝膽胡越也。周易曰：二人同心，其利斷金。

⑥隆周之卜既永，宗漢之兆在焉。（顏延年《三月三日曲水詩序》）

陸善經曰：文帝以宜都王入纂天位，如漢文從代卜得大橫之兆也。李善曰：《漢書·文紀》曰：兆得大橫。占曰：大橫庚庚，余爲天王。

⑦臨世濯足，希古振纓。（夏侯湛《東方朔畫贊》）

陸善經曰：臨世濯足，謂滄浪之水濁，可以濯其足。言微世也。希古振纓，謂滄浪之水清，可以濯其纓。言慕古也矣。李善曰：《楚辭》，漁父歌曰：滄浪之水清，可以濯我纓，滄浪之水濁，可以濁我足。

⑧莫涅匪淄，莫磨匪磷。子獨正色，居屈志申。（潘岳《夏侯常侍誄》）

陸善經曰：言無涅而不緇者，無磨而不磷者，子則不也。正色，不苟合也矣。李善曰：《論語》，子曰：不曰堅乎？磨而不磷；不曰白乎？涅而不淄。

①、②、④、⑤善注皆徵引詞語出處，與陸注所釋之句的確關係不大。③、⑥、⑦、⑧善注皆徵引事典出處，陸注有可能是從善注得到啓發，而闡釋句意。

4.1.6 陸注對善注疏解

陸注釋詞善引出處、陸引出處善注釋詞、陸注對善注進行辨誤都可以視爲陸注對善注的疏解。辨誤已見 3.8 辨誤校勘，以下對前兩种情形進行分析。

陸注釋詞善引出處，如：

①釋「貝錦」（左思《蜀都賦》）

　　陸善經曰：貝錦，錦文如貝也。李善曰：《毛詩》曰：「萋兮斐兮，成是貝錦。」

②釋「幅裂」（陸機《答賈長淵》）

　　陸善經曰：幅裂，言如布帛之幅有度量而毀裂也。李善曰：《魏志》，崔琰曰：今天下分崩，九州幅裂。

③釋「虎步谷風」。（曹植《七啓》）

　　陸善經曰：虎步谷風，言猛疾也。李善曰：《春秋元命苞》曰：猛虎嘯而谷風起。

④釋「不情」（嵇康《與山巨源絕交書》）

　　陸善經曰：不情，非情實。李善曰：《周書》曰：飾兒者不情。

⑤釋「神州中岳」、「九鼎」（孫楚《爲石仲容與孫皓書》）

　　陸善經曰：神州中岳，言得正統也。九鼎，夏禹所鑄，歷代共寶也。李善曰：《河圖括地象》曰：崑崙東南地方五千里，名曰神州，中有五山地圖，帝王居之。《左氏傳》，王孫滿曰：成王定鼎於郟鄏。史記曰：秦取周九鼎。

⑥釋「重錦」（孫楚《爲石仲容與孫皓書》）

　　陸善經曰：《左傳》注曰：重錦，錦之熟細者。李善曰：《左氏傳》曰：絲侯歸衛侯夫人重錦卅兩。

⑦釋「異人」（顏延年《三月三日曲水詩序》）

　　陸善經曰：異人，奇異之人。李善曰：班固《漢書》贊曰：羣士慕嚮，異人並出。

⑧釋「圄空」（王褒《聖主得賢臣頌》）

陸善經曰：囹空，謂刑措不用也。李善曰：《文子》曰：法寬刑緩，囹
圄空虛。

⑨釋「啓土」（史岑《出師頌》）

陸善經曰：啓土，謂受封上郡名都也。李善曰：《尚書》曰：建邦啓土
也。

⑩釋「資始」（蔡邕《陳太丘碑文》）

陸善經曰：資始，資生之始，謂立身也。李善曰：周易曰：万物資始。

①、⑤、⑥、⑨、⑩如果僅讀善注，恐怕很難明白那些詞語的準確涵義。
陸注以「得正統」解「神州中岳」，以「立身」解「資始」皆深得孫楚、蔡邕
作文之意。⑥則是陸注直接引《左傳》杜預注疏解善注所引《左傳》正文。
②、③、④、⑦、⑧，純粹根據善注也能懂得相應詞語的意思，陸注反顯得
有些過於通俗。

陸引出處善注釋詞，如：

①釋「疇」（謝朓《和徐都曹》）

陸善經曰：《國語》云：田疇荒蕪。李善曰：賈逵《國語》注曰：一井
爲疇。

②釋「臒」（江淹《雜體詩·李陵》）

陸善經曰：《書》云：若作梓材，既勤樸斲，惟其斁丹臒。李善曰：說
文曰：臒，善丹也。

③釋「鸘鶏、振鷺」（曹植《七啓》）

陸善經曰：《淮南子》云：鸘鶏，西方神鳥也。振鷺，振其羽翼也。《詩》
云：振鷺于飛。李善曰：鸘鶏、振鷺，皆鳥名也。

④釋「共穗」（顏延年《三月三日曲水詩序》）

陸善經曰：共穗、異畝同穎其事之見《宋志》。李善曰：共穗，嘉禾也。

①善注太過具體，反害文意。陸注引出正文意義則明。②陸注追溯語源，
善注釋意。③陸注引出處與釋詞結合，比善注更詳。④陸注重今典。

4.1.7 有陸注而無善注

善注在數量上遠多於陸注，故有陸注無善注的情形值得重視。如：

①釋「荔支」（左思《蜀都賦》）

《南裔志》云：「荔支常以夏至，其實變赤，肉白，味甘美。」

②釋「抑」（左思《吳都賦》）

抑，語詞也。

③釋「虛無」（陸機《挽歌詩》）

虛無，空寂自相爲賓，言無象也。

④釋「常倫」（江淹《雜體詩·嵇康》）

常倫，流俗也。

⑤釋「宛」（曹植《七啓》）

宛，屈也。

⑥釋「籌量」（陳琳《檄吳將校部曲文》）

籌量，謂知國之危，委身歸降。

⑦釋「蹍」（王融《三月三日曲水詩序》）

蹍，踐躒。

⑧釋「周給」（夏侯湛《東方朔畫贊》）

周，遍。給，足也。

①、②、④、⑧李善不注，估計是以之太簡單，無須注釋。③、⑤、⑦李善不注，則分別是在《上林賦》中已有張揖舊注、李善注及《西京賦》中已有薛綜舊注之故。⑥則屬李善當注而未注，陸善經補注之。

通過以上 7 方面的對比，我們可以看出，陸注在徵引的廣泛性上，明顯不及善注。在注釋質量上，二者也是各有千秋、互有勝負。善注重在學術研究，陸注則兼顧及普通閱讀。在通俗性上，則善不如陸。

4.2 與《文選鈔》比較

《文選鈔》的內容很多，一些地方注釋非常詳盡，但與陸善經注相同的對象部分並不複雜。兩者可從陸注鈔皆引出處、陸注鈔皆釋詞、陸注鈔皆釋句、陸注對鈔疏解、有陸注而無鈔 5 個方面進行對比。

4.2.1 陸注鈔皆引出處

①釋「海童」（左思《吳都賦》），二者皆引《神異經》，但內容各異。

②釋「蟻壤漏山河」（鮑照《代君子有所思》），陸引《淮南子》，鈔引《韓子》，陸注更貼近文意，鈔所引更早。

③釋「楊駿被誅，母后廢黜」（干寶《晉紀總論》），陸善經詳引《晉書》，
鈔詳引干寶《晉紀》。

4.2.2 陸注鈔皆釋詞

①釋「鵁鶄」（左思《吳都賦》）

陸善經曰：鵁鶄，大如鶴而五采，荊楚有之。鈔曰：鵁鶄，白翅黑身，
鳴聲甚哀。

②釋「惆悵」（陸機《贈顧交阯公眞》）

陸善經曰：惆悵，惜別也矣。鈔曰：《蒼頡》篇云：惆悵，失志也。

③釋「忞」（陸士衡《贈弟士龍》）

陸善經曰：忞，憂痛意也。鈔曰：《毛詩》傳曰：忞，飢意也。

④釋「崐山」及「瑤」、「珉」（潘岳《爲賈謐作贈陸機》）

陸善經曰：崐山，喻王朝。瑤，玉之美者，喻機。珉，石之次玉者，
以自比也。鈔曰：崐，崐崘山也，諭機之祖父也。瑤，玉，謂其子孫。
言門地既高，子孫亦然。

⑤釋「紫蘭」（曹植《七啓》）

陸善經曰：紫蘭，蘭初生之時其色紫也。鈔曰：紫，蘇之類，甚香也。
蘭木葉亦香也。

⑥釋「八衝」（孫楚《爲石仲容與孫皓書》）

陸善經曰：八衝，八方衝突。鈔曰：八衝，八方之衝要也，或云地名。

⑦釋「靡徙」（司馬相如《難蜀父老》）

陸善經曰：靡徙，靡然而退也。鈔曰：靡徙，自却退兒也。

⑧釋「彭祖」（王褒《聖主得賢臣頌》）

陸善經曰：彭祖，古之壽考者。鈔曰：彭祖，如淳曰：《五帝紀》：彭
祖，堯舜時人。《列仙傳》：彭祖，殷大夫也。歷夏至商，未号年七百
代。本云陸終生六子，其三曰籛，是爲彭祖也。

⑨釋「觚」（劉伶《酒德頌》）

陸善經曰：觚，八棱盞。鈔曰：觚，礼器也。二升曰觚。

⑩釋「翳翳」（潘岳《汧馬督誄》）

陸善經曰：翳翳，微劣也。鈔曰：翳翳，將滅之意也。

①、⑨陸、鈔各執一說，各有所據。②、③、⑤鈔不如陸，以「惜別」

釋「惆悵」和以「憂痛」釋「怨」更爲貼切;「紫蘭」亦不當分別爲兩類植物。
④、⑥陸不如鈔,後者更符合文意。⑦、⑧、⑩二者意思差不多,⑧鈔所注
比陸注豐富得多,⑩各自的解釋角度不同。

4.2.3 陸注鈔皆釋句

①仰肅明威。(陸機《答賈長淵》)

　　陸善經曰:言仰敬天之威而懼也。鈔曰:實敬仰君之明威也。

②牽世嬰時網,駕言遠徂征。(陸機《於承明作與士龍》)

　　陸善經曰:言爲世所牽羈,遠征入洛也。鈔曰:言爲世事所牽引,故
　　爲時納所嬰纏也。

③懷往歡端絕端,悼來憂成緒。(陸機《於承明作與士龍》)

　　陸善經曰:言懷於往日遊之歡,今已絕无端際。悼於今別,思来憂生
　　成緒也。鈔曰:言我思往時歡樂之日,已絕其端;若悼来日之憂,今
　　始爲緒也。

④問君何能尔?心遠地自偏。(陶淵明《雜詩》)

　　陸善經曰:言心尙幽遠,故与俗隔。鈔曰:言心与俗踈遠,雖在人間,
　　自然偏僻不同也。

⑤得失非外獎。(江淹《雜體詩‧許詢》)

　　陸善經曰:言得失俱忘,非假外勸。鈔曰:既忘得失不爲外所獎勸,
　　使迷於世俗中也。

⑥禁錮終身,輒下禁止視事如故。(沈約《奏彈王源》)

　　陸善經曰:禁止不許從朝班視事,則依舊。鈔曰:言禁止其身不得視
　　事,皆如故事也。

二者釋句,意思皆大略相同。

4.2.4 陸注對鈔疏解

①釋「麗」(左思《吳都賦》)

　　陸善經曰:麗,附著也。鈔曰:《書》云:弊化奢麗也。

②釋「駭雞」(左思《吳都賦》)

　　陸善經曰:《抱朴子》云:通天犀有一白理如縱者,此角盛米,置群雞

中。雞往啄，未至數寸，輒驚駭，故曰駮雞。鈔曰：駮雞，犀也。水
犀角辟毒，執之渡水，水中開，夜中有光，名通天犀，長二尺。

③釋「太宰」（陸機《答賈長淵》）

陸善經曰：《晉書》云：賈充爲文帝右長史。武帝受禪，封魯公，歷尚
書令也。鈔曰：太宰，謂謐父賈充，薨，贈太宰。

④釋「酌」（司馬相如《難蜀父老》）

陸善經曰：《礼記》云：上酌民言。鈔曰：酌，猶取也。

⑤釋「九皋」（趙至《與嵆茂齊書》），

陸善經曰：九皋，謂皋澤之中。鈔曰：《詩》云：鶴鳴于九皋。

①、⑤鈔注引出處，陸注釋詞。②、③、④鈔釋詞，陸注明出處。

4.2.5 有陸注而無鈔

①釋「湛淡」（左思《吳都賦》）

湛淡，汎浮之皃。

②釋「苞」（左思《吳都賦》）

顧徽《廣州記》曰：平鄉有苞竹，堪作布也。

③釋「藿」（曹植《贈徐幹》）

藿，豆也。

④釋「曜質」（陸機《答賈長淵》）

曜質，言盛也矣。

⑤釋「浩蕩」（謝朓《和王著作八公山詩》）

浩蕩，無所依也。

⑥釋「不情」（嵆康《與山巨源絕交書》）

不情，非情實。

⑦釋「昌」（司馬相如《難蜀父老》）

昌，盛也矣。

⑧釋「徘徊」、「改卜」（陸機《漢高祖功臣頌》）

徘徊，無所依也。改卜，求主也。

①、②、④若無注，普通讀者會不甚明瞭。其餘各例鈔不注，當是易懂
之故。

以上 5 方面對比表明，陸注與鈔各有優劣，內容上實不相上下。陸注重

《文選》的普及，故不少簡易之處亦注之。鈔個別內容所注極詳，略有繁瑣之嫌。

4.3 與五臣注比較

　　五臣與陸善經年代最近，二者注釋《文選》皆有簡化李善注之意。從現存的二注情況看，可以從陸注五臣注皆釋詞、陸注釋詞五臣注釋句、陸注五臣注皆釋句、陸注對五臣注疏解、有陸注而無五臣注 5 方面來進行比較。

4.3.1 陸注五臣注皆釋詞

①釋「蕡」（左思《蜀都賦》）

　　陸善經曰：蕡，實皃。呂向曰：蕡，葉也。

②鱣鮪鱒魴，鰷鱧鮡鱨。（左思《蜀都賦》）

　　陸善經曰：鱣与鮪，並今之黃魚。方俗異名耳。鱒，魚，目赤而體圓，一名鮸。鰷，鮎也。呂向：皆魚名也。

③釋「中天」（曹植《贈徐幹》）

　　陸善經曰：中天，言高如雲起，過在天中。張銑曰：言高如雲起，過在天中。

④釋「珥筆」（潘岳《爲賈謐作贈陸機》）

　　陸善經曰：《古今注》云：白筆者，珥筆之貴象也。呂向曰：珥，執也。

⑤釋「障」（鮑照《擬古》）

　　陸善經曰：障，過塞之城，爲中國蔽障也。張銑曰：障，邊也。

⑥釋「濠」（江淹《雜體詩‧劉琨》）

　　陸善經曰：濠，塹也。呂延濟曰：濠，城池。

⑦釋「酡」（宋玉《招魂》）

　　陸善經曰：酡，謂佪垂。呂向曰：酡，醉色也。

⑧絕纓盜馬之臣赦，楚趙以濟其難。（曹植《求自試表》）

　　陸善經曰：秦以造父封趙城，固姓趙氏。

　　李周翰曰：此秦事，而言趙者，植之誤也。

⑨釋「磬」（陳琳《檄吳將校部曲文》）

　　陸善經曰：鄭玄注《禮》云：「懸縊殺之曰磬。」謂夫差縊而死也。劉

良曰：罄，盡也。

⑩釋「墋」、「黷」（陸機《漢高祖功臣頌》）

陸善經曰：墋、黷，昏黑兒，喻秦末世亂。李周翰曰：墋，垢也。黷，濁也。並言天下昏亂垢濁也。

①李善注引毛詩，陸依毛傳疏解，五臣注不知何據。②陸注簡略地解釋了幾種魚，詳於五臣籠統地以「魚」概之。③二者文字完全相同。④五臣以動詞釋「珥」，比陸注更貼合文意。⑤、⑨陸注均較五臣更詳。⑥、⑦、⑧陸注皆勝於五臣。⑩兩者意思相近。

4.3.2 陸注釋詞五臣注釋句

①湛淡羽儀，隨波參差。理翮整翰，容與自翫。（左思《吳都賦》）

陸善經曰：湛淡，汎浮之兒。羽儀，羽翮容儀也。李周翰曰：言鳥遊自得其性也。

②貴賤猶如此，況乃曲池平。（沈約《冬節後至丞相第詣世子車中》）

陸善經曰：曲池平，謂死也。劉良曰：且生者時貴賤猶復如此，而況死者矣。曲池已平，謂無人遊。

③朝與佳人期，日夕望青閣。（江淹《雜體詩·曹植》）

陸善經曰：佳人，即良友也。青閣，相期之所。呂延濟曰：朝夕望於青閣之上，思其來也。

④曠哉宇宙惠，雲羅更四陳。（江淹《雜體詩·嵇康》）

陸善經曰：雲羅、四陳，為俗所牽羈也。李周翰曰：言天地之惠，如雲之羅列陳布於四方也。

⑤柔遠鎮迩，寔敬攸考。（陸機《漢高祖功臣頌》）

陸善經曰：柔遠，謂与匈奴和親也。寔，實也。呂延濟曰：安鎮遠近實敬所考定也。

①陸注釋詞太實，五臣釋句得左思之神。其餘諸例基本涵義相差無幾。

4.3.3 陸注五臣注皆釋句

①顧念蓬室士，貧賤誠足憐。（曹植《贈徐幹》）

陸善經曰：因覩貴盛，而思賤貧。言可愛憐兒，激之令仕也。呂向曰：蓬室貧賤之士誠可憐，惜徐幹也。

②干戈載楊，俎豆載戢。（陸機《答賈長淵》）

陸善經曰：言天下三分，則干戈用而俎豆藏也。劉良曰：言天下盛舉干戈，不暇尚礼也。

③風蕭蕭兮易水寒，壯士一去不復還！（荊軻《歌》）

陸善經曰：言必死於秦也。李周翰曰：自言為事成敗俱不還。

④君行在天崖，妾身長別離。願一見顏色，不異瓊樹枝。（江淹《雜體詩·古離別》）

陸善經曰：言心相珎厚也。李周翰曰：言君行之遠，思見之難，不異瓊樹枝也。

⑤五老游河，飛星入昴。（任昉《宣德皇后令》）

陸善經曰：今以梁王之德方舜，未受禪之特。李周翰曰：言梁王亦有此瑞。盖美言之，其實無之也。

⑥不憙弔喪，而人道以此為重，己為未見恕者所怨，至欲見中傷者。（嵇康《與山巨源絕交書》）

陸善經：言為不體恕者所怨，乃欲相傷也。劉良曰：言不為人所矜恕，但多怨者，及有欲中傷者。

⑦假氣遊魂，迄于四紀。（孫楚《為石仲容與孫皓書》）

陸善經曰：假氣遊魂，以病者為喻，言近於滅亡。劉良曰：言吳蜀恃此山水，假借遊魂也。

①、⑥二者意思相近。②五臣比陸注更讓人明白。③陸注較五臣更直白。④、⑤陸注更簡潔，五臣失之過實。⑦陸注相當透徹，五臣游離過遠。

4.3.4 陸注對五臣注疏解

①釋「苞甊」（左思《吳都賦》）

陸善經曰：《書·禹貢》云：其包橘柚，甊菁茅也。李周翰曰：包，裹也。甊，匣也。

②釋「冀闕」（江淹《雜體詩·王粲》）

陸善經曰：《史記》云：商君為秦筑冀闕宮廷於咸陽。劉良曰：崤山函谷關及秦所造冀闕，皆化為丘墟。

③釋「工祝」（宋玉《招魂》）

陸善經曰：《詩》云：「工祝致告。」劉良曰：工祝，良巫也。

④釋「祀典」（傅亮《爲宋公脩張良廟教》）

陸善經曰：《國語》云：聖人之制祀也，功施於民則祀之，非此族也，
不在祀典。呂向曰：祀典，謂祭祀之常典。

⑤釋「滑臺」（顏延年《陽給事誄》）

陸善經曰：《十三州記》云：「滑臺，禹堙洪水所筑也矣。」張銑曰：
滑臺，城名也。

均是五臣釋詞，陸注標明出處。

4.3.5 有陸注而無五臣注

①釋「荔支」（左思《蜀都賦》）

《南裔志》云：「荔支常以夏至，其實變赤，肉白，味甘美。」

②釋「虛無」（陸機《挽歌詩》）

虛無，空寂自相爲賓，言無象也。

③釋「不情」（嵇康《與山巨源絕交書》）

不情，非情實。

④釋「砥」（王褒《四子講德論》）

砥，磨也矣。

⑤釋「正色」（潘岳《夏侯常侍誄》）

正色，不苟合也矣。

五臣不釋，皆因這些詞語意義甚明。陸注釋之，更令入門者深入理解文
意。

通過以上對比，陸注雖有穿鑿之處，但在質量上總體優於五臣，徵引亦
多於五臣。對於學術研究和普及閱讀，陸注均比五臣更有價值。

4.4 與舊注比較

《文選集注》卷帙零落，所存篇目中的舊注僅有劉逵、王逸、張揖、應
劭 4 家。前兩家因相應卷次較全，數量較多。後兩家則寥寥數條而已。從前
兩家舊注與陸善經注的對比看，陸注《文選》有取代所有舊注、化繁爲簡的
趨勢，其普及的意圖較爲明顯。

4.4.1 與劉逵注比較

　　《文選集注》只有卷八、九有劉逵注，因集注這兩卷非常完整，故與陸善經所注的對象有不少相同之處。可分陸注劉注皆引出處、陸注劉注皆釋詞、陸注釋詞劉注亦釋詞且引出處、陸注劉注皆釋句、陸注對劉注疏解、有陸注而無劉注 6 類情況來分析。

　　陸注劉注皆引出處，如：

　　①或涌川而開瀆，或吞江而納漢。（左思《吳都賦》）

　　　　陸善經曰：涌川開瀆謂山，吞江納漢謂澤。今彭蠡、洞庭皆然。《書》云：岷山導江，東匯澤為彭蠡。又云：導漾水，東流為漢，南入于江。劉逵曰：會稽郡餘暨縣蕭山，播水所出也。錢塘縣武林山，武林水所出也。故曰涌川。九江經廬山而東，故曰開瀆。《禹貢》曰：三江既入，震澤底定，故曰吞江。《禹貢》：漢水東為滄浪，南入于江，故曰納漢。

　　②鷁鶋避風（左思《吳都賦》）

　　　　陸善經曰：《國語》云：海鳥曰爰居，止於魯東門之外。展禽曰：今茲海其交乎廣川，鳥獸皆知避其災。是歲，海多大風也。劉逵曰：鷁鶋，鳥也，似鳳。《左傳》曰：海鳥爰居，止魯東門外三日，臧文仲使國人祭之，不知其鳥，以為神也。

　　③通門二八，水道陸衢。（左思《吳都賦》）

　　　　陸善經曰：《越絕》云：吳都周帀六十八里，大城卅七里，水門八，陸門八。其二有樓，一名閶門，一名盤門，車船並入。劉逵曰：《越絕書》曰：吳郭周迊六十八里六十步，大城周迊卅七里二百一十步。水門八，陸門八，其二有樓名門，昌門者，車船並入。門今見在，銅柱石塡池。大城中有小城，周迊十二里，亦有水陸門，皆闔閭所作也。闔閭宮在高平里。

　　①二者皆引《尚書》，但內容各異。②劉逵引《左傳》早於陸注所引《國語》，但後者更貼近文意。③陸注似為劉注的簡化，且多「盤門」之名。

　　陸注劉注皆釋詞，如：

　　①釋「沮」（左思《蜀都賦》）

　　　　陸善經曰：沮，沮洳也。劉逵曰：譙周《異物志》曰：沮，有荣澤也。

　　②釋「蒟蒻」、「疇」（左思《蜀都賦》）

陸善經曰：蒟蒻，根似芋，大者如斗。碎之，以灰汁煑，凝成。然後調以五味。疇，田也。劉逵曰：蒟，蒟醬也。緣樹而生，其子如桑椹，欲熟時正青，長二三寸，以蜜藏而食之，辛香，溫調五藏。蒻，草也，其根名蒻，頭大者如斗，其肌正白，可以灰汁，煮則凝成，以苦酒淹食之。蜀人珍焉。疇者，界埒小畔際也。

③釋「兼呈」（左思《蜀都賦》）

陸善經曰：兼呈者，帝課之外，更兼倍之。劉逵曰：兼呈者，皆有常課，至擬於王者。

④釋「鱋鮋」（左思《蜀都賦》）

陸善經曰：《字指》云：鮋，魚，出漢中也。劉逵曰：鱋、鮋，魚名。

⑤釋「蔓藻」（左思《吳都賦》）

陸善經曰：蔓藻，藻生蔓延。劉逵曰：蔓藻，海藻之屬也。

⑥釋「食葛」（左思《吳都賦》）

陸善經曰：食葛，其根可食也。劉逵曰：食葛，蔓生，與山葛同，根特大，美於芋也，豫章間種之。

⑦釋「岊」（左思《吳都賦》）

陸善經曰：岊，山之高隅也。劉逵曰：《許氏記字》曰：岊，陬隅而山之節也。

⑧釋「扤」（左思《吳都賦》）

陸善經曰：扤，搖也。果實動搖也。劉逵曰：扤，搖也。

⑨釋「金華」（左思《吳都賦》）

陸善經曰：金華，麩金也。劉逵曰：金華，金有華采者也。

⑩釋「升越」（左思《吳都賦》）

陸善經曰：升越，越布升數之多，言其細也。劉曰：升越，越之細者。

①劉注引《異物志》而釋，勝於陸注。②陸注以「蒟蒻」爲一物，劉注則分別釋之。③、⑧、⑩二者意思相近。④陸注引《字指》，言名鮋的出產地。⑤、⑨則各執一說。⑥劉注已明其根可食，陸注有重複之嫌。⑦劉注引字書，但陸注較通俗易懂。

陸注釋詞劉注亦釋詞且引出處，如：

①鱣鮪鱒魴，鮺鱧魦鱯。（左思《蜀都賦》）

陸善經曰：鱣与鮪，並今之黃魚。方俗異名耳。鱒，魚，目赤而體圓，

一名鯨。鮧，鮎也。劉逵曰：《礼記‧月令》，孟春，獺祭魚，將食之，先以祭也。鱣，鮨鮪也。鮧，似鱧。鯋，似魵。鱒、魴，皆見《詩》也。

②釋「咍」（左思《吳都賦》）

陸善經曰：咍，大笑也。劉逵曰：楚人謂相笑爲咍。《楚辭》曰：眾兆所咍。

①劉注不如陸注易動。②劉注更爲翔實。

陸注劉注皆釋句，如：

①盖聞天以日月爲綱，地以四海爲紀。（左思《蜀都賦》）

陸善經曰：非日月無以紀天文，非四海無以著地理。將言建國，故本其所由也。劉逵曰：非日月無以觀天文，非四海無以著地理，故聖人仰觀俯察、窮神盡微者，必須綱紀也。

二者文句基本相同、意思亦較接近，陸注似承襲劉注而來。

陸注對劉注疏解，如：

①釋「龍池」、「漏江」（左思《蜀都賦》）

陸善經曰：劉逵曰：「龍池在朱提南，建寧有水，伏流數里復出，故曰漏江。」蜀以朱提爲郡，今在越巂東蠻中，改益州郡曰建寧。劉逵曰：龍池在朱堤南十里，地周四十七里。漏江在建寧，有水道，伏流數里復出。故曰漏江。

②釋「邛竹」（左思《蜀都賦》）

陸善經曰：蜀分建寧、牂牁，立興古郡也。劉逵曰：邛竹出興古盤江以南，竹中實而高節，可以作杖。

③釋「抵掌」（左思《蜀都賦》）

陸善經曰：抵，擊也。即今之撫掌也。劉逵曰：鬼谷先生《書》有《抵戲篇》。《戰國策》曰：蘇秦說趙王：華屋之下，抵掌而言，皆談說之客也。

④釋「鯨」、「鯢」（左思《吳都賦》）

陸善經曰：鯢，亦鯨之類。劉逵曰：《鄧析子》曰：釣鯨鯢者，不於清池。一說曰：鯨猶言鳳，鯢猶言皇也。

⑤釋「解谷」（左思《吳都賦》）

陸善經曰：解谷，昆侖北谷。劉逵曰：黃帝詔泠淪爲音律，泠淪乃之

崑崙之陰，取竹之解谷，斬其厚均者而吹之，以爲黃鍾之宮。

⑥造姑蘇之高臺（左思《吳都賦》）

　陸善經曰：《越絕》曰：吳王起姑蘇之臺，因山爲之。今在吳縣西南卅里也。劉逵曰：姑蘇，吳臺名也。

①陸注簡引劉注後，對其中的地名進行疏解。②中陸注則直接疏解劉注中的地名。③、④、⑤皆對劉注所引，解釋與正文相關的詞語。⑥陸注相當於標出了劉注的出處。

有陸注而無劉注，如：

①釋「凝」（左思《蜀都賦》）

　凝，謂結爲霜也。

②釋「罨」（左思《蜀都賦》）

　罨，以網掩取之。

③釋「鶋雞」（左思《吳都賦》）

　鶋雞，大如鶴而五采，荊楚有之。

④釋「聲耴」、「芒芒」（左思《吳都賦》）

　聲耴，眾聲雜亂兒。芒芒，不分別兒。

⑤釋「殷」（左思《吳都賦》）

　殷，聲之遠聞也。

基本上是因詞義比較簡單，故劉逵無注。

4.4.2 與王逸注比較

《文選》中的王逸注在《楚辭》部分，《文選集注》之六十三、六十六這完整的兩卷有大量的陸善經注和王逸注。可分陸注逸注皆釋詞、陸注逸注皆釋句、陸注對逸注疏解、陸注釋句逸注釋詞、有陸注而無逸注、陸注引逸注等6種情形來進行比較。

陸注逸注皆釋詞，如：

①釋「孟陬」（屈原《離騷經》）

　陸善經曰：正月爲孟陬也。王逸曰：孟，始也。正月爲陬。

②釋「化」（屈原《離騷經》）

　陸善經曰：化，變也。王逸曰：化，變也。

③釋「謠諑」（屈原《離騷經》）

陸善經曰：謠諑，謂共爲謠言而諑訴也。諺曰：女無美惡，入宮見妬。
《方言》云：「楚以南謂訴爲諑，音涿。」王逸曰：謠，謂毀也。諑猶
譖也。

④釋「雲霓」（屈原《離騷經》）

陸善經曰：雲霓，惡氣，以喻臣之蔽擁。王逸曰：雲霓，惡氣。以喻
佞人。

⑤釋「豐隆」（屈原《離騷經》）

陸善經曰：豐隆，雷師也。王逸曰：豐隆，雲師。

⑥釋「不祥」（宋玉《招魂》）

陸善經曰：不祥，謂四方。王逸曰：祥，善也。

⑦釋「按」（宋玉《招魂》）

陸善經曰：按，村。王逸曰：按，徐也。

⑧釋「憭慄」（劉安《招隱士》）

陸善經曰：憭慄，恐懼也。王逸曰：心剝切也。

⑨釋「胡繩」

陸善經曰：胡繩，冠纓也。《莊子》云：緩胡之纓。王逸曰：胡繩，香
草也。

⑩釋「誶」（屈原《離騷經》）

陸善經曰：誶，告也。告以善道，所謂諫也。王逸曰：誶，諫也。《詩》
云：誶予不顧。

①、③、⑩二者意思相近，③中陸注所釋較詳，⑩逸注多引有出處。②、
④則基本詞意完全相同。⑤說法不同，陸注應是採用了《楚辭章句》中的另
一種說法〔註3〕。⑥、⑦、⑧、⑨文字不同，⑥乃二者從不同角度去解釋。⑨
逸注以「香草」釋之，與上文「菌桂」對應，似更相符，但陸注引《莊子》
之說，也不無道理。

陸注逸注皆釋句，如：

①忽奔走以先後兮，及前王之踵武。（屈原《離騷經》）

陸善經曰：言己急欲奔走先後，以輔翼君望，繼前王之跡。王逸曰：
言己急欲奔走先後，以輔翼君者，冀及先王之德，繼續其迹，而廣其

〔註3〕〔宋〕洪興祖《楚辭補注》，白化文等點校，中華書局，2002年，作「豐隆，
雲師，一曰雷師。」

基也。奔走先後，四輔之職也。《詩》曰：予聿有奔走，予聿有先後。是之謂也。

②荃不察余之中情兮，反信讒而齊怒。（屈原《離騷經》）

陸善經曰：君不察我中情，反信讒言而同怒己也。王逸曰：言懷王不徐察我忠信之情，反信讒言而疾怒己。

③各興心而嫉妒。（屈原《離騷經》）

陸善經曰：讒諂之徒，行皆邪僻，乃內恕諸己，以度人，各興其嫉妒之心。王逸曰：害賢為嫉，害色為妒。言在位之臣，心皆貪婪。內以其志恕度他人，謂與己用不同，則各生嫉妒之心，推弃清絜，使不得用也。

④忽馳騖以追逐兮，非余心之所急。（屈原《離騷經》）

陸善經曰：言急欲騖馳以逐讒邪，非我心之急，言不能。王逸曰：言眾人所以馳騖惶遽者，追逐權貴求財利也，故非我心之所急務。眾人急於利，我獨急於義也。

⑤唯昭質其猶未虧。（屈原《離騷經》）

陸善經曰：言芬芳雜飾，質體昭明，而未虧歇也。王逸曰：言我外有芬芳之德，內有玉澤之質，二美雜會，兼在於己，而不得施用，故獨保明其身，無有虧而已。所謂道行則兼善天下，不用則獨善其身者也。

⑥夏桀之常違兮，乃遂焉而逢殃。（屈原《離騷經》）

陸善經曰：夏桀違天害人，与常道相違，乃遂逢殃。王逸曰：言夏桀上背於天道，下逆於人理，乃遂以逢殃咎，為殷湯所誅滅。

⑦翡翠珠被，爛齊光些。（宋玉《招魂》）

陸善經曰：翡翠珠璣，以被於物，爛然同光。王逸曰：言牀上之被，則飾以翡翠之羽，及與珠璣，刻畫眾華，其文爛然而同光明也。

⑧和酸若苦，陳吳羹些。（宋玉《招魂》）

陸善經曰：言吳人工作羹，先和酸，後加豉。王逸曰：言吳人工作羹，和調甘酸，其味若苦而後甘者也。

陸注釋句明顯較逸注簡潔，大體意思亦相近，當其吸收了逸注之精華。

陸注對逸注疏解，如：

①釋「紉」（屈原《離騷經》）

陸善經曰：紉，謂紀而綴之。《礼·內則》曰：「衣裳綻裂，紉針請補

綴。」王逸曰：紉，索也。

②釋「鮌」（屈原《離騷經》）

　　陸善經曰：鮌，禹父也。王逸曰：鮌，堯臣也。帝繫曰：顓頊後五葉
　　而生鮌。

③釋「羿」（屈原《離騷經》）

　　陸善經也曰：羿，夏諸侯。《左傳》云：羿因夏人以代夏政。王逸曰：
　　羿，諸侯也。

④釋「高丘」（屈原《離騷經》）

　　陸善經曰：《高唐賦》云：妾在巫山之陽，高丘之阻。王逸曰：楚有高
　　丘之山。

⑤釋「工祝」（宋玉《招魂》）

　　陸善經曰：《詩》云：「工祝致告。」王逸曰：工，巧也。男巫曰祝。

①、③、④、⑤逸注僅釋詞，陸注則指明出處，①、③更做稍詳之解。
②是逸注釋詞，並言明出處，陸注做補充解釋。

　　陸注釋句逸注釋詞，如：

①固時俗之工巧兮，偭規矩而改錯。（屈原《離騷經》）

　　陸善經曰：時俗之人妄為工巧，背規矩繩墨之法，而改錯置。王逸曰：
　　錯，置也。

②背繩墨以追曲兮，（屈原《離騷經》）

　　陸善經曰：隨曲而行。王逸曰：追，隨也。

③弱顏固植，（宋玉《招魂》）

　　陸善經曰：顏兒柔弱，心意堅正。王逸曰：固，堅也。植，志也。

④室家遂宗，食多方些。（宋玉《招魂》）

　　陸善經曰：言室家遂得尊榮，欲食皆具品物。王逸曰：宗，眾也。

⑤鄭□衛妖玩，来雜陳些。（宋玉《招魂》）

　　陸善經曰：言美女善為妖容，而可愛玩。王逸曰：妖玩，好女也。

陸注基本採納了逸注釋詞的內容，惟④不同。

　　有陸注而無逸注，如：

①釋「鬱邑」（屈原《離騷經》）

　　鬱悒，憂愁之兒。

②釋「黑齒」（宋玉《招魂》）

黑齒，染其齒令黑也。

③釋「發」（宋玉《招魂》）

發，謂奏之。

王逸未注，皆其意簡明之故。

陸注引逸注，如：

①釋「佩」（屈原《離騷經》）

陸善經曰：王逸曰：「佩者，所以象德。故仁明者佩玉，能解結者佩觽，能決疑者佩玦，孔子無所不佩。」

②溘吾遊此春宮兮，折瓊枝以繼佩。（屈原《離騷經》）

陸善經曰：王逸曰：「言我遊行奄然，至青帝之舍，觀發生之德，度折瓊枝以續佩，申己志之所守也。」

當為陸善經引王逸注，大義與此文前的王逸注相同，但文字頗有不同。418、504、505、527 与此條相同。

王逸曰：溘，奄也。春宮，東方青帝舍也。繼，續也。言我行游奄然至于青帝宮，觀万物始生，皆出於人，復折瓊枝以續佩，守行仁義，志彌固也。

③朝濯髮乎洧盤。（屈原《離騷經》）

陸善經曰：王逸曰：「蹇脩既通誠，言於宓妃。而讒人復相上，理合而毀之。令其意乖戾，暮則歸舍窮石之室，朝沐洧盤之水，而不肯相從。」

王逸曰：洧盤，水名。《禹大傳》曰：洧盤之水，出奄茲山。言宓妃體好清潔，暮即歸舍窮石之室，朝沐洧盤之水，遁俗隱居，而不肯仕也。（彙存、補注同）

④雖信美而無禮兮，来違弃而改求。（屈原《離騷經》）

陸善經曰：王逸曰：「雖則信美，元有事君之意，故歸違弃之，而更求賢也。」

王逸曰：違，去也。改，更也。言宓妃雖有美德，驕敖無禮，不可與共事君；求去相弃，而更求賢也。

⑤敦脄血拇（宋玉《招魂》）

陸善經曰：王逸曰：「脄，夾脊肉也。血拇，言食人而血汗其栂指。」

王逸曰：敦，厚也。脄，背也。拇，手栂指也。

①陸注所引王逸注，胡刻、叢刊無，《楚辭補注》中則有，抑或陸據《楚

辭章句》所補也。②、③、④、⑤與各自文前的王逸大意相近，個別地方文字亦同，當陸善經所見王逸注與後人不同。

4.4.3 與張揖注比較

陸善經注與張揖注所注對象相同者僅在司馬相如《難蜀父老》中有兩條。即：

①蓋世必有非常之人，然後有非常之事；有非常之事，然後有非常之功。非常者，固常人之所異也。故曰：非常之先，黎民懼焉；

陸善經曰：非常之初，變易法制，故人懼也。張揖曰：非常之事，其本難知，眾民懼也。

②鏤靈山，梁孫原。（司馬相如《難蜀父老》）

陸善經曰：鏤，謂鑿通也。張揖曰：鑿通山道，置靈道縣，屬越嶲郡。孫水出臺登縣，南至會無縣入若水。

①陸、張皆釋句，且意思相近。②陸注釋詞，張注略疏文意，重在解釋地名。

4.4.4 與應劭注比較

陸善經注與應劭注僅在楊雄《趙充國頌》中有 1 條所注對象相同。即：

天子命我，從之鮮陽。

陸善經曰：《漢書》云：酒泉太守辛武賢奏請：分兵並出張掖、酒泉合擊罕、开在鮮水上者。宣帝詔充國共並出討之。充國上書云：先擊罕羌，先零必助之，先誅先零，則罕开不煩兵而自服。璽書從充國計。充國請置屯田，為必禽之具也。應劭曰：宣帝使充國共討罕、开於鮮水陽。

陸注引漢書，比應劭注更加詳細。

小　結

屈守元曾據《奏彈劉整》一文的各家注比較後判斷，「陸善經注遠非五臣注之比，甚至於有時超過公孫羅《鈔》。應當是李善注以外，值得注意的一個注本」〔註4〕。通過以上對比，應該說屈先生所言非虛。如果說李善注的學術

〔註4〕屈守元《文選導讀》，巴蜀書社，1993 年，第 79 頁。

路徑似古文經學，則五臣注近於今文經學。精於古文經學的陸善經却並不偏廢，在體例上陸注兼有李善注徵引式注釋與五臣注闡釋文意之長，同時也因此未形成自己鮮明的特點。包括舊注在內，陸善經注與各家基本上互有優劣。有陸注而無他注之處，多是陸善經對別家視爲簡單之詞進行注解，可見出其在通俗普及方面的良苦用心。

在注釋的精博上，李善注無疑在陸注之上。鈔雖所存內容較多，但失之繁瑣，不及陸注簡易。五臣釋詞解句之語，大意與陸注相同者頗多，然其徵引少於陸注。是其學問不及善經之故。對待《文選》舊注上，陸善經一是據他本核之，一是化繁爲簡，有簡化、取代《文選》中原有舊注的趨勢。

5 《文選》陸善經注引書研究

　　《文選集注》有陸善經注的 23 卷中，只有第四十七卷無引文，其餘 22 卷均有徵引，共引書 92 種，經史子集四部皆有涉獵。其中，經部 23 種、史部 38 種、子部 21 種、集部 10 種。史部徵引的書籍種類和書籍此數均最多，其後依次爲經、子、集部。67.3%的書，即 62 種書僅徵引 1 次。11%的書，即 10 種書徵引了 2 次。13%的書，即 12 種書徵引了 3～8 次。6.5%的書，即 6 種書徵引了 13～15 次。2.2%的書，即 2 種書徵引了 20～22 次。

表 5.1 陸善經徵引書籍種數及次數

徵引次數	經部種數	史部種數	子部種數	集部種數	合　計
1	13	23	17	9	62
2	3	4	2	1	10
3	1	2			3
4	1	2	1		4
5		2	1		3
8	1	1			2
13	2				2
14		1			1
15	2	1			3
20		1			1
22		1			1
總計	23	38	21	10	92

　　開元年間，陸善經曾與毋煚等同修《六典》。《舊唐書・經籍志》即以毋

煦的《古今書錄》爲據，其四部分類的觀念當與陸善經基本相同。且《古今書錄》正成於開元年間，於母、陸二人撰修《六典》的時間大致相當〔註1〕。故陸善經所引書籍分類亦遵《舊唐書‧經籍志》之例。

5.1 所引經部之書

陸善經所引經部之書共8類23種，即：

易類：《易》（3）〔註2〕

尚書類：《書》（13）、《尚書大傳》（2）

詩類：《韓詩》、《韓詩外傳》（2）、《詩》（15）、《毛詩草木疏》

禮類：《周官》（8）、《周礼》、《禮記》（15）

春秋類：《左傳》（13）、《公羊傳》、《國語》（4）

論語類：《論語》

讖緯類：《尚書琁璣鈐》、《樂汁圖徵》

小學類：《尒雅》、《方言》、《蒼頡》篇、《說文》、《字林》、《字指》（2）、《字書》

易類：

陸善經引《易》有3處，所引之文分別見於《既濟》、《大過》、《明夷》。除引《既濟》爲明顯筆誤，後 2 處均與《周易》內容完全相同。陸善經所引之《易》，當是《周易》。《舊唐書‧經籍志》所載均作《周易》，李善注亦作《周易》而不作《易》。陸善經還簡《尚書》之名爲《書》，簡《毛詩》爲《詩》，簡《禮記》爲《禮》。書名的改變，如果并非善經率意而爲，則可能隱含了五經隨時代沉浮的變遷。

尚書類：

引《書》13處，其中9處作《書》，兩處兼引《書》及篇名（《書‧禹貢》、

〔註1〕 《新唐書‧藝文志‧乙部史錄‧職官類》：「《六典》三十卷。開元十年，起居舍人陸堅被詔集賢院脩《六典》，……乃命母煦、余欽、咸廙業、孫季良、韋述參撰。……張九齡知院，加陸善經。……二十六年書成。」《舊唐書‧經籍志》：「（開元）九年十一月，殷踐猷、王愜、韋述、余欽、母煦、劉彥眞、王灣、劉仲等重修成《群書四部錄》二百卷，右散騎常侍元行沖奏上之。自後母煦又略爲四十卷，名爲《古今書錄》。」

〔註2〕 （3）表示共引《易》3次，僅引 1 次之書不標次數。後同。

《書‧微子之命》），1 處引爲《尚書》及篇名（《尚書‧禹貢》），1 處徑引篇名（《舜典》）。所引較長之文，與今本相比，當是陸善經節引之。《舊唐志》唯有《古文尚書》，不見《今文尚書》。而陸注有「《尚書‧禹貢》古文爲《夏書》，今文爲《虞書》也」之語，則《隋志》中尚存的《今文尚書》並未完全推出歷史舞臺。又陸善經有《古文尚書》注十卷，其當精於古文，故所引次數頗多。

《尚書大傳》見於《隋志》，《舊唐志》已不見著錄。陸注引《尚書大傳》云：「受命者，固受天，非受諸人也。」當爲是書佚文。

詩類：

引《韓詩》云：「以御嘉賓。」《毛詩》作：「以御賓客。」見《小雅‧吉日》。今《韓詩》已佚，但《舊唐志》尚有著錄。

《韓詩外傳》引有兩處，較長一處當爲陸所節引。

引《詩》15 處，皆基本同於《毛詩》。其中 13 處作《詩》，作《詩‧鄁風》、《小雅‧六月》各 1 處。鄁，同「邶」。

《毛詩草木疏》，原文「毛詩」二字漫漶不清，其引文與《毛詩草木鳥獸蟲魚疏》內容相近，書名及內容皆當陸善經節引之。

禮類：

引《周官》共 8 處，6 處皆作《周官》，1 處兼引篇名《周官‧掌皮》，1 處作《考工記》。《考工記》自漢河間獻王已補入《周官》，已未獨立成書，且《隋志》和《舊唐志》均無著錄。故此處歸入《周官》。

《舊唐志》著錄禮部之書，已有周官、周官禮、周禮之別，不似《隋志》皆作周官禮。故《周礼》不並入《周官》之中。

引《禮記》的名稱有《礼》、《禮》、《礼記》、《禮記》、《礼‧內則》、《礼‧月令》、《月令》，分別爲 2 處、1 處、4 處、3 處、1 處、1 處、3 處。礼、禮爲文字正俗之別。《禮》，又當爲《禮記》之省稱。故其引文有僅標書名和兼標篇名兩類。所有內容皆與今本《禮記》相差無幾，較長的引文亦當爲節引。又陸善經曾參與《禮記‧月令》的注解，是唐代又流行《月令》獨立成書。

春秋類：

《左傳》、《公羊傳》、《國語》之名，陸注皆同與李善注。雖然《舊唐志》分別著錄爲《春秋左氏傳》、《春秋公羊傳》、《春秋外傳國語》，但唐人均簡稱

之。

論語類：

《論語》所引僅 1 處，見《微子》篇。

識緯類：

《尙書琁璣鈐》，陸注作「□□□□銓」，據其正文與《藝文類聚》及《文選·海賦》李善注對比後，校改。此書歷代書目均不見著錄，但李善注、《後漢書·律曆志》及《藝文類聚》帝王部均有所引。從內容上看，當屬讖緯類。

《樂汁圖徵》歷代書目亦均不見著錄，但李善注和《隋書·藝術·蕭吉傳》亦引之。從內容判斷，應屬于讖緯類。

小學類：

《尒雅》〔註3〕、《方言》、《蒼頡》篇、《說文》、《字林》、《字書》，《舊唐志》皆有著錄。《字指》則僅見於《隋志》，著錄爲：二卷，晉朝議大夫李彤撰。

5.2 所引史部之書

引史部之書共 8 類 38 種，即：

正史類：《史記》（23）、《漢書》（15）、《東觀漢記》、謝承《後漢書》、《後漢書》（4）、《魏志》（14）、臧榮緒《晉書》、《晉書》（20）、《宋書》（5）、《齊書》（3）

僞史類：《晉紀》（2）、《晉陽秋》（2）、《宋略》、《梁典》（8）、《蜀志》、《吳志》（2）

雜史類：《周書》（4）、《越絕書》（4）、《世語》、《典略》

故事類：《漢武故事》、《西京雜記》

職官類：《漢官儀》

雜傳類：《三輔決錄》、《竹林傳》、《漢武內傳》

譜牒類：王僧孺《百家譜》（2）

地理類：《山海經》（3）、《洛陽記》、《十三州記》、《衡山記》、《十州記》、《神異經》、《南裔志》、顧微《廣州記》、裴淵《廣州記》、徐爰《釋問》、《括

〔註 3〕「尒」爲「爾」之俗體。

地志》

　　陸善經所引史部類書最多，內容亦最多，尤其所引較多的《史記》、《漢書》、《魏志》、《晉書》等多為節引。

　　正史類：

　　陸善經引《史記》之處，部分是李善引《漢書》之處。因陸善經曾注過《史記》，而李善精通《漢書》，且著有《漢書辯惑》三十卷。故陸偏重《史記》，而李善重《漢書》。

　　引後漢史實，有《東觀漢記》、謝承《後漢書》、《後漢書》3 種。《後漢書》即范曄之書。

　　《魏志》，即《舊唐志》著錄之《魏國志》。

　　《晉書》，即《舊唐志》著錄許敬宗等撰之書。今作房玄齡等撰。

　　《宋書》，即《舊唐志》著錄沈約所撰之書。引《宋書》的，有 1 處徑作《宋志》，即《宋書・符瑞志》。

　　《齊書》，即《舊唐志》著錄蕭子顯所撰之書，亦即今之《南齊書》。引《齊書》，有 1 處作《齊・州郡志》。

　　偽史類：

　　引《晉紀》，一處作干寶《晉紀》，一處徑作《晉紀》。雖《舊唐志》著錄有多部《晉紀》，但陸善經所注乃干寶《晉紀總論》之文，當亦為干寶之作，而非他人。

　　引《晉陽秋》，一處作《晉陽秋・武紀》。

　　《舊唐志》著錄《梁典》有何之元、劉璠各 1 種。陸注所引《梁典》集中在《宣德皇后令》和《奏彈曹景宗》二文中，前文首引《梁典》處作何之元《梁典》。故皆統歸於何書之中。

　　雜史類：

　　《周書》，即今《逸周書》。所引 4 處，「巧食聲，食繁未巧□□□□□。」「東越侮食。」兩處當為《周書》佚文。

　　《越絕書》共引 4 處，其中 3 處作《越絕》。

　　《世語》，當即《隋志》所載《魏晉世語》，十卷，晉襄陽令郭頒撰。《舊唐志》已不存。

　　《典略》，魏郎中魚豢撰。《隋志》著錄為八十九卷，《舊唐志》僅餘五十

卷。

故事類：

《漢武故事》，《舊唐志》著錄爲二卷。《隋志》同，書名爲《漢武帝故事》。

《西京雜記》，《舊唐志》著錄爲一卷，《隋志》爲二卷。

職官類：

《漢官儀》，應劭撰，《隋志》、《舊唐志》皆著錄爲十卷。

雜傳類：

《三輔決錄》，趙岐撰，摯虞注，《隋志》、《舊唐志》皆著錄爲七卷。

《竹林傳》，袁宏撰，當爲《晉書·文苑·袁宏傳》所載《竹林名士傳》三卷。《舊唐志》著錄爲《名士傳》。

《漢武內傳》，《隋志》著錄爲三卷。《舊唐志》著錄爲《漢武帝傳》二卷。

譜牒類：

王僧孺《百家譜》，《隋志》、《舊唐志》皆著錄爲三十卷。

地理類：

《洛陽記》，《舊唐志》有陸機、戴延之各一種。參照李善注，陸注所引亦當爲陸機所撰之書。

《十三州記》，當即《十三州志》，闞駰撰。《隋志》著錄爲十卷，《舊唐志》爲十四卷。

《衡山記》，《舊唐志》不錄。《隋志》著錄爲一卷，宗居士撰。據《南齊書·高逸·宗測傳》：「著衡山、廬山記。」則宗居士即宗測。

《十州記》，即《十洲記》。《隋志》、《舊唐志》皆著錄爲一卷，東方朔撰。

《神異經》，《隋志》、《舊唐志》皆著錄爲東方朔撰，前爲一卷，後爲二卷。

《南裔志》，當《隋志》、《舊唐志》著錄之《交州異物志》一卷，楊孚撰。明歐大任撰《百越先賢志·楊孚傳》：（孚）著爲《南裔異物志》。

顧微《廣州記》、裴淵《廣州記》、徐爰《釋問》歷代書目皆無著錄。李善注《鍾山詩應西陽王教》引有徐爰《釋問略》。「略」字，有可能是涉下文

所引《宋略》而衍，其名當與陸注同，爲《釋問》。

《括地志》，李泰撰。《舊唐書·濮王泰傳》：「（貞觀）十五年，泰撰《括地志》功畢，表上之，詔令付祕閣。」《新唐書·藝文志》著錄爲五百五十卷。

5.3 所引子部之書

引子部之書共 8 類 21 種，即：

儒家：《子思子》、《孟子》、《鹽鐵論》、《說苑》、《法言》、《新論》、虞喜《志林》

道家：《莊子》（5）

法家：《韓子》（2）

雜家：《淮南子》（4）、《論衡》、《風俗通》、《抱朴子》、《古今注》（2）、《玉燭寶典》

農家：崔寔《四民月令》

小說：《燕丹子》、《語林》、《世說》

曆算類：《九章粟米法》

兵家：《三略》

儒家類：

《子思子》，孔伋撰。《隋志》著錄爲七卷，《舊唐志》八卷。

《孟子》，《新唐志》著錄有陸善經注《孟子》七卷，《舊唐志》無存。

《說苑》，劉向撰。《隋志》著錄爲二十卷，《舊唐志》增益到三十卷。

《法言》，揚雄撰。《隋志》著錄爲十五卷，《舊唐志》爲六卷。

虞喜《志林》，即《志林新書》。《隋志》著錄爲三十卷，《舊唐志》爲二十卷。

道家類：

陸善經引《莊子》云：「至樂迺假□。」今本不存，當其佚文。

法家類：

《韓子》，即今之《韓非子》。《漢書·藝文志》著錄爲五十五篇，《隋志》、《舊唐志》均爲二十卷。

雜家類·

《論衡》，王充撰。《隋志》著錄爲二十九卷，《舊唐志》增益爲三十卷。

《風俗通》，即《風俗通義》，應劭撰。陸注所引「俗有不□□語，謂之東野之言」，爲今本之佚文。《隋志》著錄爲：三十一卷，錄一卷。梁三十卷。《舊唐志》爲三十卷。

《抱朴子》有內、外篇之別。陸注所引爲內篇。《隋志》著錄二十一卷，《舊唐志》二十卷。

《古今注》有史部伏無忌和子部崔豹兩種。陸注所引兩處內容相同，當爲崔豹之作。其文與今《古今注·輿服》之文相異。

《玉燭寶典》，杜臺卿撰。《隋志》、《舊唐志》皆著錄爲十二卷。

農家類：

崔寔《四民月令》，《隋志》、《舊唐志》皆著錄爲《四人月令》一卷。蓋二書均避唐太宗李世民之諱而改。

小說類：

《燕丹子》，《隋志》著錄一卷，《舊唐志》三卷。

《語林》，《舊唐志》不載，《隋志》著錄爲：十卷，東晉處士裴啓撰。亡。

曆算類：

《九章粟米法》，歷代書目不載，見《晉書·律曆志上·嘉量》、《隋書·律曆志上·審度·嘉量》，故列入曆算類。

兵家類：

《三略》，當即《黃石公三略》。《隋志》、《舊唐志》均著錄爲三卷。

5.4 所引集部之書

引集部之書共 10 種，即：

《高唐賦》、楊雄《尚書箴》、傅玄《陽春賦》、《陸士衡集》（2）、《蜀都賦》、《劉琨集》、《陶淵明集》、《鮑參軍集》、陳琳《檄》、《張紘集》。

單篇的文章 5 篇，不知陸善經是從各作者的文集而引，或自其他總集而引。引楊雄《尚書箴》之文，亦見於《藝文類聚》職官部，但文句略有不同。引傅玄《陽春賦》，亦見於李善注和《藝文類聚》歲時部。陳琳《檄》即《檄

吳將校部曲文》，引文與胡刻本、叢刊本《文選》有差異。

作者文集 5 部，均可看出陸善經比較注重選入《文選》的篇目在原來文集中的面貌。

小　結

本章主要考察陸善經注的引書情況。現存陸注雖不滿 2 萬字，但其引書多達 92 種，經史子 3 類其所引較多，集部則相對少得多。

經部類所引，一是逕引經書標明出處，一是引各經舊注及小學類書以解釋詞義。故其引五經及論語之外，引小學之書多達 7 種。對於日漸消亡的讖緯類書，陸善經也並不忽視，兩處引文彌足珍貴。

史部類所引最多，是因所注內容關涉歷史人物及史實較多。其中，引正史類又明顯多於其他史書。引梁代史實較為異常，共 8 處徵引偽史類的《梁典》，而無一處引正史類的《梁書》。當是陸善經認為前者優於後書之故。正史以外的史書，主要用於補正史之闕失。13 種地理類書，是所有小類種最多的一種。說明陸善經非常在意地理沿革和物產的形制。

子部類所引雖不及經史，但亦可謂豐富。作為唐代的經學大師，陸善經並不排斥諸子之書，亦足見其學問之廣博。

集部所引最為簡單，亦可見陸善經重視《文選》中詩文的本來面目。

6 陸善經本《文選》初探

《文選集注》在注後有大量的校勘記，有「諸本爲某」、「鈔爲某」、「音決爲某」、「五臣本爲某」、「陸善經本爲某」之語。其底本當是李善注本。結合「諸本作某」、「陸善經本作某」及陸注中的文字，對比現通行的胡刻本、叢刊本及朝鮮五臣本，可以粗窺陸善經本《文選》的面貌。

6.1 凡　例

一、《文選》胡刻本、四部叢刊本、東京大學東洋文化研究所藏朝鮮正德年間刻五臣本分別簡稱胡刻本、叢刊本、朝鮮五臣本，《文選集注》簡稱集注本。

二、《文選》正文據集注本。

三、《文選集注》中的案語，稱集注案，據集注本迻錄，漫漶之字以「□」補出。對集注案的錯訛皆在案語中出校。

6.2 校勘正文

卷　八

《三都賦序》

侈言無驗

集注案，陸善經本「驗」作「檢」。案，今諸本皆作「驗」。

而論者莫不詆訐其研精

　　集注案，鈔、陸善經本無「不」字。案，據陸注，且音決有「訐，如字，或爲訏」，從文意上看，「訏」最爲順暢。故「訏」涉注文而訛，當作「訏」。據楊明所證，作「而論者莫詆，訏其研精」爲優。

《蜀都賦》

日往菲薇

　　集注案，音決、五家、陸善經本「薇」爲「微」。案，朝鮮五臣本、叢刊校語五臣同陸本。

涉躡寥廓

　　集注案，鈔、五家、陸善經本「躡」爲「獵」。朝鮮五臣本、叢刊校語五臣同陸本。

卷　九

《吳都賦》

獨未聞大吳之巨麗乎

　　集注案，五家、陸善經本「獨」上有「今」字。

迴復萬里

　　集注案，鈔、音決「復」爲「澓」，陸善經本爲「伏」。

大鵬繽翻

　　集注案，陸善經本「翻」爲「紛」。案，今諸本皆作「翻」。

檳榔無柯，椰葉無蔭。

　　集注案，鈔、陸善經本「蔭」爲「陰」。案，胡刻同陸本。

此之自興

　　集注案，諸本「興」爲「與」。案，今諸本同陸本。

屯營櫛比

　　集注案，鈔、陸善經本「比」爲「枇」。案，今諸本作「比」。

橫塘查下

　　集注案，陸善經本「塘」爲「唐」。案，今諸本作「塘」。

蕉葛升越

　　案，陸善經曰：或以「升」爲「斗」。今諸本作「升」。

卷四八

《答賈長淵》

崇替有徵其一

> 集注案，五家、陸善經本有「其一」也矣。案，集注及今諸本同陸本，其後亦同。

言謀王室其二

> 集注案，五家、陸善經本有「其二」。

靡邦不泯

> 集注案，陸善經本「泯」爲「淪」。案，今諸本作「泯」。

改物承天其三

> 集注案，五家、陸善經本有「其三」。

國玩凱入

> 集注案，五家、陸善經本有「其四」也。

三江改獻

> 集注案，五家、陸善經本有「其五」也矣。

纂戎于魯

> 集注案，五家、陸善經有「其六」。

魯公戾止

> 集注案，陸善經本「戾」爲「苙」。案，今諸本作「戾」。

高步承華

> 集注案，五家、陸善經本有「其七」。

情固二秋

> 集注案，五家、陸善經本有「其八」。

仰肅明威

> 集注案，五家、陸善經本有「其九」也。

如玉之闌。

> 集注案，陸善經本「之」爲「如」。又五家、陸善經本有「其十」。案，叢刊及朝鮮五臣同陸本。

予聞子命其十一

集注案，五家、陸善經本有「其十一」。

《為顧彥先贈婦》二首

翩飛游江汜

集注案，鈔、音决、陸善經本「浙」為「浙」。案，前「浙」當為「游」。胡刻同陸本。

《為賈謐作贈陸機》

區域以分其一

集注案，鈔、五家、陸善經本有「其一」。

六國互峙其二

集注案，五家、陸善經有「其二」也矣。

撫翼宰庭其五

集注案，鈔、五家、陸善經有「其五」。

《贈陸機出為吳王郎中令》

迺儀儲宮

集注案，五家本、陸善經本「迺」為「羽」。案，叢刊、朝鮮五臣本同陸本。

孰慰飢渴其五

集注案，五家本、陸善經本有「其五」也。

卷五六

鮑明遠樂府八首

《苦熱行》

生軀陷死地

集注案，五家、陸善經本「陷」為「踏」也。案，今諸本同陸本。

《升天行》

翩翩類迴掌

集注案，五家、陸善經本「翩翩」為「翻」也。案，據胡刻、叢刊、朝鮮五臣本，「翻」上當脫一「翩」字。

陸士衡《挽歌詩》三首

摠轡頓重基

集注案，五家、陸善經本「摠」爲「結」。案，今諸本同陸本。

一‧四三二、一‧四三三

重阜何崔嵬，玄廬竄其間

集注案，音決、五家、陸善經本以此篇爲第三也。案，叢刊、朝鮮五臣本
亦以此篇爲第三。

荊軻《歌》並序

丹祖送於易水上

集注案，陸善經本「祖」下有「道」字。案，今諸本皆無「道」字。

《扶風歌》

歸鳥爲我旋

集注案，五家、陸善經本「歸」爲「飛」也。案，朝鮮五臣本、叢刊校語
五臣同陸本。

資粮既乏盡

集注案，陸善經本「既乏盡」爲「既已盡」也。案，今諸本皆爲「既乏盡」。

卷五九

《詠貧士》

量力守故轍

集注案，陸善經本「故」爲「其」。案，今諸本皆爲「故」。

《搗衣詩》

欄高砧響發，楹長杵聲哀。

集注案，諸本「欄」爲「欗」。案，今諸本同陸本。

《南樓中望所遲客》

感物方悽戚

集注案，鈔、五家、陸善經本「戚」爲「感」。案，後「戚」字當誤。

《田南樹園激流殖援》

養痾亦園中

集注案，五家、陸善經本「亦」為「丘」。案，朝鮮五臣本、叢刊校語五臣同陸本。

園中屏氛雜

集注案，鈔、陸善經本「園中」為「中國」也。案，「中國」當「中園」之誤。胡刻亦作「中園」。

《石門新營所住四面高山迴溪石瀨脩竹茂林》

早聞夕飈急

集注案，陸善經本「急」為「厲」。案，今諸本作「急」。

《始出尚書》

集注案，音決、五家、陸善經本「書」下有「省」字。案，今諸本同陸本。

乘此得蕭散

集注案，鈔、五家、陸善經本「乘」為「因」。案，朝鮮五臣本、叢刊校語五臣同陸本。

《和王著作八公山詩》

仟眠起雜樹

集注案，音決、五家、陸善經本「仟」為「阡」。案，叢刊同陸本。

《和徐都曹》

桑榆陰道周

集注案，陸善經本「陰」為「蔭」。案，今諸本同陸本。

卷六一

《代君子有所思》

笙歌侍明發

集注案，五家本、陸善經本「侍」為「待」。案，今諸本同陸本。

《雜體詩》卅首

集注案，以後十三鈔脫，又音決、陸善經本有序，因以載之也。案，朝鮮五臣本、叢刊本亦有序。

王侍中懷德 粲

嚴風吹苦莖

集注案，五家、陸善經本「苦」爲「枯」。案，朝鮮五臣本、叢刊本同陸本。

潘黃門_{悼亡} 岳

髣髴想蕙質

集注案，陸善經本「蕙」爲「惠」。案，今諸本作「蕙」。

左記室_{詠史} 思

何用苦心魂

集注案，五家、陸善經本「用」爲「爲」。案，朝鮮五臣本、叢刊校語五臣同陸本。

王侯貴片義

集注案，五家、陸善經本「義」爲「議」也。案，今諸本同陸本。

張黃門_{苦雨} 協

爕爕涼葉奪

案，陸善經曰：「奪」當爲「脫」，音接進而誤也。今諸本作「奪」。

卷六二

劉太尉_{傷亂} 琨

飲馬出城豪

集注案，諸家本「豪」爲「濠」。今諸本同陸本。

殷東陽_{興矚} 仲文

蕙色出喬樹。

集注案，鈔、五家、陸善經本「蕙」爲「惠」。今諸本同陸本。

卷六三

《離騷經》

集注案，此篇至《招隱》篇鈔脫也。五家有目而无書。陸善經本載序曰：

《離騷經》者，屈原之所作也。屈原與楚同姓，仕於懷王，爲三閭大夫。三閭之職，掌王族三姓，曰昭、屈、景。序其諸屬，率其賢良，以屬國士。入則與王圖議政事，決定嫌疑；出則監察羣

下，應對諸侯。謀行職脩，王甚珍之。同列大夫上官、靳尚，妬害其能，共譖毀之。王乃流屈原。屈原執履忠貞而被讒。憂心煩乱，不知所愬，乃作《離騷經》。離，別也。騷，愁。經，徑也。言己放逐離別，中心愁思，猶依陳道徑，以諷誦君也。故上述唐、虞、三后之制，下序桀、紂、羿、澆之敗，冀君覺悟，反於正道而還已也。是時，秦昭王使張儀譎詐懷王，令絕齊交；又使誘楚，請與俱會武關，遂脅。與俱歸，拘留不遣，卒客死於秦。其子襄王，復用讒言，遷屈原於江南。屈原放在（帅）楚，復作《九章》，援天引聖，以自證明，終不見省。不忍以清白久居濁世，遂赴汨淵自沈而死。《離騷》之文，依《詩》取興，引類譬喻，故善鳥香草，以配忠貞；惡禽臭物，以比讒佞；靈脩美人，以媲於君；宓妃佚女，以辟賢臣；虬龍鸞鳳，以託君子；飄風雲霓，以為小人。其詞溫而雅，其義皎而明。凡百君子，莫不慕其清高，嘉其文采，哀其不遇，而愍其志。案，今諸本皆無序。又此序與今《楚辭補註》所載序文字亦略有不同。

眾皆競進以貪婪兮
　　集注案，陸善經本無「眾」字。案，今諸本皆有「眾」字。

長減淫（胡刻、叢刊作「顑頷」）亦何傷
　　案，陸善經曰：顑頷，亦為咸淫。是陸本作「顑頷」。今注本同陸本。

汝何博謇而好脩兮
　　集注案，音決「汝」為「女」。陸善經本「謇」為「蹇」。案，朝鮮五臣本、叢刊校語五臣同陸本。

后辛之菹醢兮
　　案，陸善經曰：殷紂殺比干，以為菹，又醢梅伯也。故陸善經本「菹」當為「葅」。今諸本同陸本。

湯禹嚴而祗敬兮
　　集注案，陸善經本「嚴」為「儼」。案，朝鮮五臣本、叢刊校語五臣同陸本。

周論道既莫差
　　集注案，陸善經本「既」為「而」。案，今諸本同陸本。

聊須臾以相羊
　　集注案，陸善經本「須臾」爲「逍遙」。案，朝鮮五臣本、叢刊校語五臣
　　　　同陸本。

繼之以日夜。
　　集注案，陸善經本「繼」上有「又」字。案，今諸本同陸本。

周流天余乃下
　　集注案，陸善經本「天」下有「乎」字。案，朝鮮五臣本、叢刊校語五臣
　　　　同陸本。

卷六六

《招魂》

歸來不可久淫些
　　集注案，五家、陸善經本「可」下有「以」字。案，朝鮮五臣本、叢刊校
　　　　語五臣同陸本。

一夫九首，拔木九千些。豺狼從目，往来侁侁些。
　　集注案，陸善經本此二句在「一天九首」之上。案，「天」乃「夫」之誤。

然後得眠些
　　集注案，音決、陸善經本「眠」爲「瞑」。案，胡刻同陸本。

谿谷徑復
　　集注案，陸善經本「谿」爲「川」。案，胡刻、叢刊同陸本。

離榭脩幕
　　集注案，五家、陸善經本「謝」爲「榭」。案，今諸本同陸本。

發揚荷些
　　案，陸善經曰：揚荷，亦爲陽阿。胡刻作「楊荷」，叢刊同集注本，朝鮮
　　　　五臣本作「陽荷」。

成梟而牟
　　集注案，陸善經本「梟」爲「杲」。案，胡刻、叢刊作「梟」，朝鮮五臣本
　　　　作「鳧」。

酎飲盡歡，樂先故些。
　　集注案，音決、陸善經本「飲」爲「樂」。案，胡刻、叢刊作「酎飲既盡，

歡樂先故些」。朝鮮五臣本、叢刊校語五臣無「既」。

菉蘋齊葉兮

集注案，陸善經本「菉」爲「綠」。案，今諸本作「菉」。

《招隱士》

枝相繚

集注案，陸善經本「繚」爲「糺」。案，今諸本作「繚」。

蘋岬靁虒

集注案，陸善經本「蘋」爲「蘋」。案，今諸本作「蘋」。

卷六八

《七啓》八首

并命王粲作焉

集注案，陸善經本「粲」下有「等並」二字。案，今諸本同集注本。

玄微子隱居大荒之庭

集注案，陸善經本「居」爲「於」。案，今諸本同集注本。

背洞溪

集注案，陸善經本「溪」爲「谿」。案，胡刻、叢刊作「溪」，朝鮮五臣本、叢刊校語五臣作「壑」。

倚峻岑而嬉遊

集注案，諸本「岑」爲「巖」。案，朝鮮五臣本、叢刊校語五臣同陸本。

演聲色之妖靡

集注案，陸善經本「妖靡」爲「姣麗」。案，胡刻、叢刊同集注本。

論變巧之至妙，敷道德之弘麗。

集注案，陸善經本「至妙」爲「妙藝」，「麗」爲「美」。

玄微子曰：吾子倦世，探隱拯沉。

集注案，諸本「子」下有「整身」二字。案，胡刻、叢刊同陸本。

寒芳苓之巢龜

集注案，陸善經本「寒」爲「宰」。

苟采照爛

　　案，陸注：苟采，言如符印之文采。案，故陸善經本「苟」當爲「符」。
　　　　今諸本同陸本。

予好毛褐

　　集注案，陸善經曰本「毛」爲「裘」。案，日本，倒當作「本日」。

馳騁足用蕩思

　　集注案，陸善經本「用」爲「以」。案，今諸本作「用」。

僕將爲吾子駕雲龍之飛駟

　　集注案，陸善經本「將」爲「方」。案，今諸本作「將」。

武騎霧散

　　集注案，陸善經本「霧」爲「雨」。案，今諸本作「霧」。

騰山赴壑

　　集注案，陸善經本「騰」爲「陟」。案，今諸本作「騰」。

金墀玉箱

　　集注案，鈔、音决、陸善經本「箱」爲「廂」。案，朝鮮五臣本同陸本。

變名異形

　　集注案，鈔、五家、陸善經本「名」爲「各」。

飛翮凌高

　　集注案，鈔、陸善經本「翮」爲「翼」。案，今諸本同集注本。

芳餌沉水，輕繳弋飛。

　　集注案，陸善經本無「水」、「繳」二字也。案，今諸本同集注本。

宴婉絕兮我心愁

　　集注案，諸本「宴」爲「嬿」。案，朝鮮五臣本、叢刊校語五臣同陸本。

臨洞庭。

　　集注案，諸本「洞」爲「彤」。案，朝鮮五臣本、叢刊校語五臣同陸本。

戴金搖之熠燿

　　集注案，陸善經本「搖」爲「華」。案，今諸本同集注本。

懼聲教之未屬。

　　集注案，音决「未屬」爲「不邁」，陸善經本「未」爲「不」也。案，今

諸本同集注本，

韡哉言乎

集注案，音決、五家、陸善經本「韡」為「偉」。案，朝鮮五臣本、叢刊校語五臣同陸本。

卷七一

《宣德皇后令》

庶匡席之旨，不遠而復。

據注釋，音決、五臣、陸善經本「復」為「復」。案，今諸本同集注本。

《為宋公脩張良廟教》

若乃交神圯上

集注案，諸本「圯」為「圮」。案，今諸本同集注本。

《永明九年策秀才文》三首

水旱有待其無遷

集注案，五家、陸善經本「其」為「而」。案，朝鮮五臣本、叢刊校語五臣同陸本。

朕式昭前經

集注案，鈔、五家、陸善經本「昭」為「照」。案，今諸本同陸本。

卷七三

《出師表》

責攸之禕允等之咎

集注案，陸善經本「等之」曰「補闕興德之言，不言則戮允等之」。案，今諸本同集注本。

《求自試表》

故慈父不能愛無益之子，仁君不能畜無益之臣。

集注案，五家、陸善經本下「益」為「用」。案，今諸本同陸本。

九州晏如

集注案，陸善經本「如」為「然」。案，今諸本同集注本。

淵魚未懸於釣餌者，恐釣射之術，或未盡也。

    集注案，陸善經本「術」下有「道」字；五家、陸善經本上「釣」爲「鉤」。案，今諸本「術」下無「道」字，「釣」爲「鉤」。

終軍以妙年使越，占纓其王

    集注案，五家本「越」下有「欲得」二字，「纓」下有「纓」字；陸善經本「越」下有「欲」字；又二本「占」爲「長」。案，朝鮮五臣本同集注五家本。

使得西屬大將軍

    集注案，陸善經本「使」爲「若」。案，今諸本同集注本。

知必爲朝士所咲

    集注案，陸善經本「笑」上有「見」字也。案，陸本「咲」爲「笑」。《漢書・外戚傳下・許皇后傳》顏師古注：「咲，古笑字也。」今諸本皆無「見」字。

《求通親親表》

恩昭九親

    集注案，鈔、五家、陸善經本「親」爲「族」。案，朝鮮五臣本、叢刊校語五臣同陸本。

人道絕緒

今□□□□□□爲「斷絕」也。

    案，今下「□」，當爲「案」，爲「□□」前當爲「絕緒」，□□□□，或爲鈔、五家本，或爲陸善經本。今諸本同集注本。

伏自惟省

    集注案，鈔、五家、陸善經本「伏」上有「臣」字之也。案，朝鮮五臣本、叢刊校語五臣同陸本。

乃臣丹情之至願

    集注案，陸善經本無「乃」字。案，今諸本同集注本。

卷七九

《奏彈曹景宗》

伸帽結犧聚

　　集注案，鈔「使」上有「致」字，五家、陸善經本爲「故」。案，今諸本
　　　同陸本。

誅賞安實

　　集注案，陸善經本「實」爲「寄」也矣也。案，今諸本同集注本。

收付廷尉法獄罰罪

　　集注案，鈔、五家、陸善經本「罰」爲「治」。案，今諸本同陸本。

《奏彈劉整》

分前奴教子、當伯

　　集注案，陸善經本省却此下至息逡。案，陸善經曰：本狀云「奴教子、
　　　當伯」以下，並昭明所略。是善經所見《文選》引本狀至爲簡
　　　略。

輒勒外收付廷尉法獄罰罪

　　集注案，鈔、陸善經本「罰」爲「治」。案，今諸本同陸本。

《奏彈王源》

思清弊俗者也

　　集注案，陸善經本「清」爲「消」，亦無「者」字。案，今諸本同集注本。

相承云是高平舊族

　　集注案，陸善經本無「舊」字。案，今諸本同集注本。

《荅臨淄侯牋》

脩死罪

　　集注案，鈔、陸善經本「死罪」下又有「死罪」兩字。案，胡刻同陸本。

若乃不忘經國之大美

　　集注案，陸善經本「美」爲「義」也。案，今諸本同集注本。

《與魏文帝牋》

時都尉薛訪申子

　　集注案，鈔「車」上有「弟」字，陸善經本「車」爲「弟」也。案，「申」
　　　當爲「車」之筆誤。案，今諸本作「車」。

《荅東阿王牋》

　　然東野巴人

　　　　集注案，鈔、五家、陸善經本「然」下有「後」字。案，今諸本同陸本。

卷八五

《與山巨源絕交書》

　　幸賴大將軍保持之耳

　　　　集注案，鈔、陸善經本无「賴」字，又陸善經本无「耳」字。案，今諸本
　　　　同集注本。

　　又人倫有禮

　　　　集注案，鈔、陸善經本「礼」爲「體」。案，今諸本同集注本。

　　而當與之共事

　　　　集注案，陸善經本「而」爲「所」。案，今諸本同集注本。

　　此以足下度內耳

　　　　集注案，陸善經本「似」下有「在」字。案，正文「以」當作「似」。

《爲石仲容與孫皓書》

　　韓幷魏從

　　　　集注案，鈔、五家、陸善經本「從」爲「徙」。案，今諸本同陸本。

　　遊龍曜路，哥吹盈耳。

　　　　集注案，陸善經本「曜」爲「躍」，「吹」爲「笑」。案，正文「哥」當作
　　　　「歌」，則今諸本同集注本。

《與嵇茂齊書》

　　若洒顧景中原，憤氣雲踊，哀物悼世，激情風烈

　　　　集注案，陸善經本「景」爲「影」，「烈」爲「厲」。案，今胡刻、叢刊「景」
　　　　亦作「影」。

卷八八

《檄吳將校部曲文》

　　則洞庭無三苗之虛

　　　　集注案，五家、陸善經本「虛」爲「墟」。案，今諸本同陸本。

而丹徒之刃以陷其匈

　　集注案，陸善經本「其」為「於」。案，正文「匈」當作「胷」。

今者枳棘翦拌，戎夏以清，

　　集注案，五家、陸善經本「拌」為「刊」。案，今諸本同陸本。

既誅袁譚，則幽州大將焦觸攻逐袁熙，舉事來服。

　　集注案，陸善經本「事」為「眾」。案，《三國志‧魏書‧武帝紀》作「觸
　　　　等舉其縣降」，當同叢刊作「縣」。

悉與丞相參圖策畫，折衝諸難，芟敵褰旗

　　集注案，諸本「策畫」為「畫策」，「褰」為「搴」。又五家本「諸」為
　　　　「討」。案，胡刻、叢刊同陸本，朝鮮五臣本同五家本。

各有宜也

　　集注案，鈔、陸善經本「宜」上有「其」字。案，今諸本同集注本。

《檄蜀文》

攝統戎車

　　集注案，陸善經本「車」為「重」。案，今諸本同集注本。

安堵樂業

　　集注案，陸善經本「樂」為「舊」也。案，今諸本同集注本。

《難蜀父老》

僕常惡聞若說

　　集注案，鈔「常」為「尚」，陸善經本無「常」字。案，今諸本同集注本。

乃堙洪塞源

　　集注案，陸善經本無「塞」字，又「源」為「水」。案，今諸本同集注本。

漸沉澹灾

　　案，陸善經曰：灑，分也，謂分其流。字亦作「漸」，又作「漉」。則陸善
　　　　經本當作「灑沉」。案，沉，與「沈」同，則胡刻、叢刊同陸本。

躬腠胝無胈

　　案，陸善經曰：一本無「腠」字。當陸善經所見不同之本。今諸本同陸本。

德洋恩普

　　集注案，陸善經本「洋」下有「而」字。案，今諸本同集注本。

四面風德

　　集注案，陸善經本「四」爲「回」。案，今諸本同集注本。

遷延而辭避

　　集注案，陸善經本「遷」上有「因」字也。案，今諸本皆無「因」。

卷九一

顏延年《三月三日曲水詩序》

宗漢之兆在焉

　　集注案，陸善經本「在焉」爲「焉在」也。案，今諸本同集注本。

后王布和之辰

　　集注案，陸善經本「和」爲「政」。案，今諸本同集注本。

王元長《三月三日曲水詩序》

悵望姑射之阿

　　集注案，陸善經本「姑」爲「孤」也。案，今諸本同集注本，陸本當誤。

駿發開其遠祥

　　案，陸善經曰：今以「駿」當「濬」。今諸本同集注本。

序倫正俗

　　集注案，陸善經本「序」爲「厚」。案，今諸本同集注本。

徐鑾警節

　　集注案，陸善經本「鑾」爲「鸞」。案，今諸本同集注本。

卷九三

《聖主得賢臣頌》

無有遊觀廣覽之知

　　集注案，陸善經本「知」爲「智」。案，胡刻、叢刊同集注本。

龍興而致雲

　　集注案，陸善經本「雲」下有「氣」字。案，胡刻、叢刊同陸本。

《出師頌》

五曜霄映，素靈夜歎。

集注案，陸善經本此下有「皇運來授，万寶增煥」二句。案，胡刻、叢刊
同陸本。

《酒德頌》

奮髯踑踞

集注案，陸善經本「踑」為「箕」。案，今諸本同集注本。

其樂陶陶

集注案，音決下有「兀然而醉」四字。自此一句已下至「感情」言詞鄙緩，
皆衍字也，非劉公所為，皆當除之，宜從「陶陶」即次「俯觀」。
陸善經本有「靜聽不聞雷霆之聲，熟視不見太山之形」二句。

焉如蜾蠃之與螟蛉。

' 集注案，陸善經本「如」為「知」。案，今諸本同集注本。

《漢高祖功臣頌》

金精仍頹

集注案，陸善經本「仍」為「乃」。案，今諸本同集注本。

威亮火烈

集注案，陸善經本「高」為「諒」。案，高，當為「亮」之誤。

脫迹違難

集注案，陸善經本「遣」為「遺」。案，遣，當作「違」。

馬樊轡殆，

集注案，諸本「樊」為「煩」。案，今諸本同陸本。

韶護錯音

集注案，音決、陸善經本「護」為「灌」。案，音決有「濩」音「護」，故
「灌」乃「濩」之誤。

卷九四

《東方朔畫贊》

經目而諷於口，過耳而闇於心。

集注案，陸善經本上「於」為「其」。案，今諸本同集注本。

遊方之外者已

集注案，鈔、陸善經本爲「已也」。

弃俗登仙

　　集注案，陸善經本「俗」爲「世」。案，「弃」爲「棄」俗字，則諸本同集
　　　　注本。

處儉冈憂

　　集注案，諸本「儉」爲「淪」。案，冈，爲「罔」俗字，則胡刻、朝鮮五
　　　　臣本同陸本。

言適茲邑

　　集注案，陸善經本「適」爲「邁」。案，今諸本同集注本。

《三國名臣序贊》

是以古之居子，不患弘道難；遭時難，遭時不難，遇君難。

　　集注案，陸善經本下「不」爲「匪」。案，胡刻同陸本。

故委面霸朝

　　集注案，陸善經本「面」爲「昌」。案，今諸本同集注本。

武侯受之無懼色

　　集注案，鈔、陸善經本「受」爲「處」。案，胡刻、叢刊同陸本。

所昭未異

　　集注案，陸善經本「昭」爲「照」。案，胡刻、叢刊同陸本。

洪颸扇海

　　集注案，鈔、陸善經本「扇」爲「振」。案，今諸本同集注本。

玉石同碎

　　集注案，陸善經本「同」爲「俱」。案，今諸本同集注本。

敬愛既同

　　集注案，陸善經本「敬愛」爲爲「愛敬」。案，後「爲」字衍，當刪。

惟賢与親

　　集注案，陸善經本「与」爲「是」。案，「与」爲「與」俗字，則今諸本與
　　　　集注本同。

後生擊節

　　集注案，陸善經本「擊」爲「激」。案，今諸本同集注本。

卷九八

《晉紀總論》

愛惡相攻，利害相奪

集注案，陸善經本無此二句也。案，今諸本同集注本。

而天命昭顯

集注案，鈔、陸善經本「下」爲「命」也。案，當作「命」爲「下」。朝鮮五臣本、叢刊校語五臣同陸本。

於天下三分有二

集注案，陸善經本「於」下有「是」字也。案，今諸本同集注本。

致王業之難艱者

集注案，陸善經本無「者」字也。案，今諸本同集注本。

功列於百王

集注案，五家、陸善經本「列」爲「烈」。案，今諸本同陸本。

不及修公劉大王之仁也

集注案，陸善經本「仁」爲「化」。案，今諸本作「仁」。

是以目三公以蕭杌之俦

集注案，音决、陸善經本「蕭」爲「樢」也。案，今諸本作「蕭」。

察庾純賈充之事

集注案，陸善經本「事」爲「爭」。案，朝鮮五臣本、叢刊校語五臣同陸本。

《後漢書皇后紀論》

險詖不行者也

集注案，諸本「詖」爲「謁」也。案，胡刻、叢刊同陸本。

宮俻七國

集注案，諸本「宮」爲「官」。案，俻，爲「備」之俗字，則諸本同陸本。

高祖帷簿不修

集注案，陸善經本「簿」爲「箔」也。案，今諸本同集注本。

卷一○二

《四子講德論》并序

非有積素累舊之歡

集注案，陸善經本無「有」字也。案，今諸本同集注本。

衝蒙涉田而能致遠

集注案，五家、陸善經本無「能」字。案，朝鮮五臣本、叢刊校語五臣同陸本。

黎庶和睦

集注案，陸善經本「睦」爲「明」也。案，今諸本同集注本。

不知老之將至也

集注案，鈔、陸善經本「至」上有「將」字也。案，今諸本同陸本。

江海不爲多

集注案，鈔、陸善經本「不」下有「以」字也。案，今諸本同陸本。

九罭不以虛

集注案，陸善經本「以」下有「爲」字也。案，今諸本同陸本。

願三生亦勿疑

集注案，五家本「三」爲「二」，陸善經本爲「先」也。案，今諸本同五家本。

神雀仍集

集注案，陸善經本「雀」爲「鳥」也。案，今諸本同集注本。

宣王得白狼而夷狄賓。

集注案，鈔「夷」爲「戎」。陸善經本「夷狄」爲「四夷」。案，今諸本同集注本。

文學夫子曰：「天符既聞命矣，敢問人瑞。」先生夫子曰「夫匈奴者，百蠻之取強者也。」

集注案，五家、陸善經本無下「夫子」也矣。

卷一一三

《夏侯常侍誄》并序

弱冠辟太尉府

> 集注案，鈔、音決「府」爲「掾」，五家、陸善經本「府」下有「掾」字也。案，朝鮮五臣本、叢刊本同陸本。《後漢書・質帝紀》李賢注，謂太尉府掾爲四府掾之一。故五家、陸本是。

賢良方正徵，爲太子舍人，尚書郎，野王令

> 集注案，陸善經本「徵」下有「仍」字。案，今諸本同集注本。

選爲太子僕

> 集注案，鈔、陸善經本「選」上有「以」字也矣。案，今諸本同集注本。

慨焉歎曰

> 集注案，五家、陸善經本「焉」爲「然」。案，朝鮮五臣本、叢刊本同陸本。

《洴馬督誄》并序

將穿

> 集注案，陸善經本「穿」下有「壙」字。

全數百万之積，

> 集注案，五家、陸善經本「万」下有「石」字。案，今諸本同陸本。

妬之期善

> 集注案，五家、陸善經本「期」爲「欺」。案，今諸本同陸本。

貪婪群狄

> 集注案，鈔、五家、陸善經本「貪婪」爲「婪婪」也。案，今諸本同陸本。

《陽給事誄》

卒無半叔

> 集注案，諸本「叔」爲「菽」。案，今諸本同陸本。

卷一一六

《陳太丘碑文》并序

將軍予祠

> 集注案，鈔、陸善經本「將」上有「大」字。案，胡刻、叢刊同陸本。

河南尹种府君臨郡

集注案，陸善經本無「尹」字。案，今諸本同集注本。

《褚淵碑文》

可謂婉而章，

集注案，陸善經本「章」上有「成」字。案，胡刻、叢刊同陸本。

心明通亮

集注案，陸善經本「明」爲「期」。案，今諸本同集注本。

以侍中、司徒錄尚書事

集注案，陸善經本「以」下有「爲」字。案，今諸本同集注本。

志隆衡館

集注案，鈔、陸善經本「隆」爲「降」也。案，今諸本同集注本。

小　結

《文選集注》眾本中，陸善經本與五家本最爲接進，相同之處頗多。鈔本、音決本也分別與陸本有相同的地方。個別地方則僅爲陸本所有。現存的 3 種刻本中，朝鮮五臣本與陸本最爲相似。說明五臣本的刻本與鈔本的確有傳承因襲關係。一些唯陸本所有之處，在胡刻、叢刊、朝鮮五臣本中也有。表明後世的刻本不僅吸收本系統的優點，也直接或間接地採納了陸本的精華。

參考文獻

中文原著

1. 〔秦〕孔鮒（舊題）《孔叢子》，《叢書集成》初編本，上海：商務印書館。

2. 〔秦〕孔鮒（舊題）《孔叢子》，《宛委別藏》本，南京：江蘇古籍出版社，1988 年。

3. 〔漢〕班固《漢書》，北京：中華書局點校本，1962 年。

4. 〔漢〕班固（舊題）《漢武帝內傳》，文淵閣《四庫全書》本。

5. 〔漢〕班固（舊題）《漢武故事》，文淵閣《四庫全書》本。

6. 〔漢〕伏勝（舊題）《尚書大傳》，四部叢刊本。

7. 〔漢〕何休注，〔唐〕徐彥疏，《春秋公羊傳注疏》，十三經注疏本。

8. 〔漢〕桓譚撰，朱謙之校輯，《新輯本桓譚新論》，北京：中華書局，2009 年。

9. 〔漢〕孔安國傳，〔唐〕孔穎達等正義，《尚書正義》，十三經注疏本。

10. 〔漢〕劉珍等撰，吳樹平校注，《東觀漢記校注》，鄭州：中州古籍出版社，1987 年。

11. 〔漢〕司馬遷《史記》，北京：中華書局點校本，1959 年。

12. 〔漢〕王充著，黃暉校釋，《論衡校釋》(附劉盼遂集解)，北京：中華書局，1990 年。

13. 〔漢〕王符著，〔清〕汪繼培箋，彭鐸校正，《潛夫論箋校正》，北京：中華書局，1985 年。

14. 〔漢〕許慎撰，〔清〕段玉裁注，《說文解字注》，上海：上海古籍出版社，1988 年。

15. 〔漢〕應劭撰，王利器校注，《風俗通義校注》，北京：中華書局，1981

年。

16. 〔漢〕袁康、吳平輯錄，樂祖謀點校，《越絕書》，上海：上海古籍出版社，1985 年。

17. 〔漢〕趙岐注，〔宋〕孫奭疏，《孟子注疏》，十三經注疏本。

18. 〔漢〕趙曄著，張覺校注，《吳越春秋校注》，長沙：嶽麓書社，2006 年。

19. 〔漢〕鄭玄注，〔唐〕賈公彥疏，《周禮注疏》，十三經注疏本。

20. 〔漢〕鄭玄箋，〔唐〕孔穎達等正義，《毛詩正義》，十三經注疏本。

21. 〔漢〕鄭玄注，〔唐〕孔穎達等正義，《禮記正義》，十三經注疏本。

22. 〔魏〕何晏等注《論語注疏》，邢昺疏，十三經注疏本。

23. 〔魏〕王弼等注，〔唐〕孔穎達等正義，《周易正義》，十三經注疏本。

24. 〔吳〕陸璣撰，《毛詩草木鳥獸蟲魚疏》，文淵閣《四庫全書》本。

25. 〔晉〕陳壽《三國志》，北京：中華書局點校本，1973 年。

26. 〔晉〕崔豹《古今注》，《叢書集成新編》第 11 冊陽山顧氏文房本，臺灣新文豐出版公司，1985 年。

27. 〔晉〕杜預注，〔唐〕孔穎達等正義，《春秋左傳正義》，十三經注疏本。

28. 〔晉〕范甯注，〔唐〕楊士勛疏，《春秋穀梁傳注疏》，十三經注疏本。

29. 〔晉〕郭璞注，〔宋〕邢昺疏，《爾雅注疏》，十三經注疏本。

30. 〔晉〕陸機著，金濤聲點校，《陸機集》，北京：中華書局，1982 年。

31. 〔北魏〕賈思勰著，繆啓愉校釋，《齊民要術校釋》，北京：農業出版社，1982 年。

32. 〔北魏〕酈道元原注，陳橋驛注釋《水經注》，杭州：浙江古籍出版社，2001 年。

33. 〔南朝宋〕鮑照《鮑參軍集注》鮑照著，錢仲聯增補集說校，上海：上海古籍出版社，1980 年。

34. 〔南朝宋〕范曄《後漢書》，北京：中華書局點校本，1973 年。

35. 〔梁〕沈約《宋書》，北京：中華書局點校本，1974 年。

36. 〔梁〕蕭統編《文選》，〔唐〕李善注，北京：中華書局影印胡克家刻本，1977 年。

37. 〔梁〕蕭統編《文選》，〔唐〕六臣注，杭州：浙江古籍出版社影印《四部叢刊》本，1999 年。

38. 〔梁〕蕭子顯《南齊書》，北京：中華書局點校本，1972 年。

39. 〔北齊〕魏收《魏書》，北京：中華書局點校本，1974 年。

40. 〔隋〕杜臺卿《玉燭寶典》，《古逸叢書》之十四，影舊鈔卷子本，光緒十年甲申遵義黎氏刊于日本東京使署。

41. 〔唐〕白居易《白氏長慶集》，四部叢刊本。

42. 〔唐〕房玄齡等《晉書》，北京：中華書局點校本，1974 年。

43. 〔唐〕李百藥《北齊書》，北京：中華書局點校本，1972 年。

44. 〔唐〕李延壽《北史》，北京：中華書局點校本，1974 年。

45. 〔唐〕李延壽《南史》，北京：中華書局點校本，1975 年。

46. 〔唐〕林寶撰，岑仲勉校記，《元和姓纂》（附四校記），北京：中華書局，1994 年。

47. 〔唐〕令狐德棻《周書》，北京：中華書局點校本，1972 年。

48. 〔唐〕劉肅撰，許德楠、李鼎霞點校，《大唐新語》，北京：中華書局，1984 年。

49. 〔唐〕陸德明撰，黃焯斷句，《經典釋文》，北京：中華書局，1983 年。

50. 〔唐〕歐陽詢撰，汪紹楹校，《藝文類聚》，上海：上海古籍出版社，1999 年。

51. 〔唐〕釋元應撰，〔清〕莊炘、錢坫、孫星衍校，《一切經音義》，《叢書集成》初編，上海：商務印書館。

52. 〔唐〕魏徵等《隋書》，北京：中華書局點校本，1973 年。

53. 〔唐〕徐堅等《初學記》，北京：中華書局，2004 年。

54. 〔唐〕姚思廉《陳書》，北京：中華書局點校本，1972 年。

55. 〔唐〕姚思廉《梁書》，北京：中華書局點校本，1973 年。

56. 〔唐〕虞世南撰，〔清〕孔廣陶校註，《北堂書鈔》，清光緒戊子〔十四年〕（1888 年）刻本。

57. 〔後晉〕劉昫等《舊唐書》，北京：中華書局，1975 年。

58. 〔宋〕晁公武撰《郡齋讀書志校證》，孫猛校證，上海：上海古籍出版社，1990 年。

59. 〔宋〕晁說之《景迂生集》，文淵閣《四庫全書》本。

60. 〔宋〕陳彭年等編《宋本廣韻》，北京：北京市中國書店，1982 年影印澤存堂本。

61. 〔宋〕陳振孫撰《直齋書錄解題》，徐小蠻、顧美華點校，上海：上海古籍出版社，1987 年。

62. 〔宋〕郭茂倩編撰，聶世美、倉陽卿校點《樂府詩集》上海：上海古籍出版社，1998 年。

63. 〔宋〕洪興祖撰，白化文等點校，《楚辭補注》，北京：中華書局，2002 年。

64. 〔宋〕毛晃增注、毛居正重增《增修互註禮部韻略》，文淵閣《四庫全書》

本。

65. 〔宋〕孔延之編，《會稽掇英總集》，文淵閣《四庫全書》本。

66. 〔宋〕歐陽修、宋祁《新唐書》，北京：中華書局，1975 年。

67. 〔宋〕司馬光等《資治通鑑》，上海：上海古籍出版社影印本，1956 年。

68. 〔宋〕孫奭《孟子音義》，文淵閣《四庫全書》本。

69. 〔宋〕王溥《唐會要》，北京：中華書局，1955 年。

70. 〔宋〕王堯臣等《崇文總目》，文淵閣《四庫全書》本。

71. 〔宋〕王應麟《玉海》，文淵閣《四庫全書》本。

72. 〔宋〕王應麟撰，孫通海校點，《困學紀聞》，瀋陽，遼寧教育出版社，1998 年。

73. 〔遼〕釋行均《新修龍龕手鑑》，《四部叢刊》續編，上海涵芬樓景印江安傅氏雙鑑樓藏宋刊本。

74. 〔元〕脫脫等《宋史》，北京：中華書局，1977 年。

75. 〔明〕陳士元《孟子雜記》，文淵閣《四庫全書》本。

76. 〔清〕程大中《四書逸箋》，文淵閣《四庫全書》本。

77. 〔清〕董誥等編《全唐文》，北京：中華書局，1983 年。

78. 〔清〕郭慶藩撰，王孝魚點校，《莊子集釋》，北京：中華書局，1961 年。

79. 〔清〕黃奭《黃氏逸書考》，《續修四庫全書》第 1211 冊。

80. 〔清〕黃叔琳注《增訂文心雕龍校注》，李詳補注，楊明照校注拾遺，北京：中華書局，2000 年。

81. 〔清〕梁詩正、蔣溥、汪由敦《欽定叶韻彙輯》，文淵閣《四庫全書》本。

82. 〔清〕邁柱等《湖廣通志》，文淵閣《四庫全書》本。

83. 〔清〕彭定求等編《全唐詩》，北京：中華書局，1979 年。

84. 〔清〕任大椿《字林考逸》，《續修四庫全書》第 236 冊，影印華東師大圖書館藏清光緒十六年江蘇書局刻本。

85. 〔清〕王念孫撰，《廣雅疏證》，南京：江蘇古籍出版社，2000 年。

86. 〔清〕王聘珍撰，王文錦點校，《大戴禮記解詁》，北京：中華書局，1983 年。

87. 〔清〕王先謙撰集，《釋名疏證補》，上海：上海古籍出版社，1984 年。

88. 〔清〕徐松撰，趙守儼點校，《登科記考》北京：中華書局，1984 年。

89. 〔清〕嚴可均《全上古三代秦漢三國六朝文》，北京：中華書局影印本，1958 年。

90. 〔清〕余蕭客《古經解鉤沉》，文淵閣《四庫全書》本。

91. 〔日〕藤原佐世撰，遵義黎氏校刊，《日本國見在書目》，影舊鈔本，《古逸叢書》之十九。光緒十年甲申遵義黎氏刊于日本東京使署。

92. 陳夢家《尚書通論》（外二種），石家莊，河北教育出版社，2000 年。

93. 陳奇猷《韓非子新校注》，上海：上海古籍出版社，2000 年。

94. 陳奇猷《呂氏春秋校釋》，上海：學林出版社，1984 年。

95. 傅剛《文選版本研究》，北京：北京大學出版社，2000 年。

96. 傅剛《昭明文選研究》，北京：中國社會科學出版社，2000 年。

97. 傅璇琮《唐代科舉與文學》，西安：陝西人民出版社，1986 年。

98. 高步瀛著《文選李注義疏》，曹道衡、沈玉成點校，北京：中華書局，1985 年。

99. 何寧《淮南子集釋》，北京：中華書局，1998 年。

100. 胡吉宣《玉篇校釋》，上海：上海古籍出版社，1989 年。

101. 黃懷信、張懋鎔、田旭東撰，李學勤審定，《逸周書彙校集注》，上海：上海古籍出版社，1995 年。

102. 黃侃著，黃延祖重輯，《文選平點》，北京：中華書局，2006 年。

103. 蔣善國《尚書綜述》，上海，上海古籍出版社出版，1988 年。

104. 黎翔鳳撰，梁運華整理，《管子校注》，北京：中華書局，2004 年。

105. 逯欽立輯校，《先秦漢魏晉南北朝詩》，北京：中華書局，1983 年。

106. 羅國威《敦煌本〈昭明文選〉研究》，哈爾濱：黑龍江教育出版社，1998 年。

107. 羅國威《敦煌本〈文選注〉箋證》，成都：巴蜀書社，2000 年。

108. 駱鴻凱《文選學》，北京：中華書局，1989 年。

109. 穆克宏《昭明文選研究》，北京：人民文學出版社，1998 年。

110. 屈守元《韓詩外傳箋疏》，成都：巴蜀書社，1996 年。

111. 屈守元《文選導讀》，成都：巴蜀書社，1993 年。

112. 汪榮寶撰，陳仲夫點校，《法言義疏》，北京：中華書局，1987 年。

113. 汪習波《隋唐文選學研究》，上海：世紀出版集團、上海古籍出版社，2005 年。

114. 王重民原編，黃永武新編，《敦煌古籍敘錄新編》，臺北：新文豐出版公司，1986 年。

115. 王重民等編，《敦煌變文集》，北京：人民文學出版社，1957 年。

116. 王立群《現代〈文選〉學史》，北京：中國社會科學出版社，2003 年。

117. 王明《抱朴子內篇校釋》，北京：中華書局，1985 年。

118. 王利器《文子疏義》，北京：中華書局，2000 年。

119. 王利器《鹽鐵論校注（定本）》，北京：中華書局，1992 年。

120. 王叔岷《莊子校詮》，臺北：中央研究院歷史語言研究所，1999 年。

121. 向宗魯《說苑校證》，北京：中華書局，1987 年。

122. 徐元誥撰，王樹民、沈長雲點校《國語集解》，北京：中華書局，2002年。

123. 嚴紹璗《漢籍在日本的流佈研究》，南京：江蘇古籍出版社，1992 年。

124. 楊伯峻《列子集釋》，北京：中華書局，1979 年。

125. 楊守敬撰，張雷校點，《日本訪書志》，瀋陽：遼寧教育出版社，2003 年。

126. 揚之水《詩經名物新證》修訂版，天津：天津教育出版社，2012 年。

127. 佚名《唐鈔文選集注彙存》，上海：上海古籍出版社影印本，2000 年。

128. 永瑢等《四庫全書總目》，北京：中華書局，1965 年。

129. 余嘉錫《四庫提要辨證》，北京，中華書局，1980 年。

130. 俞紹初、許逸民主編《中外學者文選學論集》，北京：中華書局，1998年。

131. 俞紹初、許逸民主編《中外學者文選學論著索引》，北京：中華書局，1998年。

132. 虞萬里《榆枋齋學術論集》，江蘇古籍出版社，2001 年。

133. 袁珂《山海經校注》，成都：巴蜀書社，1992 年。

134. 袁行霈《陶淵明集箋注》，北京：中華書局，2003 年。

135. 張清常、王延棟《戰國策箋注》，天津：南開大學，1993 年。

136. 趙爾巽《清史稿》，北京：中華書局點校本，1977 年。

137. 中國文選學研究會編《〈文選〉與「文選學」》，北京：學苑出版社，2003年。

138. 中國文選學研究會、鄭州大學古籍整理研究所編，《文選學新論》，鄭州：中州古籍出版社，1997 年。

139. 周祖謨《方言校箋》，北京：中華書局，1993 年。

140. 朱謙之《老子校釋》，北京：中華書局，1984 年。

141. 朱謙之《新輯本桓譚新論》，北京：中華書局，2009 年。

中文譯著

1. 〔日〕崗村繁《崗村繁全集》第貳卷《文選之研究》，陸曉光譯，上海：上海古籍出版社，2002 年。

2. 〔日〕斯波六郎《文選索引》，李慶譯，上海：上海古籍出版社，1997 年。

期刊論文

1. 景獻力《關於〈文選〉一書成爲科舉教科書的時間問題》，《長春師範學院學報》2003 年第 9 期。

2. 羅國威《左思〈三都賦〉綦毋邃注發覆——〈文選〉舊注新探之一》，《古籍整理研究學刊》，1994 年第 6 期。

3. 王書才《從〈唐鈔文選集注彙存〉論陸善經〈文選〉注的特色與得失》，《殷都學刊》2005 年第 2 期。

4. 許逸民《論隋唐「〈文選〉學」興起之原因》，《文學遺產》2006 年第 2 期。

5. 虞萬里《〈唐寫文選集注殘本〉中陸善經行事考略》，《文獻》1994 年第 1 期。

碩博論文

1. 馮淑靜《〈文選〉詮釋研究》，博士學位論文，山東大學，2006 年。

2. 郭蓉《〈文選〉李善註徵引式訓詁研究》，博士學位論文，山東大學，2007 年。

3. 劉紀華《〈文選集注〉陸善經注研究》，碩士學位論文，鄭州大學，2011 年。

電子文獻

1. 〔清〕張培仁、李元度著《平江縣志》，清同治 13 年～光緒元年（1874～1875 年），天岳書院藏版，據國家圖書館網站在線數據庫之《數字方志》。

2. 朝鮮正德年間刻五臣注《文選》，據東京大學東洋文化研究所所藏漢籍善本全文影像資料庫。

3. 《平江姓氏》之《遷徙考究》，據平江網
   （www.hnpj.com/Article/ShowArticle.asp?ArticleID=2339）。

4. 《廣島大學文學部紀要目錄》，據廣島大學文學部紀要
   （http://ir.lib.hiroshima-u.ac.jp/portal/bulletin/AN00213701.html）

附　錄
知識考古視野下的一般文選學史

　　自隋唐文選學興，一千多年來，歷代文選學研究者都力圖勾勒、描繪出一部連續、完整的文選學史。隨著新的文選學文獻不斷出現，特別是到近現代，一些珍貴的寫本（如敦煌本《文選》）、抄本（如《唐鈔文選集注》）、刻本（北宋天聖監本、奎章閣本、陳八郎本《文選》）等越來越多地進入人們的視野，這種努力益發迫切，似乎也更有可能實現。事實上，昭明太子蕭統編定的《文選》最早版本在唐代已蕩然無存，而在眾人的傳抄中得以延續。當下所存文選學文獻，也只是曾經出現過的所有此類文獻中的一部分，甚至僅僅是冰山之一角。

　　文獻之不足徵，註定只能書寫出斷裂的歷史。由於有偏向的價值確認，在目前的文選學史中，與葛兆光所言一般思想史相類似的一般文選學史基本上沒有一席之地。傳統的文選學史主要關注《文選》的版本、注釋、校勘、評論等內容，其流布範圍也多局限在相對廣大《文選》閱讀者人數少得多的研究者，即使其部分成果可能體現在刊刻的《文選》中，大多數讀者恐怕也難以領會其中的苦心孤詣。一般文選學史則在意各個時代最普遍的被有一定知識的人所接受、掌握和使用《文選》的情形，審視《文選》是以何種方式在一般知識人中傳播、他們學習《文選》的目的何在、他們見到的《文選》是何面目以及他們對《文選》的認知程度。在知識考古的語境中，「考古學是一項比較分析，它不是用來縮減話語的多樣性和勾畫那個將話語總體化的一致性，它的目的是將它們的多樣性分配在不同的形態中。考古學的比較不具

有一致性的效果，而具有增多的效果。」（米歇爾·福柯《知識考古學》，三聯書店 1998 年版，第 177 頁）因此，用知識考古的方式來考察一般文選學史，並不是簡單地否定傳統文選學史，而是站在前人的肩膀上、放下身段用別一種眼光來擴大研究視野，豐富拓展文選學史。

一、《文選》的一般傳播途徑

在版刻大興之前，《文選》主要以抄寫的方式傳播。以個人之力繕寫白文三十卷的篇幅，在手寫時代無疑是一項卷帙浩繁的艱巨工程，更遑論有注的三十卷或六十卷、一百二十卷。在今天能見到的唐寫本、抄本《文選》中，也還沒有發現一部完整的《文選》。帝王之家閱讀《文選》，也唯有抄寫。如《舊唐書·裴行儉傳》：「高宗以行儉工於草書，嘗以絹素百卷，令行儉草書《文選》一部，帝覽之稱善，賜帛五百段。」百卷絹素書一部《文選》，當是供唐高宗專用的大字本。自曹憲在江淮間為文選學，到李善寓居汴、鄭之間，以講《文選》為業，選學逐漸自東向西傳播。至李善顯慶三年（658）上《文選》注，三年後，又將善注六十卷《文選》藏於秘府。選學深入帝都，上達廟堂之高，獲至尊之好，以上有所好下必趨之的導向，《文選》在其時的廣泛流布當非虛妄之談。開元年間，遠嫁吐蕃的金城公主通過使節請《文選》等四種典籍，仍是通過秘書省寫與之。這已在呂延祚上五臣注《文選》十餘年後，選學也正日益從高深的學術殿廊向更一般、更普通、更眾多的讀書人延伸。

《文選》的傳播，除了從秘府抄出，也隨曹憲、魏模、許淹、公孫羅、李善等人的教授而向更廣闊的人群散播。單憑個人輾轉傳抄，其散佈範圍仍然會十分有限。能讓《文選》在民間廣為流通，書肆的作用不容忽視。

據《後漢書·王充傳》：「（王充）家貧無書，常游洛陽市肆，閱所賣書，一見輒能誦憶。」漢代已有書籍通過市場流通，而且還是貧家子弟的一個閱讀場所。南北朝時期的徐文遠與王充的情形非常相似。《大唐新語》卷十二：「（徐文遠）被擄至長安。家貧，無以自給。兄林，鬻書為事，文遠每閱書肆，不避寒暑，遂通五經，尤精《左氏》。」北周時的長安，書肆當比較發達，且普通人能經營得起。唐代書肆更為常見，呂溫作於貞元十四年（798）的詩云：「君不見洛陽南市賣書肆，有人買得《研神記》。」劉禹錫也有「軍士游書肆，商人占酒樓」的詩句。《唐詩紀事》卷四十七：「（李）播登元和進士第。播以郎中典蘄州，有李生攜詩謁之。播曰：『此吾未第時行卷也。』

李曰：『頃于京師書肆百錢得此。』」梁元帝蕭繹江陵焚書以後，直到唐初戰亂頻仍，隋唐以前的書籍頗多散佚，作爲文章總集的《文選》，在唐代自然成了極爲重要的集部之書。有市場需求，就會有人大量抄寫出來，通過書肆出售，但其價格亦當不菲。

　　行卷作爲科舉的敲門磚，其篇幅一般不會太大，估計頂多與《文選》一卷的長短相當。以元和以後，李播未第時行卷値百錢推測，一部三十卷的白文《文選》當在三千錢左右。杜甫詩云：「速宜相就飲一斗，恰有三百青銅錢。」《新唐書‧食貨志》：「（建中）三年（782），……置肆釀酒，斛收直三千。」一斛爲十斗，則一部最簡單的《文選》也大約相當於十斗酒的價格。如果有注的，其價當更貴。從書寫的簡便和書籍的價格而言，相對簡短的五臣注《文選》必然比繁富的李善注本更有優勢，也更利於《文選》的一般傳播。缺乏購書財力的人，就只好像五代的毋昭裔一樣，借《文選》於交遊間，免不了要看所借之人的臉色。

　　進入版刻時代，雕版印刷令書籍的體積大爲縮小，印數也遠勝抄寫之時，《文選》的傳播更能深入到尋常讀書人之家。現在已知的《文選》最早刻本是毋昭裔仕後蜀時所刻。當此之時，去蕭統編選的年代已遠，可資借鑒的集部之作，又多了唐人的許多優秀作品。版刻《文選》主要是帶李善注、或五臣注，或二者兼而有之者。據各種書目記載及現存的狀況看，一部完整的《文選》少則二三十冊，多則六十冊。普通人家要購置一部，雖相對書寫時代容易一些，但仍然需花費不少。因此，就出現了一些《文選》的節選本，如北宋蘇易簡的三卷《文選雙字類要》、明代張鳳翼的十二卷《文選纂注》、清代洪若皋的十一卷《昭明文選越裁》等。

　　葉德輝認爲：「宋、明國子監及各州軍郡學，皆有官書以供眾讀。」（《書林清話》中華書局 1957 年版，第 223 頁）《天祿琳琅書目》卷三所載宋版《六臣注文選》，其解題說：「書中有寶慶寶應州印，及『官書不許借出』木記。」家中無《文選》的學子，亦可到國子監及各州軍郡學閱讀。不能借出觀看，對於個人是不甚方便，但保證了該書讓盡可能多的人讀到。這些地方已略具當今的圖書館性質。

二、閱讀《文選》的一般目的

　　一談到《文選》的作用，很多人都能想起陸游在《老學庵筆記》卷八中

引用的「《文選》爛，秀才半」，簡單地認為古人讀《文選》是為了科舉應試。

在唐代科舉取士中占主要地位的進士科，從開元時代起，大抵分三場考試：帖經、雜文（詩賦各一）及時務策五條。此前，雜文卻並非專用詩賦。《登科記考》卷一永隆二年（681）條說：「按雜文兩首，謂箴銘論表之類，開元間始以賦居其一，亦有全用詩賦者，非定制也。」

到宋代王安石熙寧變法以後，以經義代詩賦。每次進士考試分四場：一場考大經（《易經》、《詩經》、《書經》、《周禮》、《禮記》）；二場考兼經（《論語》、《孟子》）；三場考論；四場考策。另宋代設有宏詞科，先後涉及的考試文體包括表、檄、露布、誡諭、箴、銘、頌、記、序、制、誥、贊、檄等。

明清兩代重在以八股文取士，但仍兼考論、表、詔、誥、判、策。乾隆二十二年（1787）罷論、表與判，增五言八韻試一首；五十二年（1817）定鄉、會試首場考四書文與試帖詩，二場考經文，三場考策問，遂成定制。嗣後童試與歲試、科試也考試帖詩。

從歷代科舉考試的內容看，與《文選》相關最多的是詩歌。唐及宋初詩賦地位較其他文體明顯要高一些，但詩賦也只是《文選》中的一部分內容而已。科舉應試總的趨勢是與《文選》漸行漸遠，越到後代相關度越低。產生于唐代的《秋胡變文》中提到，秋胡外出求學所帶的十袟文書就包括《文選》。李德裕稱，其祖天寶末登第後，家不置《文選》。這都說明當時閱讀《文選》的目的之一確實意在科舉。

可《文選》畢竟是一部文章總集，人們閱讀的目的更多地還是不出集部範圍。杜甫詩云：「續兒誦《文選》。」《太平廣記》卷四四七引《朝野僉載》：「唐國子監助教張簡，河南緱氏人也。曾為鄉學講《文選》，有野狐假簡形，講一紙書而去。」《名臣碑傳琬琰之集》卷四二《宋府君玘行狀》載：「（宋玘）雅性強記，暗誦諸經及梁《昭明文選》，以教授諸子。」王得臣《麈史》卷中稱：「予幼時先君日課，令誦《文選》。」張簡之事雖係傳說，但其時鄉學中講授《文選》則非向壁虛造。唐宋間，用《文選》作為孩子們習文的材料，當較為普通。

《麈史》卷中還記載了宋祁母夢朱衣人攜《文選》與之後，然後生宋祁，並小字選哥的故事，特稱其「文學詞藝冠世」。《建炎以來繫年要錄》卷一五一載南宋紹興十四年事，也提到當時的普安郡王、後來的宋孝宗誦讀《文選》。皇家子弟與科舉應試全無關聯，其目的顯然出於文學學習。胡仔《苕

溪漁隱叢話》前集卷九引《瑤溪集》云：「《文選》是文章祖宗，自兩漢而下，至魏、晉、宋、齊，精者斯採，萃而成編，則爲文章者，焉得不尙《文選》也。」後集卷二又引《雪浪齋日記》云：「余謂欲知文章之要，當熟看《文選》，蓋《選》中自三代涉戰國、秦、漢、晉、魏、六朝以來文字皆有，在古則渾厚，在近則華麗也。」都是從文章學習的角度講《文選》的重要性。劉聲木《萇楚齋續筆》卷九記載：「明代集《詩》、《書》、《論語》、《文選》爲文，多至數百言。遂另闢一種風氣。」這是說明代的一種文學風氣。《紅樓夢》中不喜科舉的賈寶玉陪同賈政進大觀園時，也稔熟地提到了《文選》中的多種異草名稱。說明閱讀《文選》的一般目的首先在於培養讀書人的文學修爲。科舉應試與《文選》相關，是其測試文學能力所致。

三、常見的一般《文選》內容

　　《文選》篇目眾多，內容繁富，年代久遠，注者紛呈，傳抄刊刻，錯誤在所難免。歷代流傳的各種版本的《文選》內容都有或多或少的錯訛。好在「歷史的首要任務已不是解釋文獻、確定它的眞僞及其表述的價值，而是研究文獻的內涵和制訂文獻：歷史對文獻進行組織、分割、分配、安排、劃分層次、建立序列、從不合理的因素中提煉出合理的因素、測定各種成分、確定各種單位、描述各種關係。」（《知識考古學》第6頁）《文選》內容上的傳播有兩種趨勢，一是整部《文選》的內容越來越多。從最初的白文本，到一家注本，再到兩家注本，甚至有多家集注本。二是刪減本的《文選》陸續出現。

　　綜觀現存的《文選》寫本和抄本，錯訛衍倒處甚眾，但卻又或多或少地保存了一些優於後世刻本的可貴內容。不少刻本也明確地提到，修改了以前版本的許多錯誤。北宋初年，國子監所刻李善注《文選》就進行了多年反復地校勘，校勘者所見之本的複雜程度可想而知。保存在韓國奎章閣本《文選》中，沈嚴於天聖四年（1026）所作的《五臣本後序》稱：「舊本或遺一聯，或差一句，若成公綏《嘯賦》云『走胡馬之長嘶，迴寒風乎北朔』，又屈原《漁父》云『新沐者必彈冠』，如此之類。及文注中或脫一二字者，不可備舉，咸較史傳以續之。字有訛錯不協今用者，皆考《五經》、《宋韻》以正之。」可見舊本《文選》不僅注有脫漏，正文亦有差遺。其所刊之本，以《五經》、《宋韻》正字以「協今用」，又會導致不少新的問題。奎章閣本書末還載有

秀州州學元祐九年（1094）的跋文：「秀州州學今將監本《文選》逐段詮次，編入李善並五臣注，其引用經史及五家之書，並檢元本出處對勘寫入。凡改正舛錯脫剩約二萬餘處。」改動達兩萬多處，錯失之多不能不令人驚愕。淳熙八年（1181）尤袤在刊刻李善注《文選》的跋文中也說：「雖四明、贛上各嘗刊勒，往往裁節語句。」朱熹也注意到：「孔明《出師表》，《文選》與《三國志》所載，字多不同，互有得失。」究竟是蕭統編入《文選》已與《三國志》所載不同，還是後世兩書各自演變而不同，已難一一明晰。儘管各種版本良莠雜存，泥沙俱下，《文選》及其所載內容整體上總算輾轉流傳自今。

　　裴行儉用草書給唐高宗抄寫的《文選》，估計是白文本的可能性較大。李匡乂《資暇集》卷上云：「代傳數本李氏《文選》，有初注成者、覆注者，有三注、四注者，當時旋被傳寫之。其絕筆之本，皆釋音訓義，注解甚多。余家幸而有焉。嘗將數本並校，不唯注之贍略有異，至於科段，互不相同，無似余家之本該備也。」是李善注亦有不同版本，且以絕筆之本最為該備。宋代官刻《文選》中，國子監所刊為李善注本，州學則混刊五臣、李善兩注，坊間所刻以五臣注本居多。作為一般閱讀，五臣注篇幅短小、通俗易懂，李善注未免太過繁瑣、冗長。故唐宋間，學者多贊李善而非五臣，世人則多習五臣。

　　元明以降，《文選》主要以李善注、六臣注本行世，間或有白文本刊行，五臣注本幾近消失。這是唐宋學界長期貶抑五臣注所致。一般讀書人的財力和精力都難以擁有一部《文選》，並通讀全書。於是，《文選雙字類要》、《文選類林》、《文選錦字》、《文選纂注》、《選詩約注》、《文選尤》、《昭明文選越裁》、《文選課虛》、《文選類雋》等摘類、刪減之屬的書籍相繼出現。這些被絕大多數選學研究者認為毫無意義的眾多書籍，在當時未必不如那些陽春白雪盛行，其所影響的範圍也遠大於後者，對考察那些時代普通讀書人的選學水準大有裨益。這也是昔日皇家貴胄的《文選》，飛入更為廣泛的尋常百姓家的傳播途徑之一。

四、對於《文選》的一般認知

　　普通讀書人對《文選》的一般認知，多流於皮毛，縱有科舉之利，多數人亦不勝了了，往往隨波逐流，並不十分理會已有的選學成果。唐代李匡乂、丘光庭皆非五臣而是李善，世人卻「多謂李氏立意注《文選》，過為迂繁，徒

自聘學，且不解文意，遂相尚習五臣」（李匡乂《資暇集》，叢書集成本第 4 頁）。

宋代王應麟在《困學紀聞》卷八中談及選學時說：「江南進士試《天雞弄和風》詩，以《爾雅》天雞有二，問之主司，其精如此。」他認爲提問的應試進士選學水準勝過主司。細看翁元圻所引宋鄭文寶《南唐近事》的內容，似乎未必如此。其辭爲：

後主壬申，張佖知貢舉，試《天雞弄和風》。佖但以《文選》中詩句爲題，未嘗詳究。有進士白云：「《爾雅》『鶾，天雞』，『鶐，天雞』，未知孰是？」佖大驚，不能對，亟取《爾雅》檢之。一在《釋蟲》、一在《釋鳥》，果有二，因自失。

「天雞弄和風」出自《文選》卷二十二謝靈運《於南山往北山經湖中瞻眺》，其上句爲「海鷗戲春岸」。李善注引《爾雅》曰：「鶐，天雞。」五臣李周翰注：「天雞，鳥名。」又《文選》卷十二郭璞《江賦》有：「其羽族也，則有晨鵠天雞。」李善注引爾雅曰：「鶾，天雞。」五臣呂延濟注同善注。故事中，張佖顯然不知《爾雅》中有兩種不同的天雞。若果爲文中所言「以《文選》中詩句爲題」，張佖驚的是不明《爾雅》中有兩種不同的天雞，並非不知道上句的內容。他可能但知謝靈運之詩，而不熟悉《江賦》。反之，提問者倒可能只知《爾雅》中的二天雞，卻不熟悉謝靈運的詩句，否則他不當有此疑問。考官和考生對《文選》都不夠精熟。吳曾《能改齋漫錄》卷五中也有考生不明《文選》中詩意的記載：

袁州自國初時解額以十三人爲率。仁宗時，查拱之郎中知郡日，因秋試進士以「黃華如散金」爲詩題，蓋取《文選》詩「青條若蔥翠，黃華如散金」是也。舉子多以秋景賦之，惟六人不失詩意，由是只解六人，後遂爲額。無名子嘲之曰：「誤認黃華作菊華。」

「黃華如散金」出自《文選》卷二十九張翰《雜詩》，其首句爲「暮春和氣應」，是晚春景象，「以秋景賦之」已失之千里。僅六人不失詩意，說明不熟《文選》的讀書人不在少數。直到清代仍有以《文選》中詩句出科舉試題的習慣。乾隆年間，曾以《文選》卷二十顏延年《應詔宴曲水作詩》中「天臨海鏡」爲詩題，不少考生不知上句爲「太上正位」，無法明白其意在天子，竟誤認爲是寫月光，終名落孫山。

雕版印刷的成熟，固然擴大了普通讀書人接觸到《文選》的幾率，科舉

考試中也有「《文選》爛，秀才半」之諺，但能真正熟悉的人並不多。這也可
以反證不少人的確是通過簡化的《文選》類書籍來學習的，粗淺的閱讀，臨
到考試也不得不一知半解地應付了事。

（載《圖書與情報》2011 年第 5 期，略有文字修訂）